云南村落的语言接触与文化交流

刘 青 著

民族出版社

前　言

本书是在教育部人文社会科学研究项目《滇西北高山峡谷区多民族杂居村落语言与文化接触关系研究》（项目批准号09YJAZH038）结项报告的基础上修改而成，现就相关内容做一个简要的介绍。

一、本研究的现状与趋势

与本研究相关的内容分为互为关联的两个方面：一是云南村落的语言接触，二是基于前者的文化关系的调查与研究。

首先将语言与民族文化结合起来研究并取得显著成就的当推罗常培先生。罗先生所著、1950年由当时的国立北京大学出版社出版的《语言与文化》，其中论及从语词的语源和演变看过去文化的遗迹、从造字心理看民族的文化程度、从借词看文化的接触、从地名看民族迁徙的踪迹、从姓氏和别号看民族来源和宗教信仰、从亲属称谓看婚姻制度等。该书中使用的材料以中国少数民族为主，也包括古今境外的许多民族，采取历史文献与田野调查相结合的研究方法。这种思路与方法至今仍为学界所推崇。但在此后30年间，因为各种原因，学界极少有这方面的研究成果，直到20世纪八九十年代，各种语言与文化研究论著纷纷出版，其中也不乏采用田野调查方法、从语言角度研究少数民族文化的成果。如1982年，张公瑾在《中央民族学院学报》第4期上发表《社会语言学与中国民族史研究》一文，认为从语言角度可以论证民族文化的历史，探讨古老的宇宙观念，考证民族的起源，证明重大历史事实和民族间的文化交流事件。1984 年，邢公畹在《语言研究》第 2 期上发表《汉藏系语言及其史前情况试析》一文，综合运用历史学、考古学、体质人类学和语言学方面的材料，论证了汉语、侗台语、苗瑶语和藏缅语在远古时期就有发生学上的联系。1985 年，李如龙在《人类学研究》创刊号上发表《略论语言人类学的一些课题》一文，对“语言人类学”的定义进行了界定，认为“语言人类学就是从人类学的角度来研究语言，用语言材料来研究人类，它是语言学与人类学相互为用的边缘学科”。同时，该文还明确提出了语言人类学的研究论题，其中包括人类群体与语言社区之间的关系、从不同语言的借用看民族间的接触、从语言材料看人类社会的发展等。1986 年，上海人民出版社出版周振鹤、游汝杰合著《方言与中国文化》，其中第六章“从地名透视文化内涵”、第九章“语言接触与文化交流”也都论及语言与民族文化的内容，是继《语言与文化》之后的又一名著。1998 年，云南人民出版社出版的张公瑾著《文化语言学发凡》一书，则在语言与文化的理论方面提出了不少新的论述。该书认为语言的文化价值不能仅仅局限于词汇所反映的文化意义，还应涉及语音、语法、语言的结构类型、谱系分类法、语言的分布以及文字问题；传统的线性分析法不适合语言与文化的研究，提议引入混沌学的理论和方法。2000 年，中央民族大学出版社出版周庆生著《语言与人类：中华民族社会语言透视》一书，书中大量使用了田野调查资料，并综合运用社会语言学、社会心理学和文化人类学的方法，在语言状况、语言与族属、语言变异和变体、语言交际、语言与文化、双语学习动机等方面有一些新的建树。其后，也有一些关于民族语言与文化研究的成果出现，如 2005 年曹道巴特尔的博士学位论文《蒙汉历史接触与蒙古族语言文化变迁》，采用系统科学混沌学的理论与方法，从蒙汉历史接触出发，考察中国蒙古族语言文化在自然地理、人文社会大环境的整体性变化，又通过物质文化和制度文化变迁与语言文化变迁之间的相互关系，系统探讨了中国蒙古族语言文化原生态、过渡态、次生态的变迁，还通过蒙古语语音、语法、词汇演变分析，探求汉语言文化对蒙古族语言文化的影响和作用等。2007 年，洪波、意西微萨·阿错在《汉语与周边语言的接触类型研究》一文中认为，远古以来族群人口的复杂接触和交融，造成了汉语与周边语言极其深远的语言接触史，而不同的语言接触方式可能引起迥然不同的变异结果。根据相关语言接触历史和现实面貌，可以将汉语与周边语言接触方式分为 3 种基本类型，即跨地缘文化交流性接触、地缘接触性接触、治化教育性接触，各种接触类型有着不同的变异结果。总之，从 1980 年至今的民族语言与文化研究，较之前人的开创，从研究成果的数量以及研究的范围、材料、方法上都有一些新的进展，但作为一门新兴的边缘学科，其研究基础仍然十分薄弱，给我们留下相当大的研究空间。

滇西北横断山高山峡谷区属于“藏彝走廊”的一个重要组成部分。“藏彝走廊”是费孝通先生首先提出的学术概念，主要指川滇藏横断山脉地带的怒江、澜沧江、金沙江、雅砻江、大渡河、岷江 6 条由北向南流向的大江及其主要支流分布的地区，这片区域又称为“六江流域”。这一区域的高山峡谷中居住着藏缅语族的藏族、彝族、羌族、傈僳族、纳西族、白族、普米族、独龙族、怒族、哈尼族、珞巴族等民族，至今还保存着即将消失的被某一民族语言掩盖的许多基层语言，还有宗教、风俗、习惯等诸多方面的历史遗留。费孝通先生在 1978 年 9 月全国政协一次会议上指出：“把这条走廊中一向存在着的语言和历史上的疑难问题一旦串联起来，有点像下围棋，一子相联，全盘皆活。”在费孝通、马曜等老一辈著名学者关怀下，1982 年 5 月六江流域民族综合科学考察队成立，考察队相关人员对雅砻江下游与怒江中游的藏族、彝族、傣族、纳西族、傈僳族、苗族等民族进行了多学科的综合考察，最终成果形成了 3 本研究报告，即李绍明、童恩正主编《雅砻江下游考察报告》，蔡家麒、杨毓骧编《独龙族社会历史综合考察报告》和《滇藏高原考察报告》。报告相继于 1983—1984 年内部印发，其中《滇藏高原考察报告》以《伯舒拉岭雪线下的民族》为名，由云南大学出版社在 2000 年正式出版。然而至今为止，滇西北高山峡谷区少数民族语言与文化的研究基本上仍处于各自独立的状态，主要是对某一单一民族的语言或者文化的调查与研究，其中涉及多民族杂居地带的也有一些，如孙宏开先生对怒族、独龙族语言的调查研究，盖兴之先生对傈僳族的调查研究等，对这一地带多民族语言接触研究的成果则非常少见。文化类的研究成果稍多，如有关傈僳族、拉祜族、普米族、怒族、独龙族等民族的文化史、云南学界对三江流域自然与文化、纳西东巴文化及卡瓦格博雪山区域生态与人文的研究成果等，但针对这一地区多民族文化接触现象进行系统研究的成果几乎没有，将语言与文化的接触问题结合起来研究的成果更是未见。

语言的研究不能脱离文化，罗常培先生在《语言与文化》一书的引言中引用美国著名语言学家萨皮尔的话："语言背后是有东西的，而且语言不能离开文化而存在，所谓文化就是社会遗传下来的习惯和信仰的总和，由它可以决定我们的生活组织。"[①] 文化的研究同样不能脱离语言，德国著名语言学家洪堡特在《论人类语言结构的差异及其对人类精神发展的影响》一书中说："通过一种语言，一个人类群体才得以凝聚成民族，一个民族的特性只有在其语言中才完整地铸刻下来，所以，要想了解一个民族的特性，若不从语言入手势必会徒劳无功。"[②] 滇西北高山峡谷区多

① 罗常培：《语言与文化》，"引言"，北京，国立北京大学出版社，1950。

② ［德］威廉·冯·洪堡特：《论人类语言结构的差异及其对人类精神发展的影响》，姚小平译，北京，商务印书馆，1999。

民族杂居村落的少数民族，长期以来语言与文化都处于频繁的接触中，研究其语言或文化只有将两者相互结合方能奏效，这也是多民族杂居区语言与文化研究的必然趋势。

二、本研究的理论与应用价值

一是对语言学研究的价值。滇西北的高山峡谷地带是藏缅语多民族聚居之地，语言关系纷繁复杂，有同一民族操不同的语言，也有不同民族操同一种语言，语言转用与兼用现象极为普遍。从语言与文化接触角度进行研究，有助于对一些小语种的系属关系进行精确的区分，对民族语言问题以及历史语言学的研究都有重要的参考价值。

二是对民族文化研究的价值。滇西北地区各民族有丰富璀璨的文化，其中包括许多原始宗教文化的遗存，各种文化既各有特点，又相互影响，语言与文化接触角度的研究，对于了解地区内各民族的文化层次及其相互关系都有重要的参考价值。

三是对古代文献研究的价值。马学良先生在《古礼新证》一文中曾尝试用彝族文化的田野调查资料对扬雄《方言》中的训诂进行补证，为古代文献的研究开辟了新的蹊径。少数民族语言文化的资料同样可以解决上古文献研究的不少问题：上古本来就是一个多民族相互作用的时代，文献中有许多少数民族语言文化现象的遗留。从少数民族语言与文化接触角度对语言与文化底层现象的揭示，无疑对上古文献疑难问题的解读有重要的参考价值。

四是对民族融合问题研究的价值。民族融合虽然是个经常被提及的话题，但是民族文化如何融合，多民族杂居村落无疑提供了一个个活的标本，这些民族聚在一起朝夕相处，融合的过程是一个值得我们去仔细观察的有趣课题，课题的研究成果对于政治经济学、民俗学、宗教学、历史学以及民族心理学等众多人类学科也有重要的参考价值。

五是对“藏彝走廊”民族文化遗产的清理与保护作用。滇西北是“藏彝走廊”的重要组成部分，是古羌后裔各民族集中的地方，这里有着丰厚的非物质文化遗产，研究多民族杂居村落的语言与文化的接触现象，涉及对古羌后裔各民族的非物质文化遗产清理与抢救中的许多内容。随着新时代地区旅游经济的发展，滇西北地区非物质文化遗产的散失日益严重，清理与抢救非物质文化遗产显然是一个非常迫切的问题。

三、本研究的其他理论基础

滇西北地区首先是一个敏感的政治地带，“唐标铁柱，宋挥玉斧，元跨革囊”之后，这里又成为木氏土司与吐蕃政权的角逐之地。基于此，课题研究还受到两个彼此关联学科的启发：一是边缘地理学，二是生态语言学。

边缘地理学也叫地缘政治学。1904 年 1 月 25 日，英国近代地理学鼻祖哈尔福德·麦金德爵士在英国皇家地理学会宣读了论文《历史的地理枢纽》，1919 年包括麦金德主要思想的《陆权论》问世。麦金德将自然地理和政治地理结合确定分析世界政治力量，认为世界已经成为一个紧密连接的政治体系，他把地理因素与国际政治和战略结合起来思考，而且将“地理学作为能对治国和战略起帮助作用的东西”[①]，他相信世界的未来取决于维持边缘地区和膨胀的内部力量之间的力量平衡。麦金德的学说启迪了美国地缘政治学家尼古拉斯·斯皮克曼，产生了另一部影响世界历史的权威巨著——《边缘地带论》，斯皮克曼指出：边缘地带是争夺世界的关键，欧亚大陆沿岸陆地人口密集、资源丰富，拥有重要的内陆出海通道，是控制世界的关键部位。

云南边境或临边境地区是中国领土的一个关键地带，国发〔2011〕11 号文件《国务院关于支持云南省加快建设面向西南开放重要桥头堡的意见》中指出：“云南省是我国重要的边疆省份

① ［英］麦金德：《历史的地理枢纽》，周定瑛译，13 页、62 页，西安，陕西人民出版社，2013。

和多民族聚居区，与越南、老挝、缅甸接壤，与东南亚、南亚多国邻近，具有向西南开放的独特优势”，是“我国重要的生物多样性宝库和西南生态安全屏障”。在历史上的不同时期，藏缅语族民族逐步南迁，部分进入云南境内，主要居住在滇西北地区；壮侗、苗瑶则沿着东部边缘南迁，主要居住在滇东南地区，所以云南是一个集生物多样性与语言多样性于一体的地带。

地缘政治学的宗旨是“描述国家权力的地理基础”，力图说明“政治现象与地理因素、人类政治行为与自然环境的关系的理论”。生态语言学则是把语言放在自然和人文生态背景下观察，当然也包括自然地理、人类的政治行为与语言的关系等，这与地缘政治学的研究视域多有相合。

达尔文在 1859 年的《物种起源》和 1871 年的《人类的由来》中指出了人类演化和语言演化的相似性。类似于整个生物系统，世界上的语种可以根据不同人种所绘制的总谱图形成人类完整的族谱。而生物演化是由三个因素交互作用形成的：变异、选择、复制。基于这种相似性，语言演化也同样涉及这三个因素。语言接触所引起的语言变异、语言竞争引起的语言选择及语言传递过程中的语言复制都是在整个语言系统背景下完成的。而语言系统又属于生态系统的一部分，因此，研究语言特别是语言演变就不得不阐述它所处的生态环境。

国外语言学家很早就注意到语言生态的问题，如：19 世纪上半叶，德国著名语言学家洪堡特就提出“人类的部分命运完全是与一定的地理位置相关联的”，“大地、人和语言，是一个不可分割的整体”；美国斯坦福大学 E.Haugen（1971）在《语言生态学》一文中提出要“研究任何特定语言与环境之间的相互作用关系”，并将语言环境与生物生态环境做隐喻类比；20 世纪 80 年代，德国比勒费尔德大学的一批学者进一步将生态学原理和方法应用于语言研究；1990 年，H.A.K. 韩礼德在国际应用语言学会议

（AILA）报告中指出要促使语言研究者对语言和环境问题的关系做出新的思考，即把语言和语言研究作为生态问题的组成部分加以考察，从而形成了生态语言学的另一研究范式；2001年，穆夫温出版《语言演化生态学》（*The Ecology of Language Evolution*）一书，熔语言发生与语言接触于一炉，以克里奥尔语的衍生与发展为线索，在复杂的人口与生态背景下深入探析语言演化的奥秘，该书横跨生物学、语言学、社会语言学，为研究语言的演化提供了全新的视角。在此之后，很多学者也开始纷纷关注或涉及生态语言学研究。

云南具有丰富的野生动植物资源，是藏缅、壮侗等多个语族少数民族聚居之地，有生物多样性和语言多样性相统一的特征，与生态语言学关于语言的生存和发展状态与自然生物之间不但具有某种形式的相似性，而且具有某种程度的内在同构性，或内在规定性等理论倡导颇有不谋而合之处，本书的研究只是一个初步尝试，希望以后我们做得更好，也希望本书的出版对于相关研究能起到抛砖引玉的作用。

原云南民族大学研究生汪岚、李兰兰、袁晗等为项目的调查与研究付出了巨大努力，汪岚和李兰兰曾数次往返维西山区调查那玛话和普米语，袁晗则沿滇西北金沙江流域一路颠簸调查壮侗语地名，书中“攀天阁普米语的语言接触”“维西那玛话中的新藏缅语层”“百越民族迁徙的地名遗迹”即她们努力的结晶，在此向她们表示深深的感谢。此外，感谢牺牲假期时间，陪同往返调查于维西和贡山的张世强老师；感谢项目评审专家的辛勤付出，他们诚恳的言语使我受益无穷；感谢为本书出版倾注心血的单位领导和出版社的编辑们。祝他们身体健康，家庭幸福，事业之树常青！

目 录

第一章　文字与民族文化

云南不少民族都有自己的文字，较早使用的如藏文、彝文、纳西东巴文，也有后起的如傈僳族竹书文字。各民族的文字与文化之间同样存在接触关系，从纳西东巴文中就可以明显看到纳西族与藏族、彝族文化之间的文化接触，傈僳族竹书文字同样也显示出傈僳族与汉族、纳西族之间的文化接触。文字是在文化环境中创造的，所以从文字角度讨论文化接触是一条行之有效的途径。

许慎在《说文解字》“序”中明确指出：“文字者，经艺之本，王政之始，前人所以垂后，后人所以识古。故曰：本立而道生，知天下之至啧而不可乱也。”刘勰在《文心雕龙》中对文字在治国中的作用有更详细的论述：“唯文章之用，实经典枝条，五礼资之以成文，六典因之以致用，君臣所以炳焕，郡国所以昭明。”云南有古文字的民族有彝族、纳西族、藏族、傣族、壮族等。历史上在政治和宗教的作用下，这些文字又与其他文字形成3个主题不同的区域性接触链：中部由东向西贯通的彝、古白文与汉字接触链；西北部以纳西、藏文字接触为主链系连的傈僳、普米、纳西族玛丽玛萨等文字接触；滇南地区历史上傣文与其他民族文字的链接。云南古壮文则在政治边缘中势力微薄，基本不与其他民族文字产生接触。彝族和白族曾在云南政治史上扮演过重要角色，与唐、宋两朝相连的南诏大理国政权，把云南的民族政治重心引向了滇西北。本章即以彝文、古白文与汉字的接触为主线，对民族文化之间的关系进行一些探讨。

第一节　彝汉上古文化研究中的材料互证

彝文是世界上古老的文字之一，虽然学界对于彝文产生的时代众说纷纭，但宗教与政治对于彝文产生与发展起到了决定性的作用。据彝文古籍《呗耄根源》记载："有呗耄就有字，有呗耄就有书，有呗就有文，有呗就有史，优阿武写文，帝赫哲编史。吐姆伟掌文，舍缕斗掌史，呗耄创文史。"[①] 这段文字显示了彝文与宗教和政治的关系："呗"与"毕"音近，"耄"与"摩"音近，"呗耄"应该就是"毕摩"，是彝族的宗教祭师，也是族群中的智者。毕摩创造了文字，又用文字记录下本民族的历史。"优阿武""帝赫哲""吐姆伟""舍缕斗"应该是掌管文史的官员，也是毕摩。彝族历史上建立过不少政权形式，部落首领与主祭师有着密切的关系。彝族史料记载了古彝文修订与整理的 8 个重要时期："乾阳运年时代，恒史楚进行了第一次。坤阴运年时代，特乍木进行了第二次。恒特和武泰阿直分别进行了第三次和第四次。人文运年时代，呗包举奢哲进行了第五次，恒阿德进行了第六次，恒也阿默尼进行了第七次。""南诏时马龙州的纳垢酋裔阿珂进行了第八次。"[②]"乾阳运年""坤阴运年""人文运年"是彝文古籍所载彝族远古历史的 3 个时代，每一运年分 15 纪，每纪 120 年，一运 1800 年。[③] 彝族人认为运年代表了彝族史上不同的

① 王天玺、张鑫昌主编：《中国彝族通史》（第一卷），113 页，昆明，云南人民出版社，2012。

② 王天玺、张鑫昌主编：《中国彝族通史》（第一卷），113 页，昆明，云南人民出版社，2012。

③ 王天玺、张鑫昌主编：《中国彝族通史》（第一卷），26 页，昆明，云南人民出版社，2012。

文明时代，自己的先民在每一运年里都建立了一些大大小小的政权形式，而文字改革一般是在部落或王国较为强盛的背景下进行的，彝族居于藏彝走廊的最东端，自古与汉族比邻而居，文化互鉴，文字间也颇有渊源，而彝、汉上古文化研究中均存在研究资料不足的问题，因此两种古文字资料互证极为关键。

关于彝文与汉字的关系，前人的论述可分为2种：一是彝文对汉字的借用，二是彝文与汉字同源异流。[①]笔者认为，彝文与汉字的关系正如彝语与汉语的关系一样，既有同源又有后期各个时代的接触。现根据甲骨卜辞等出土文献资料，在前人研究的基础上略作补充。黄建明先生在《彝文文字学》中把彝文起源的时间定在古羌人时代，书中认为彝族文字与殷商甲骨文部分相同，不是彝族先民借鉴殷商甲骨文，也不是彝文影响了甲骨文的形成，而是两者相同部分皆源于古羌文。殷商甲骨文也并不是产生于殷商时期。有一部分文字是古羌人带入夏商，再由夏商文化直接承袭下来的，有些字形是古羌人融入殷人的人带过去的，而彝文则直接源于古羌文。部分古羌人从西北往西南迁徙过程中沿路留下了古羌人的文字或符号，所以西北至西南的氐羌人迁徙走廊出土的许多文字符号系统与今之彝文风格如出一辙。[②]这个观点似可与甲骨学界的研究相佐证：国学大师饶宗颐先生在《殷周金文卜辞所见夷方西北地理考——子氏妇好在西北西南活动之史迹》一文中指出："参与商王伐夷的妇好、望乘、沚戓武将，均属西北或西南夷氏族的后裔。"古代文献向来以"氐羌"连称，说明两者地望很近。饶先生又根据殷墟妇好墓出土的玉器铭文推测当时商王室与妇好所属子族集团历来与西北方国有密切关系。西南滇国地区，亦出土244

① 朱建军：《古文字与滇川黔桂彝文同义比较研究》，上海，华东师范大学博士学位论文，2006。

② 黄建明：《彝文文字学》，91～96页，北京，民族出版社，2003。

枚石璋，同与妇好墓之玉器，妇好足迹曾至蜀及西南与西北地带。[①]武丁时代是商王朝的鼎盛时期，妇好为武丁王后，妇好在西部地带的频繁过往足见商王朝与藏彝走廊之亲密渊源，彝文与甲骨文的形似也就不足为奇，这种形似使我们可以借助彝文考察一些甲骨文中难以考释的文字，例如“巫”字，作[illegible]，徐中舒先生主编《甲骨文字典》以为字形结构不明，汤可敬《说文解字今释》以为此字“象两玉交错形。古代巫师以玉为灵物”。艾兰博士以为甲骨文、《说文》中的“巫”都是从“方”字变化来的，都是多方位的意思，大概是指“四方”。[②]诸种说法都不太令人信服。古彝文中也有一个字形完全一致的字，释为插神座的规矩，旧时彝族祭祀用的树枝。2010 年夏天，在维西傈僳族自治县塔城镇，笔者在同为彝语支的纳西族玛丽玛萨人的丧葬仪式中见过这种支架，虽然不再是树枝而改用金属，但仍与“巫”之原始构型一致。又甲骨文有“白”，作[illegible]，郭沫若谓像拇指之形，拇为将指，在手足俱居首位，故“白”引申为“伯仲”之“伯”，又引申为“王伯”之“伯”，其用为白色字者，乃假借所致。赵诚以为“白”似像正面人头之形，引申之有尊长之义，故卜辞多用为伯长之伯。[③]商承祚《说文中之古文考》云：“从日锐顶，象日始出地面，光闪耀如尖锐。天色已白，故曰白也。”[④]孰是孰非，很难判断。《说文解字》曰：“白，西方色也。阴用事，物色白，从入合二。二，阴数。”汤可敬《说文解字今释》据徐锴《系转》“物入阴，色剥为白”释义为：“白，西方的颜色。阴

---

① 饶宗颐：《殷周金文卜辞所见夷方西北地理考——子氏妇好在西北西南活动之史迹》，见侯仁之主编、燕京研究院编：《燕京学报》新二十二期，1 ~ 28 页，北京，北京大学出版社，2007。

② ［英］艾兰.《龟之谜——商代神话、祭祀、艺术和宇宙观研究》，汪涛译，85 页，成都，四川人民出版社，1992。

③ 于省吾主编：《甲骨文字诂林》（第二册），1018 ~ 1019 页、1025 页，北京，中华书局，1996。

④ 转引自汤可敬：《说文解字今释》，1060 页，长沙，岳麓书社，1997。

暗处用事，物体的颜色容易剥落为白色。字形由‘入’包含着‘二’构成；二。表示阴数。”“白”字六国古文讹为[illegible]，即“从入合二”，字形本义已失，导致许慎说解有误。路南彝文中有[illegible]字，读［pe˧］，与“白”音近，义为“合”，据此可知，字形正是两物相合之状，用为白色的“白”当为假借。更为值得注意的是，同页还有一[illegible]字，为前一字旋转90度，唯声调略高，读［pe˥］，义为“败”，“色败”也就是颜色剥落。根据彝文造字惯例，二字所表达的意思应该有引申关系，更可证此字与甲骨文“白”字同源。又如“帝”字，卜辞作[illegible]、[illegible]等，学界关于此字之说解亦多分歧，孙诒让云：“《说文》二部：帝，谛也，王天下之号。从二朿声。此彼略同。”张桂光总结前人说解“帝”字在甲骨文中之字形，主要有像花蒂之形、像女性生殖器之形、像㶳柴祭天之形、像草制偶像之形等几种解释，认为“殷人所尊的帝的初义应是宇宙万物的始祖，是宇宙万物的生殖之神”。《甲骨文字诂林》编者则按云：“许慎关于帝字形义的说解均误……论者多以为象花蒂之形，郭沫若引吴大澂、王国维之说而加以补正，至为详实。但帝字究竟何所取象，仍然待考。”①《滇南彝文字典》中有一个类似的字，作[illegible]，有[illegible]、[illegible]等各种异体，为牲、盐肤木（可用于祭祀）等义，由此可证前述“帝”像㶳柴祭天之形为确。正如马学良先生所说：“研究一个民族的文化，除了由他的本身探索外，还应当参证旁系的文化，比较研究；尤其在地理环境相近，在历史上曾发生密切关系的各民族的文化，更是帮助我们解决问题的珍贵资料。因为一种文化的传播，有时在甲地因为时间或地理环境使它变了质，而在乙地则仍保守着原来的礼制。”② 彝族与

① 于省吾主编：《甲骨文字诂林》（第二册），1082～1086页，北京，中华书局，1996。

② 马学良：《古礼新证》，见《马学良民族研究文集》，533页，北京，民族出版社，1992。

汉族地理上接近，而居地多处山野，古彝文里保存了许多古老的文化现象，对我们解读迷雾重重的上古文化不乏启迪，而甲骨卜辞等出土文献资料同样可为彝族远古史的探索提供佐证。

彝族远古史的研究主要靠世代相传的口碑文献和汉文古籍中的传世文献，对于时代明确的汉文出土文献资料却鲜有提及，以致难免有论证不足之嫌。如彝族先民有鬼主制，据樊绰《蛮书》记载：东爨乌蛮，“大部落则有大鬼主，百家二百家小部落亦有小鬼主”。“两爨大鬼主崇道者，与弟日进、日用居安宁城左。”[①]《南诏德化碑》说：爨彦昌为“螺山大鬼主”，螺山在今昆明普吉，为西爨白蛮地区。鬼主是祭祀鬼神的主祭者，又是部落的酋长。[②]在诸多汉文史志、书籍和文章中，彝族祭师“毕摩”有很多不同的译名，其中就包括“鬼师、鬼主”。[③]彝族民间至今仍有巫鬼崇拜，这是原始信仰的延续。前人论及鬼主制时间基本上都是从晋以后爨氏称霸开始，然而甲骨卜辞、《易经》等先秦文献中却有许多关于鬼方的记录，似与爨氏及以后的鬼主国有关联，如：

己酉卜，宾贞：鬼方易，亡祸？五月。（乙 6648；合集 8591）
己酉卜，内……鬼方易……祸？五月。（甲 3343；合集 8592）
……卜，㱿贞：鬼方易……（合集 8593）[④]
高宗伐鬼方，三年克之。(《易经·既济》九三《爻辞》)
震用伐鬼方，有赏于大国。(易经·未济）九四《爻辞》)

① 樊绰：《蛮书·云南界内途程第一》，向注本，31 页；《蛮书·名类第四》，向注本，83 页。

② 何耀华总主编：《云南通史》，“绪论”，42 页，北京，中国社会科学出版社，2011。

③ 王天玺、张鑫昌主编：《中国彝族通史》（第一卷），440 页，昆明，云南人民出版社，2012。

④ 以上甲骨文材料均来自姚孝遂主编、肖丁副主编：《殷墟甲骨刻辞摹释总集》，北京，中华书局，1988。

文王曰咨，咨汝殷商！如蜩如螗，如沸如羹。大小近丧，人尚乎由行。内奰于中国，覃及鬼方。(《诗经·大雅·荡》)

武乙三十五年，周王季伐西落鬼戎，俘二十翟王。(《后汉书·西羌传》注引《古本竹书纪年》)

鬼侯有子而好，故入之与纣，纣以之为恶，醢鬼侯。(《战国策·赵策》)

据《中国历史地名大辞典》，鬼方又称鬼方氏、鬼方蛮等，殷周时活动于今陕西省西北部，为殷周劲敌，周以后不见于记载。[①] 笔者又据《中国历史地图集》分析，商时以“鬼”为名的方国或部落有两处，一处在殷商北部，今内蒙古自治区呼和浩特以北，为鬼方，与殷商之间隔有土方、危方等方国；一处在殷商以西，与商接壤，为西落鬼戎。[②] 上古史研究资料稀少，前人意见分歧也在所难免，但可以确定的是：商时有一个鬼方部落，地望在殷商以西，《后汉书》将其归入西羌一系，武乙时期为商之属国周所灭。王玉哲先生指出：“商代末年周尚服属于商，经常受商命出征。”[③] 据现存彝文文献资料，彝族最早是从希慕遮开始传代。清朝《贵州通志·土司制》和《安顺府志·普里本末》均引“罗鬼（彝巫）夷书”曰：一世希慕遮“自旄牛徼外入居于邛之卤，为卤氏，亦以字为孟氏。”希慕遮，即孟遮氏。从希慕遮到明代贵州水西安氏土司最后一代安胜祖，共传 115 代。以平均一代 25 年计，则希慕遮时代约为公元前 13 世纪上半叶，商代盘庚迁殷前后。鉴于此算法并不精确，研究者将彝族先民自旄牛徼外入居邛之卤的时间定为商末周初，[④] 这与鬼方国被灭的时间大致相当。

① 史可乐主编：《中国历史地名大辞典》（下），北京，中国社会科学出版社，2005。

② 谭其骧主编：《中国历史地图集》（第一册），11 ～ 12 页，上海，地图出版社，1982。

③ 王玉哲：《中华远古史》，376 ～ 377 页，上海，上海人民出版社，2004。

④ 易谋远：《彝族史要》，116 ～ 117 页，北京，社会科学文献出版社，2007。

第二节 云南历史上的彝汉文字接触

秦始皇统一中国以前，云南古先民部落、部族王国林立，其中有代表性的是滇国、哀牢国、句町国。[①]哀牢国包括“闽濮、鸠僚、僄越、裸濮、身毒之民”，句町国的主体民族是濮人，只有滇国的主体民族是氐羌与濮越的融合体滇人，[②]彝族先民应是其中的一部分。

在云南地区，汉字影响彝文应该起始于秦朝，而影响较大则是自汉朝始。据《史记·西南夷列传》记载：“秦时常頞略通五尺道，诸此国颇置吏焉。”“此国”指上述王国，秦在一些诸侯王国里设置郡、县，任命官吏进行管理，汉字自然开始传播。汉朝承秦制，亦在云南设置郡县，前后共设益州、朱提、永昌3郡，至此云南完全融入华夏大一统的多民族国家，汉字从此成为云南官方通行文字，历朝不变，彝文与汉字的深度接触也就此开始。纵观汉以后的云南彝族政权，有3个阶段特别值得注意：一是自东晋开始，历时400余年的爨氏政权；二是南诏时期的滇东三十七部；三是南宋时期的自杞国政权。这几个政权与彝文的当代布局有极大的关系。

爨氏政权是民族融合的共同体已成为学界的共识。爨氏族人所立《爨龙颜碑》说：“迺祖肃，魏尚书仆射河南尹，位均九列，舒翩中朝，迁运庸蜀，流溥南入。”《新唐书·南蛮传》亦云：“西爨自本安邑人，十世祖晋南宁太守，中国乱，遂王南中。”爨氏入南中后，变服从俗融入当地民族，类似于战国时楚庄蹻率众入

① 易谋远：《彝族史要》，26页，北京，社会科学文献出版社，2007。

② 易谋远：《彝族史要》，27～29页，北京，社会科学文献出版社，2007。

滇。《新唐书·南蛮传》载："有两爨大鬼主崇道者，与弟日进、日用居安宁城左，闻章仇兼琼开步头路，筑安宁城，群蛮震骚，共杀筑城使者。玄宗诏蒙归义讨之，师次波州，归王及崇道兄弟千余人泥首谢罪，赦之。俄而崇道杀日进及归王，归王妻阿妊，乌蛮女也，走父部，乞兵相仇，于是诸爨乱。"据1999年在成都发现的《唐南宁州都督爨子华（守忠）墓志之铭》，爨氏势力在南中衰落后，爨归王之子爨守忠"实际上已经被南诏赶出了南中，只带着一批部众内迁"，并"在剑南内地与汉人成婚、生子、安家"，以他世袭王爵的身份兼任剑南节度副使，[①] 足见爨氏集团与中原地区的密切联系。或与中原王朝的羁縻政策有关，虽融入当地民族，汉语、汉字在爨氏统治阶层仍占有绝对优势地位，爨氏系列碑刻的汉文辞采与书法为世人所称道。简启贤先生曾对爨人的方音特点进行过详细研究，提出"由于络绎不绝的巴蜀商贾、成千上万的巴蜀士兵、一批又一批巴蜀官员来到滇中，到了汉末，滇中地区的方言已经为巴蜀方言所主导"。巴蜀方言本来就与江淮方言有亲缘关系，加上滇池地区楚（江淮）方言的老底子，爨氏统治时期滇中地区的汉语方言应该是一种以巴蜀方言为主而带有江淮方言特点的方言，即楚蜀方言。[②] 尽管汉语、汉字在南中占有相当地位，但在当时夷多汉少的历史条件下，爨氏统治阶层至少是夷汉语言文字兼用。据《华阳国志·南中志》记载："夷中有桀黠能言议屈服种人者，谓之'耆老'，便为主，论议好比喻物，谓之'夷经'。今南人（汉人）言论，虽学者亦半引'夷经'，与夷为姓（婚）曰'遑耶'，诸姓为'自有耶'。世乱犯法，辄依之藏匿。或曰，有为官所法，夷或为报仇；与夷至

① 郭声波、姚帅：《石刻资料与西南民族史地研究——〈唐南宁州都督爨守忠墓志〉解读》，载《中南民族大学学报》（人文社会科学版），2010（4），85～89页。

② 简启贤：《从爨人方音特点看爨氏家世》，载《云南民族学院学报》（哲学社会科学版），1996（3），51～54页。

厚者，谓之‘百世遑耶’，恩若骨肉，为其逋逃之薮。故南人轻为祸变，恃此也。”何耀华先生据此说：“因汉人只有通夷语，懂夷文，才能引‘夷经’；只有与夷通婚，才能成为夷人恩若骨肉的‘百世遑耶’，才能依托夷人发动反对王朝的‘祸变’，所以这里所谓的‘南人’即是夷化了的汉人。”[①]汉人既然懂夷语、夷文，加上政治、经济方面的优势地位，将汉语、汉字带入夷语、夷文并被模仿应是理所当然之事。

爨氏共同体在唐初分化成西爨白蛮和东爨乌蛮两部分。唐天宝七年（748年），南诏兴师灭爨，爨氏不战而降，其后裔去向分为两种：西爨白蛮贵族被“围协”迁往滇西；东爨乌蛮留居原地。《新唐书·南蛮传》记载：“阁罗凤遣昆川城使杨牟利以兵协西爨，徙户二十余万于永昌城。东爨以言语不通，多散依林谷，得不徙。”“乌蛮种复振，徙居西爨故地，与峯州为邻。贞元中，置都督府领羁縻州十八。”“乌蛮与南诏世婚姻，其种分七部落……俗尚巫鬼，无跪拜之节。其语四译乃与中国通。大部落有大鬼主，百家则置小鬼主。”看来爨氏灭亡后，彝文主要在乌蛮居住区域内使用，乌蛮一方面受中原政权羁縻，一方面又与南诏有密切联系。东爨乌蛮在南诏、大理时期又称三十七部，《南诏野史》载：段思平“借兵于东方黑爨松爨三十七部，会于石城，以董迦为军师”。又“晋天福二年即位，建都大理，号大理国，改元文德，赦三十七部差役”。方国瑜先生指出：爨地之内的部族总称爨部，各有聚落，称之为“部”。景泰《云南志》陆凉州说：“夷语以县为部。”犹三十七县，为政区称谓。各部自有名号，自有首领。[②]三十七部由一个政治共同体变成了一个政治同盟，

① 何耀华总主编：《云南通史》，“绪论”，33页，北京，中国社会科学出版社，2011。

② 方国瑜、林超民：《大理段氏与三十七部盟誓碑有关的几个问题》，载《思想战线》，1983（4），36～43页。

这个同盟有着共同的宗教，也有大致统一的文字，这种文字明清时期被统称为爨文。

自杞国原是大理国领土中的一部分。南宋时期，大理国的统治趋于衰落，滇东三十七部中的一些民族上层趁机扩张领地，兼并邻部，建立起自杞王国。尤中先生认为："自杞国疆域超出了原三十七部的东部地界，其西部原为三十七部的大部分，则仍然保留在大理国的疆域范围之内，并不曾为自杞国所兼并。"[①]三十七部虽然有一部分还保留在大理国，但势力强大。宋地方官员吴儆《邕化州外诸国土俗记》言自杞"拓地数千里，雄于诸蛮。近岁稍稍侵夺大理盐池及臣属化外诸蛮獠至羁縻州洞境上。……自杞国广大，可敌广西一路，胜兵十余万大国也"。自杞国极盛时期，其地包括今云南罗平、师宗至滇池附近，南达文山、马关；贵州西南的兴义、安龙；广西桂林、西林的广阔区域。[②]据此可知，南宋时期，彝文应在大理国与自杞国辖区内都有使用。大理国的官方文字是汉字，对彝文肯定有影响，而自杞国虽然更多保留原始宗教，与汉字同样也有接触。吴儆《土俗记》记载："自杞今王名阿谢，年十八，知书能华言。"自杞地处南宋与大理国之间，因将大理国的马贩往南宋而得以致富，吴儆在给朝廷的奏折中指出："蕃每岁横山所市马二千余匹，自杞马多至一千五百余匹，是以国益富，拓地数千里……岁有数千人至横山市马。以吾抚之之过，日益骄横。"[③]自杞国王能读汉书说汉话，民间又因贩马与南宋频繁往来，自然会受其语言文化的影响。

滇东三十七部中，徒莫祗蛮主要分布在今云南省楚雄彝族自治州、昆明市、玉溪市、红河哈尼族彝族自治州等州市。徒莫

① 尤中：《南宋时期西南边疆的民族地方政权"罗施鬼国"和"自杞国"》，载《思想战线》，1996（3），55～62页。

② 刘复生：《自杞国考略》，载《民族研究》，1993（5），78～83页。

③ 刘复生：《自杞国考略》，载《民族研究》，1993（5），78～83页。

祇人是建立自杞国的中坚力量，其所分布的地区，“又是元、明、清以来汉族等人口大量迁入的地区，长期以来，许多外来移民移居这些地区，逐渐被融合入徙莫祇人中，因其尚白，所以又被称为‘白蛮’。又因为其风俗习惯、语言等与罗罗（彝族）其他部分相近或相通，所以又被称为‘白罗罗’”①。到了元代，汉文化在学校教育中得到广泛普及。《元史·赛典赤传》记载，元云南行省首任平章执事赛典赤“创建孔子庙，明伦堂，购经史，授学田，由是文风稍兴。……瞻思丁为云南平章时，建孔子庙为学校，拨田五倾，以供祭祀教养”②。据《云南通史》，元代儒学有个重要的特点，就是世居民族与汉人子弟皆尊孔学儒。泰定年间（1324—1328 年）李源道撰《中庆路学讲堂记》说：设学校“以栖生徒，使肄业其中，置田以资饩廪，虽爨、僰亦遣子入学”③。徙莫祇人距统治中心最近，其文字自然受汉字影响较深。此后明清的移民戍边制度下，汉族移民更大规模地向云南移入，世居民族开始被汉族同化，如今，坝区的彝族已基本不用本民族的语言文字。

对以上云南历史上的彝族政权进行梳理后可以断定，云南彝文里应沉淀有各个历史时期与汉字接触的痕迹，但接触基本是在汉字厘定以后。鉴于隶书、楷书、草书、行书都是自汉代开始通行，所以很难对云南古彝文中各个时期的汉借字进行断代分析，尽管如此，我们还是可以找到一些蛛丝马迹。例如古彝文“水”作“[illegible]”（ʑɿ^{21}），前人多以为像水流婉转之形，是彝文自造字，解说似有些牵强，然而比较东晋王羲之草书《千字文》的“[illegible]”（水），却极易发现相似之处，除了汉字草写“水”字右边多出

① 王天玺、张鑫昌主编：《中国彝族通史》（第二卷），108 页，昆明，云南人民出版社，2012。

② ［明］宋濂等撰：《元史》卷一二五，3065 页，北京，中华书局，1976。

③ 何耀华总主编：《云南通史》，“绪论”，65 页，北京，中国社会科学出版社，2011。

一个转折笔画以外，其他部分几乎完全相同，我们有理由相信这是借自于汉字的草书形式。东晋正是爨氏统治的兴盛时代，距今已有 1600 多年，因其借用年代较早，已经作为彝文的一个部首，滋生出多个文字，如 [illegible]（bɯ^{34}）“流”、[illegible]（Va^{34}）“挑”、[illegible]（bə^{55}）“鸭”、[illegible]（bu^{21}）“漂”、[illegible]（míe^{21}）“煮”、“[illegible]”（ʑi^{55}）“花”等①。关于彝文中的汉字借用问题，前人研究较多，此处不再赘述。

第三节　汉文化接触下的方块白文

爨氏政权为南诏阁罗凤所灭后，爨族遗民流入南诏、大理国新一轮的民族融合历程中，逐渐形成白爨与黑爨，也就是今天白族与彝族的前身。方块白文的形成自然离不开南诏、大理国的时代背景，也就是文字的人文生态环境，诸如人口、政治、宗教、教育等诸多因素。《云南通史》列举大量史实明确指出“南诏时期的民族融合，是云南历史上规模空前，汉文化备受推崇的民族融合”②。因南诏与中原战争以及不堪中原官僚统治压迫而流入洱海统治区域的人口不计其数，加上唐以前流入云南的汉人，南诏国的汉族人口占有相当的比例。汉族文化的深度渗入，为汉字的传播打下了坚实基础。

南诏在唐朝的支持下统一洱海诸部，进而统一云南全境，从政治到社会生活诸方面均模仿唐制，汉人在其中起了重要的作

① 参见丁椿寿、于凤城：《论彝文的类型及其超方言问题》，载《贵州民族研究》，1981（1），77 ~ 84 页。

② 何耀华总主编：《云南通史》，“绪论”，46 页，北京，中国社会科学出版社，2011。

用。据《旧唐书》记载：“郑回者，本相州人，天宝中举明经，授嶲州西泸县令，嶲州陷，为所虏。阁罗凤以回有儒学，更名曰蛮利，甚爱重之，命教凤伽异。及异牟寻立，又命教其子寻梦凑（阁劝）。回久为蛮师，凡授学，虽牟寻、梦凑，回得捶挞。故牟寻以下，皆严惮之。蛮谓相为清平官，凡置六人，牟寻以回为清平官，事皆咨之，秉政用事。”[①] 木芹先生在《南诏野史会证》中说：异牟寻时候，南诏“即与唐室和好，加强了同西川的关系，大量吸收中原的先进经济文化。还有参与南诏最高的决策活动的汉人（如郑回），以及汉族移民后裔杨氏、段氏等的地位和作用大大提高了，这些贵族对异牟寻放手强化封建关系，具有不可忽视的作用，甚至起着决定性的意义”[②]。异牟寻时期，南诏国贵族子弟的教育全面汉化。唐德宗贞元十五年（799 年），异牟寻请求唐云南安抚使韦皋以南诏大臣的子弟作为人质居留成都，经执意恳请，韦皋在成都设置馆舍，接受南诏大臣子弟就学。南诏每年派数十成百的学生到成都和长安学习汉文化。几乎每一个南诏首领都认真学习汉文经典。[③] 汉文至此始成为南诏大理国的通行文字。

汉字在民间的流行又与宗教的传播密不可分，正如博纳德·斯波斯基所说：“宗教是影响语言书写系统选择的最大社会因素之一。”[④] 元郭松年《大理行记》记载：“此邦之人，西去天竺为近，其俗尚浮屠，家无贫富，皆有佛堂。人不以老壮，手不释数珠。一岁之间，斋戒几半，绝不茹荤、饮酒，至斋毕乃已。至此处者，使人名利之心俱尽。”大理王国共传位 22 世，其中就

① ［后晋］刘昫撰：《旧唐书》卷一九七，5281 页，北京，中华书局，1975。

② ［明］倪辂辑：《南诏野史会证》，［清］王崧校理，［清］胡蔚增订，木芹会证，8 ~ 9 页，昆明，云南人民出版社，1990。

③ 何耀华总主编：《云南通史》，“绪论”，122 页，北京，中国社会科学出版社，2011。

④ ［以］博纳德·斯波斯基：《语言政策——社会语言学中的重要论题》，张治国译，36 ~ 37 页，北京，商务印书馆，2011。

有9位避位为僧。大理国后期，世袭相国的高氏中，就有高观音妙、高观音政、高阿育等与佛教有关的名字，此类名字在当时的民间亦甚为流行。目前所搜集的方块白文文献中，宗教经文是重要内容之一。宗教在民间的传播，使汉字得到普及，进而用汉字记白语，方块白文自然形成。在此以《中国白族白文文献释读》中所收云龙地区的白曲短曲残本为例①，看一下云龙白文与周边民族语言文字之间的关系。

短曲残本释读前有段序言，指出此材料是用古白文传抄的，时间是“民国二十八年”（1939年），传抄地应是云龙宝丰一带，宝丰是旧时县府所在地，民间知识分子较多，当地有白文使用习俗②。又据《云龙县志》，云龙是一个多民族的山区县，自古就有众多民族在此繁衍生息。据1990年全国第四次人口普查，全县有20个民族，少数民族人口占总人口的84.73%，有白族、汉族、彝族、傈僳族、阿昌族、苗族、傣族、回族8个世居民族，其中白族人口最多，占72.27%。白族中民族融合较为明显，除了历史上部分汉族融入其中外，旧州、漕涧等地的白族中融合了部分当地的阿昌族；表村地区的白族中融合了部分浪速人；石门、宝丰、检槽等乡的白族中融合了部分傈僳族；团结乡内的白族中融合了部分彝族。③县府中各地人口都有，短曲残本中或可以发现各种民族语言融合的痕迹，这里取其中一部分奇字，从文字的形、音、义3方面入手加以分析，以求揭示其中的规律与事实。兹举例如下：

这些字多为自造字，有些恰与《康熙字典》《龙龛手镜》等

① 张锡禄、［日］甲斐胜二主编：《中国白族白文文献释读》（第一辑），桂林，广西师范大学出版社，2011。

② 张锡禄、［日］甲斐胜二主编：《中国白族白文文献释读》（第一辑），桂林，广西师范大学出版社，2011。

③ 云南省云龙县志编纂委员会编纂：《云龙县志》，114～115页，北京，农业出版社，1992。

辞书中所收字字形相同，但音义具不相关，可以断定并非一字，如：䏧，读 fv^{55}，义为“蜂”。《康熙字典》：“䏧 rán，《集韵》日延切。音然。犬肉。”① 倠，读 nɯ^{31}，义为“你的”，又借为“这”。《康熙字典》：“《玉篇》他代切，同態。”② 等等。

关于白文中的奇字，前人已有不少论述，其中尤以徐琳先生所述较详。徐琳先生《关于白族文字》一文将白文自造字分为会意字与形声字两种，其中形声字较为复杂，分为加偏旁的和合体字两类，其下又再分两类加以叙述。③ 从以上例子来看，属于会意字的很少，仅昰 tsha^{55}（早饭）、刭 pia^{44}（到）2 例，其他多为形声字。徐先生所列的 5 个会意字中 kv^{42}（坐、居住），tso^{33}（上，向上爬），ȵi^{44}（进、入）3 例似可商榷：kv^{42} 读音类似于“居”的古音；tso^{33} 读音与表早晨义的“朝”相近，白语剑川、大理等方言点都是舌尖后音；鼻音、边音不分在西南官话汉语方言中较常见，这 3 例应该也是形声字。

短曲残本中的形声字分为加偏旁的和合体字 2 类，合体字中又有左右结构与上下结构 2 类，左右结构如：

䫐 mi^{44}（名声）、䩯 pe^{21}（皮）、㑅 sɯ^{44}（色）、䊮 ke^{35}（结）、䐳 kɯ^{33}（实）、𡎅 tso^{42}（活）、䏺 pɛ^{31}（病）、䖒 tsɯ^{33}（主）、䞓 v^{33}（尾）等。

上下结构如：

𢟪 tsɯ^{31}（缘）、𡥧 xu^{33}（好）、𠿐 ko^{33}（两）、𠷻 mia^{44}（别）、𨫒 the^{44}（铁）、𩟔 tui^{44}（顿）、𥓖 ŋɛ^{42}（硬）、𥗁 ŋɛ^{42}（硬）、𤺋 pɛ^{31}（病）、𨘲 tɕa^{44}（定）、𢔶 tɯ^{44}（得）等。

---

① 汉语大词典编纂处整理：《康熙字典》（标点整理本），上海，上海辞书出版社，2008。

② 汉语大词典编纂处整理：《康熙字典》（标点整理本），上海，上海辞书出版社，2008。

③ 徐琳：《关于白族文字》，见徐琳主编：《大理丛书·白语篇》（卷二），859 页，昆明，云南人民出版社，2008。

加偏旁形声字中偏旁仍表示意义的范畴，与汉字一致。

如“亻”旁表示与人有关：⿰亻能 nɯ³¹（你的，借为“这”）；佷 ȵi²¹（人）；⿰亻恩 ŋɯ⁵⁵（我）；僨 po⁵⁵（丈夫，亦借为“此”）；俤 the³³（弟）；偈 ŋa⁵⁵（咱）；倸 tshe⁵⁵（妻）；僤 ta³⁵（孤）；等等。“忄”旁表示与思维有关：⿰忄米 mi³³（想）；“衤”与衣物有关，如⿰衤衣 ji⁵⁵（衣）；“日”旁与“太阳、时间”等有关，如⿰日衣 ȵi⁴⁴（日）⿰日卑 pe³³（晚饭）；“扌”表示与动作有关，如托 xui⁴⁴（换）；等等。

关于白文奇字有两个问题值得提出加以讨论：一是反切合体字的问题，一是加“口”偏旁字的问题。

前人在研究方块壮文、西夏文时都提到反切合体字的现象。覃晓航先生在《方块壮字研究》中写道：“早期方块壮字的注音方法主要是直接借用汉字标音，用这种方法注音，往往缺乏准确性，而反切在当时来说是一种相当科学的注音方法，于是，一些汉文水平较高的造字者就吸收反切的方法来给壮语词注音，形成一批方块壮字的反切形式。”[①] 孙伯君先生在研究西夏佛经翻译用字的时候提到“切身”字的使用：“佛典密咒的对音中，经常会遇到用汉字无法准确对译的梵语音节，出现这种情况，经师们遂硬性地找两个当用汉字左右并列拼合成一字，左字表声，右字表韵。”[②] 孙先生列举了一些《龙龛手镜》中的“切身”字，如《龙龛手镜·也部》中的“⿰卑也，卑也反”；“⿰丁也，丁也反”。笔者在短曲残本中也找到了一些类似的反切字，上举⿰父翁 fv⁵⁵，义为“蜂”，应该就是一种借用反切标音的形式。还有⿰食思 sɯ³³，义为“手”；⿱丷劳 lɛ⁵⁵，义为“呀”；等等。

总的来说，白文合体字应该也有 3 种：一种是一部分表音，

① 覃晓航：《方块壮字研究》，84 页，北京，民族出版社，2010。

② 孙伯君：《西夏佛经翻译的用字特点与译经时代的判定》，载《中华文史论丛》，2007（2），307 ~ 326 页。

一部分表义，也就是六书中的形声字，这一类字所占比例最大，上举合体字基本上都属于这一类，这与汉字形声字占绝大多数的情况完全一致。这一部分文字与汉字情形一样，也存在省形或省声的问题，如⿱刅青 tɕhɛ[55]，义为“清”，即省去声符的一部分。第二种是两部分都表义，与六书中的会意字相似。第三种是两部分都表音，也就是反切合体字。这一类字许慎六书中未提，《说文解字》中亦未见，而在汉字基础上衍生出来的民族文字材料中却存在，方块白文应该也不例外。

白文中的“口”旁字也值得进一步研究。徐琳先生在《关于白族文字》一文中指出：“从口的表示跟口有关，但有的加口只表示这个词是白字。”① 王锋先生把这一类字叫作“类形声字”，认为“这一类字的音符是独立的汉字，义符也是汉字的偏旁，但义符不表示这个方块白字的意义类别，实质上这类字就是加了偏旁的音借字”。② 但问题是方块白文中直接借用汉字是绝大多数，自造字却是少数，那些被大量借用的其他单体字为什么不加“口”？笔者在短曲残本中也发现了很多这种加了“口”旁的音借字，如：咟 pɛ[44]（百）、⿰口上 nɔ[33]（上）、⿰口首 tsɔ[31]（首）、⿱后口 ɣɯ[33]（后）、⿰口删 piɛ[44]（探）、啍 na[55]（则）、⿰口旨 khe[55]（牵）、⿱覀口 ȵɛ[42]（硬）、喃 na[44]（哪）、喀 khɛ[44]（客）、哻 tso[31]（调）、⿰口英 jɯ[33]（因）等，这些字“口”旁都是既不表音也不表义，另一部分则借表白语读音，其中“⿰口上、⿰口旨”有些例外，其实是省去表音字的一部分。

《康熙字典》有“咔”字，曰：“咔，《玉篇》力冻切。音弄。”③ 白语无后鼻音，“⿰口上”应为“咔”之省；而“⿰口旨”字中

---

① 徐琳：《关于白族文字》，见徐琳主编：《大理丛书·白语篇》（卷二），859 页，昆明，云南人民出版社，2008。

② 转引自徐琳：《关于白族文字》，见徐琳主编：《大理丛书·白语篇》（卷二），947 页，昆明，云南人民出版社，2008。

③ 汉语大词典编纂处整理：《康熙字典》（标点整理本），上海，上海辞书出版社，2008。

“旨”应为“皆”之省。

如果说白文中的“口”旁仅为加饰有悖造字理据，也不符合书写的经济原则，这一类字在明代杨黼所撰《山花碑》中与《白语简志》所收古白文中都有一些，[①] 可见是古白文的遗留，但现代白文释读中记的全是现代音，使“口”旁的标示意义变得面目不清，我们不妨从其他汉字的衍生字中去寻找原因。国内汉字系列的衍生文字中与方块白文关系最近的就是方块壮字和西夏文，三种文字产生时代极为接近，其中方块壮字与白文地域关系密切，所以字形相似度很高；西夏文则与白文产生的政治、宗教背景类同，语言又同属藏缅语系，亲属关系较近。据《古壮字字典》，壮字中也有很多“口”旁字，但多表示与“口”相关的意义范畴，与白文情形有异。而西夏佛经翻译时也常在汉字基础上加“口”旁，其“口”却有奇妙的作用。据孙伯君先生研究，加“口”大致有两种情况，一是为清塞音或擦音声母汉字加上“口”旁表示同部位的梵语浊塞音；二是在鼻音字前加上“口”旁以与梵语同部位的送气、不送气浊塞音相对。[②] 再反过来观察白文“口”旁字，上举短曲残本的例子，声母基本都是塞音、塞擦音、擦音和鼻音：

塞音：⿰口白 pɛ⁴⁴（白）、⿰口别 piɛ⁴⁴（探）、⿰口旨 khe⁵⁵（牵）、喀 khɛ⁴⁴（客）；

塞擦音：⿰口首 tsɔ³¹（首）、⿰口早 tso³¹（调）；

擦音：⿱后口 ɣɯ³³（后）、⿰口英 jɯ³³（因）；

鼻音：⿰口上 nɔ³³（上）、啍 na⁵⁵（则）、⿱口更 ȵɛ⁴²（硬）、喃 na⁴⁴（哪）。

---

① 施珍华：《古白文的规范与开发》，见徐琳主编：《大理丛书 · 白语篇》（卷二），941 ~ 943 页，昆明，云南人民出版社，2008。

② 孙伯君：《西夏佛经翻译的用字特点与译经时代的判定》，载《中华文史论丛》，2007（2），307 ~ 326 页。

再看《白语简志》与“口”义无关的“口”旁字：

塞音：呠 pɯ[55]（他的）、叭 phia[44]（到）、⿱口配 phe[44]（配）、嗒 ta[44]（和）、⿱口隔 kɛ[44]（隔）；

擦音：⿰口而 ɣeɹ[21]（去）；

鼻音：咹 ŋa[55]（我们）、哦 ŋɯ[55]（我）、侣 ȵɑ[55]（咱）；

半元音：⿰口务 wu[44]（孵）。

以上鼻音、擦音、半元音都是浊音，而剩下的清塞音和清塞擦音也有一个共同的特点，即它们都有一个相对应的浊音，就是说这些加“口”的字在古代都有可能是浊音。

白族历史上没有形成较为完备规范的文字。相关历史文献，如南诏德化碑、崇圣寺铜钟六天王铸像旁铭文、石钟寺石雕佛像旁的款识刻字、《南诏中兴二年画卷》、大理国《张胜温画卷》，以及南诏、大理国其他文献资料使用的都是汉字，可见南诏、大理国时期的官方文字是汉字。① 民间文字的传播通常都是借助宗教的途径。南诏、大理时期，传入云南的密教派系宗支繁多，形态甚为复杂，是云南佛教史上最兴盛的阶段。唐代，云南境内不仅有印度密教阿吒力在传播，唐密或称汉密、藏密也相继传入云南，形成南诏密教三足鼎立的局面。② 宗教传播必须借助文字，而文字要接近平民百姓就必须适应当地语言，方块白文自然产生。一开始造白文的正是佛教传播者，昆明筇竹寺元代翰林修撰杨载作的《大元洪镜雄辩法师大寂塔铭》中说：“雄辩法师，㘚乌、僰人说法，讲《□□□华严经》《维摩诘经》，□□□□□以僰人之言为书，其书盛传，解者亦众。”清初园鼎和尚也曾说过

① 《中国少数民族语言简志》编委会、《中国少数民族语言简志丛书》修订本编委会：《中国少数民族语言简志丛书修订本·卷二》，修订本，245 页，北京，民族出版社，2009。

② 云南省社会科学院宗教研究所：《云南宗教史》，3 页，昆明，云南人民出版社，1999。

雄辩法师“解僰人之言为书，其书盛传，习者亦众”[①]。佛经对音需要准确，对于汉语读清音而白语读浊音的字，自然不能用完全相同的字形表示。

雄辩法师肯定不是第一个“以僰人之言为书”的人，石钟健先生有一个基于碑刻资料的严谨而谨慎的推论，认为“白文”大概产生在10世纪中叶之后、12世纪中叶之前。[②]这与西夏文创制和使用的时间大致相当。西夏国与南诏大理国虽然土地并不接壤，但语言文化方面有不少相似之处：首先，西夏与南诏大理国宗教背景相似，西夏以皇室为首，大力推行佛教。尽管西夏并不排斥民族原始宗教和道教，但佛教始终是西夏的第一宗教。[③]其次，西夏与南诏大理国一样，都是先用汉字，后创造本民族文字。西夏文创制于西夏正式立国前两年（1036年）。在西夏境内，西夏文作为国字广泛流行，汉文也同时使用，在一定范围内也使用藏文、回鹘文。[④]南诏阁罗凤自唐玄宗天宝十一年（752年）依附吐蕃，被册封为赞普锺南国大诏后，西藏密教也给南诏以影响[⑤]，南诏大理国境内也有藏文流行。总之，西夏与南诏、大理国时代相近，同时受到汉传佛教与藏传佛教影响，其中又以汉传佛教为主；辖地内都是汉语与本民族语双语并用，汉字与汉字基础上衍生的本民族文字双文并用，语言又属于同一语族。为了准确地进行佛经对音，不约而同地用了同一个简单的“口”字符号标

---

① 杨应新：《方块白文辨析》，见徐琳主编：《大理丛书·白语篇》（卷二），868页，昆明，云南人民出版社，2008。

② 石钟健：《论白族的“白文”》，见徐琳主编：《大理丛书·白语篇》（卷二），868页，昆明，云南人民出版社，2008。

③ 史金波、黄润华：《中国历代民族古文字文献探幽》，15页，北京，中华书局，2008。

④ 史金波、黄润华：《中国历代民族古文字文献探幽》，72～73页，北京，中华书局，2008。

⑤ 云南省社会科学院宗教研究所：《云南宗教史》，3页，昆明，云南人民出版社，1999。

记浊音是完全有可能的。笔者大致可以肯定，白文“口”旁有口音重的意思，现代白文使用者仍习惯加“口”旁，仍有标示白语读音的意思，只不过这种标示可能已变得比较随意，往往仅凭个人感觉决定。短曲残本中还保留了不少语言接触与底层语言的信息，笔者将在“语言底层与文化互动”一章中讨论。

第四节　在汉藏文化交接地带的纳西东巴文

许慎《说文解字》“序”云：“盖文字者，经艺之本，王政之始，前人所以垂后，后人所以识古。故曰：本立而道生，知天下之至啧而不乱也。”文字是经艺的基础，是政治的肇始，前人凭借它将文化传给后人，后人凭借它继承前人的智慧，有了文字，才能衍生出人类社会的诸多事物，才能由此厘清天下深奥的道理。许慎的至理名言道出了文字的根本属性，如果以此观察纳西东巴文的起源与发展，那些学界争讼纷纭、迷雾笼罩的问题也就逐渐明晰起来。

一、东巴文起源与地缘文化接触

东巴文的起源是学界争论不断的话题，从前秦到唐宋，各执其词，林向萧曾总结出 13 种说法，[①] 其中以李霖灿、方国瑜、董作宾之说影响最大。李霖灿以东巴文表示“南、北”的字形结合纳西族的迁徙历史，认为东巴文的发生地在无量河附近；方国瑜根据白水台摩崖石刻诗末题词推算东巴文产生的时间为公元 1054

① 林向萧：《东巴文创始时代的再探讨》，见和自兴、郭大烈、白庚胜主编：《丽江第二届国际东巴艺术节学术研讨会论文集》，昆明，云南民族出版社，2005。

年；董作宾先是认为是宋理宗时代麦琮所造，后又认为创制在铁器时代的晚期。[①] 和继全的看法比较客观，他认为文字系统的形成是一个漫长的时期，最初的源头应该是少许的符号和图画，各个历史时期都有补充和发展。[②]

笔者认为，基于文字与“王政”的关系，有两个时期对于东巴文至为关键，一是丽江纳西大酋强势的北宋，一是木氏土司崛起的明代。前一个时期应是纳西族西部方言区东巴文产生的时代，后一个时期则是东巴文繁荣发展的时代。

随着明代木氏土司的崛起，纳西文化成为滇西北的强势文化，纳西东巴文也依托宗教途径向周边民族传播，然而东巴文为何只在以丽江为中心的纳西族西部方言区蓬勃发展，这点值得深思，仔细剖析纳西文化的发展历史和东巴文的字形结构或许可以得到答案。既然东巴文产生于中世纪，那我们的追溯也从中世纪开始。

（一）《黑白之战》中的文化交流

纳西族文化中有许多体现地缘型文化接触的现象。

《黑白之战》是东巴经记载的纳西族著名史诗，至20世纪50年代开始，就有各种汉译本面世，名称各有不同，如和发源译本《董术争战》、和志武译本《东埃术埃》、赵银棠译本《东岩术岩——黑白斗争的故事》、杨世光译本《黑白之战》等，这部史诗还有另外一个版本《都丁都塔命》，主要人物由东子阿璐换成东女都丁都塔命。[③] 总之，《黑白之战》与《创世纪》《鲁班鲁饶》

① 转引自和继全：《白地波湾村纳西东巴文调查研究》，14～15页，重庆，西南大学博士学位论文，2012。

② 和继全：《白地波湾村纳西东巴文调查研究》，15页，重庆，西南大学博士学位论文，2012。

③ 和钟华、杨世光主编：《纳西族文学史》，150页，成都，四川民族出版社，1992。

齐名，并称为东巴文学中的三部台柱式作品。通常认为，“纳”即“黑”，“西”即“人”，“纳西”是“黑人”，是崇尚黑的民族，但《黑白之战》却是抑黑扬白，最后取胜的是代表光明的董主：各路天神协助董主赢得最后胜利，辨明了是非善恶，取得去秽的神药，并用仇人的心窝血来做胜利神的药。[①]前人早就注意到这种文化现象，纳西族学者戈阿干先生《〈黑白战争〉文化内涵探索》一文提到，他在近30年的时间里，一直感觉对这部典籍所蕴藏的文化内涵捉摸不透，但经过多年的田野调查与持续思考，他认为该故事明确描述了《黑白之战》的宗教功能以及整个祭祀仪式的过程，值得一提的是，以尤玛战神为线索，追本溯源，找到与纳西族聚居区以西地区之间的文化联系；又通过在滇、川、藏、青等地巡回考察，确定东巴教主丁巴什罗源于苯教，而苯教又是借自其他宗教，接着引用日本学者的研究成果，说明东巴教与古代波斯袄教之间的关系。[②]仲布·次仁多杰先生《恰苯与摩尼教关系初探》一文也指出，苯教徒们一直认为苯教源于波斯，并通过宗教经典著作的比较，认为是源于波斯的摩尼教。[③]和建华先生《东巴教与苯教“卵生说”的比较》一文将《黑白之战》与苯教经典详细比较，更加证实了苯教源头。[④]

笔者认为，东巴文源于苯教为学界所共识，但在苯教基础上发展成为一枝独秀的东巴文则是中古以后文化接触的结果。

① 和志武：《东埃术埃》，见和志武译：《东巴经典选译》，昆明，云南人民出版社，1994。

② 戈阿干：《〈黑白战争〉文化内涵探索》，载《民族艺术研究》，1995(5)，3～8页。

③ 才让太主编：《苯教研究论文选集》（第一辑），738～741页，北京，中国藏学出版社，2011。

④ 才让太主编：《苯教研究论文选集》（第一辑），733～737页，北京，中国藏学出版社，2011。

（二）宗教与政治作用下的文字

纳西族西部方言区的文字有别于东部方言区，两个方言区的宗教也有区别。纳西族西部方言区宗教与文字的发展具有不同的历史层次，仔细剖析纳西族西部方言区的宗教，其文字上的迷雾也就涣然冰释。纳西族西部方言区的东巴教与东部方言区的达巴教，其立教基础都是万物有灵论，来源都是苯教，因此东巴文的最初形式应该就是达巴教的图符，据说与苯教祭祀牌上的符号类似[①]。研究东巴文为何独在纳西族西部方言区蓬勃发展是个有趣的话题，拨开这团迷雾需要观察纳西族的历史。

东巴文发展的两个重要时期，也是纳西族政治与宗教强盛的时期：一是北宋，一是明代。11 世纪中叶北宋时期，丽江纳西族土长牟西牟磋，成为联合各部落的大酋长，为了巩固其统治，重用巫师决策，[②]用象形文字记录的东巴文经书很有可能出现于这个时代，业师喻遂生先生曾就科技类东巴文象形字，查证自然科学大百科全书，认为东巴文应产生于唐末宋初，与这个时代相近。

明代木氏土司统治时期，丽江逐渐成为云南与西藏的枢纽并演化为汉、藏宗教与文化的汇集地带。如：“汉传佛教、道教往北传，到丽江为止，藏传佛教由北往云南传，也到丽江为止。因此，丽江是南北宗教交汇之地。”[③]西藏宗教的土壤培育了东巴文象形符号，又在汉文化的浇灌下蓬勃生长，这个使东巴文繁荣昌盛的地方就是丽江。正如方块白文只在大理地区流行，纳西东巴文则是随着木氏土司的领土扩张由丽江向周边地区传播。

20 世纪 50 年代的民族调查，对当时纳西族的地理分布有

① 据云南民族大学民族文化学院阿错老师介绍。阿错老师原籍四川甘孜，那里仍保留着苯教文化的遗迹，他曾见过有象形符号的苯教祭祀牌。

② 方国瑜编撰：《纳西象形文字谱》，42 页，昆明，云南人民出版社，1995。

③ 杨曦帆：《区域文化视野中的丽江洞经音乐》，载《宗教学研究》，2002（2），45 ~ 49 页、94 页。

详细的统计：纳西族人口主要分布于丽江，有105818人；维西12707人；中甸9993人；宁蒗8418人；永胜3028人；大理222人。[①]仔细检索各种相关资料，大致可以确定，丽江以外的纳西族西部方言区人口，基本都是从丽江外迁的：根据余庆远《维西见闻录》，“麽些……元籍丽江，明土知府木氏攻取蕃六村康普、叶枝、其宗、喇普地……徙麽些戍之，后渐繁衍，倚山而居……”，明确指出了维西纳西族的迁徙时代及原因。

宁蒗彝族自治县的西部方言区纳西族也是迁自丽江，宁蒗县永宁乡的纳西族有两支：一支为吕喜，永宁全境都有，超过当地人口的2/3，也就是摩梭人；另一支为麽些，自称拿喜，由丽江徙之，只占当地人口的3%。[②]

四川木里俄亚纳西族也是明代自丽江迁徙过去的。据传很早的时候，有个叫“根簸”的纳西族酋长经常带族人自丽江到俄亚打猎，发现此地水草丰茂，土地肥沃，易猎易耕，木氏土司得知后便分批将族人迁往俄亚大村居住，共40户，包括木匠、铁匠和东巴等，仍隶属木氏土司统治。

中甸处于苯教与东巴教的过渡带，无论地理与文化，都处于桥梁地带。中甸的纳西族主要居住在三坝，这里正是麽些与吐蕃政权的角逐之地：唐代属神川都督府；宋为麽些大酋所据；元代，白地独东坝属吐蕃，其他属宝山州；明成化二十三年（1487年）后被木氏土司占领。[③]文献有关白地纳西族的时间始于宋，据《中甸县志·大事记》：“（宋）乾德年间（963—967年）[④]，冬贡阿普

① 云南省编辑组、《中国少数民族社会历史调查资料丛刊》修订编辑委员会编：《纳西族社会历史调查》（三），修订本，1页，北京，民族出版社，2009。

② 云南省编辑组、《中国少数民族社会历史调查资料丛刊》修订编辑委员会编：《纳西族社会历史调查》（二），修订本，159页，北京，民族出版社，2009。

③ 云南省中甸县地方志编纂委员会编：《中甸县志》，48页，昆明，云南民族出版社，1997。

④ 宋太祖乾德年间应为963—968年，编者注。

带领纳西族农民修白地波湾沟。”[①] 也就是说，至少在宋代，白地已有纳西族居住。白地或为纳西族往丽江迁徙的必经之地。但据20世纪50年代的调查资料，白地纳西族是迁到丽江后又迁回白地的：此地纳西族源于四川盐源，经木里从宁蒗以西过金沙江，穿过三坝又南下到今丽江白沙，因白沙土地贫瘠，又返回三坝定居，因三坝优越的生存条件，又有丽江一带纳西族陆续迁入。[②] 三坝地区东坝的麦姓、杨姓、和姓纳西族认为自己祖先原居丽江东山，三坝的老人还能背诵自己的家谱达到20代人，应该是明代纳西木氏土司势力强盛之时迁入的。[③] 据调查，梅、禾、舒、尤4个纳西族古氏族白地都有分布，分别为不同时期迁入，白地古都、波湾、吴树湾等村“普都”祭天群的杨姓纳西族村民，是在木氏土司扩张领土时期由丽江木家桥迁入，水甲村和姓纳西人也迁自丽江，纳西族汝卡人迁徙时间最晚，是在清雍正年间迁入。[④]

中甸的白地被称为东巴教的圣地，民国时期《中甸县志》云：“东跋教为摩些民族之古教，推其时间，或在喇嘛教之前，凡在第三区三坝乡七伙头所辖之摩些民族，悉信奉之，良美、吾车、木笔三乡之摩些族人，虽与汉族同化已久，然对于东巴教，依然信仰。”“有尔米玉勒者，能宏东跋萨拉遗教，在三坝北地甲石洞内成道，故凡习东跋者，无论为丽江或中甸人，均非至石洞受洗礼不可。”[⑤] 尔米玉勒即东巴教第二代主师阿明，和志武先生

① 云南省中甸县地方志编纂委员会：《中甸县志》，7页，昆明，云南民族出版社，1997。

② 云南省编辑组、《中国少数民族社会历史调查资料丛刊》修订编辑委员会编：《纳西族社会历史调查》（三），修订本，1页，北京，民族出版社，2009。

③ 云南省编辑组、《中国少数民族社会历史调查资料丛刊》修订编辑委员会编：《纳西族社会历史调查》（三），修订本，21页，北京，民族出版社，2009。

④ 和继全：《白地波湾村纳西东巴文调查研究》，29～30页，重庆，西南大学博士学位论文，2012。

⑤ 中甸县志编纂委员会办公室：《中甸县志资料汇编》（三），135～137页，内部资料，1991。

认为阿明的时代在北宋，“东巴教开始大规模用象形文字编写东巴经，可能始于被奉为神明的白地人阿明，他生于北宋中期（11世纪），这时的东巴教已发展到著书立说的新阶段，标志着东巴文化已形成于白地”[①]。阿明的传说因证据不足，学界未知可否，尤其阿明生活的时代，尚无准确的资料可以证实，根据出生于白地波湾村的纳西族学者和继全博士调查，阿明系白地水甲村人，小时候因家穷欠债，被藏族僧侣抓去抵债，在寺庙长大，他聪明好学，偷学并精通了经典和法术，后窃取全套经书和法器，逃回白地，隐居在岩石洞里。据说，纳西族东部方言区永宁坝达巴的口传经书也是从白地习得。[②]波湾村流传的另一个关于阿明的故事则与木氏土司有关。阿明神罗被木氏土司关押在牢房里，恰遇木氏土司的母亲去世，就从白地请了另外一个东巴塔祖如宙做超度仪式，阿明在牢中听到后，对看守说，塔祖如宙做主祭东巴，能使祭坛中的柳人柳马走路吗？我就能……[③]据此大致可以推知：阿明的经书与功法还是来自苯教，因为熟读经典，法术高深，他在苯教与东巴教之间起了重要的桥梁作用，他的生存年代更有可能是明代。还有一个故事也能证明木氏土司对东巴教的支持：白地波湾村最大的东巴世家“阿普固”家，直到20世纪60年代，还存着一件纳西木氏土司赠送的白水台二月八主祭大东巴法衣。[④]

综上，西部方言区的纳西族在丽江形成统一的语言和文字，在中国历史上有过两次大的发展，一在北宋，一在明代。纳西族自丽江向外迁徙也主要在这两个时代，缘于统治者的领土扩张。

---

① 和志武：《纳西东巴文化》，91页，长春，吉林教育出版社，1989。

② 和继全：《白地波湾村纳西东巴文调查研究》，32～33页，重庆，西南大学博士学位论文，2012。

③ 和继全：《白地波湾村纳西东巴文调查研究》，41页，重庆，西南大学博士学位论文，2012。

④ 和继全：《白地波湾村纳西东巴文调查研究》，42页，重庆，西南大学博士学位论文，2012。

零星的迁徙很难保留民族身份，笔者在德钦做田野调查时，也发现有明代木氏土司领土扩张时迁入藏族聚居区的人口。

没有强有力的政权，很难形成统一的文字，因此，纳西东巴文极有可能产生于北宋，并于明代得到突飞猛进的发展，在藏、汉与纳西本土文化的共同滋养下，成为东巴文化的基石。

二、东巴文的发展与各民族文化的交往交流交融

如前所述，笔者认为东巴文源于苯教已为学界所公认，纳西族东部方言区的达巴教与西部方言区的东巴教同源，但为什么东巴文只在纳西族西部方言区发扬光大？仔细剖析西部纳西族的文化或许可以得到答案。下文就从四方街、纳西古乐、中古以后纳西地区的教育、木氏家族的婚姻等方面看一下纳西族聚居区的文化接触，借以作为文字发展探讨的佐证。

（一）四方街与文化接触

四方街是丽江的标志，整个设计蕴含着创建者的高度智慧，相传为木氏土司所为，然而笔者却在清朝吴大勋的《滇南闻见录》中另有发现。《滇南闻见录》有上下两卷，为方国瑜先生《云南史料目录概说》所收录。吴大勋是江苏青浦人，乾隆年间举人，在清乾隆年间任云南地方官，曾经主政昆明五华书院，后升任丽江知府，先后在云南任职10年，离滇后对云南的“所见所闻，心怦怦不能忘”（见该书“自序”），遂写成《滇南闻见录》，其中有一段与丽江四方街有关的记录：“郡城西关外有集场一所，宽五六亩，四面皆店铺。每日巳刻，男妇贸易者云集，薄暮始散。因逼近象山，山水流澌入市，然后东注于溪湖。市廛之民向以泥泞受困。余思另辟一沟，使水从市外行，非不便民，惧于街市风水不利。因谕街旁众铺各就门面铺砌石街。于进水之

口，筑一小闸，晨则下闸，阻水不得入街；暮则启闸，放水涤场使净。俾入市者既免于泥泞，又免于尘埃，而水仍由市流行，当无所碍；各铺家所费无几，而便宜无穷。城乡之民无不感惠焉。”

又据乾隆八年（1743年）所修《丽江府志略·市肆》记载：“府城市，在府城西关外大研里，湫碍嚣尘，环市列肆……”《丽江府志略》书成时间比吴大勋在云南任职早30年，那时的大研镇非泥泞则嚣尘——可见丽江四方街虽至迟建于明代，然而能有今天这样小桥流水、诗情画意的景观，却是丽江知府吴大勋的巨大贡献。①

再者，四方街在云南随处可见，绝非丽江所独有，与丽江接壤的大理下关、喜州、周城、沙溪等地都有四方街，其中周城的四方街还分南、北两处，面积都比较大，丽江束河古镇也有四方街。② 大理四方街基本是“三坊一照壁”，保持了明清时代建筑的特色。四方街的形式也见于中原地区，笔者出生于胶东内陆地区的一个四面环山的村落，据当地地名志记载此村落形成于明代，由3户不同姓氏的人家迁此组成，童年时，村落中央也有一个四方街，靠东方向也有一个照壁，不远处还有一座宋姓家庙，这个地方方言称为“大照壁（bei）乜儿”（大照壁那个地方），这里是村民集会、娱乐的主要场所。这样的四方街也见于隔壁村落，那里恰好也是一个商业中心。

丽江四方街的井也见于大理。2016年夏天，笔者在大理市下关镇关迤社区开展汉语方言的语言资源保护项目调查，在苍山斜坡下的关迤街道，见到了与丽江四方街一模一样设计的两口井。关迤旧称“龙尾关古镇”，据传为南诏国第五代国王阁罗凤所筑，

① 段润秀、杨林：《云南史料笔记叙录（三）》，载《昆明大学学报》，2002（1），20～23页。

② 陈倩：《大理丽江传统聚落中“四方街”广场空间形态及发展演变研究》，载《建筑学报》，2016（5），98～102页。

古镇建在西洱河畔苍山斜阳峰的缓坡上，青山绿水，是古代官宦人家宅邸较为集中的地方，至今还有魁星阁、玉龙书院等20余处代表科举和状元进士文化的名胜古迹。历史上这里名士云集：出过苏氏“一门三进士”及明代翰林，清代内阁学士以及名医世家，等等。从悬挂着“大夫世第”的古宅后门出去，就是相隔很近的两眼古井。古井距今已有1300多年的历史，名为大井、二井。两口井都呈方形，水浅且清冽，井池的底部与四周均为青石板铺就。古井用水公约规定：“头井饮水，二井洗菜，三井洗衣服，四五井做它用……”千百年来约定俗成，无人违犯，一直沿用至今，这无疑就是丽江四方街古井的模板。

（二）纳西古乐与洞经音乐

纳西古乐的名称从它产生之时起就有人提出了异议：伍国栋先生在《“纳西古乐”名实谈——答〈人民音乐〉记者问》中认为，所谓“纳西古乐”，其实就是云南昆明、大理、丽江、元江等地汉族、白族、纳西族中广泛流传的“洞经音乐”。[①] 笔者2017年夏天在丽江市永胜县开展国家语言保护工程项目调查，在县城足足逗留了一个月，在县城旁的清水古镇，耳闻目见了保存良好的“洞经音乐”。这种音乐形式现在一般称为“丽江洞经音乐”，是明清之际由汉地传入纳西族聚居区的儒、释、道合为一体的民间音乐形式，定义较为准确。[②]

（三）丽江的汉化教育

历史上，历代中央政权及如吐蕃、南诏等地方政权都统领丽

① 伍国栋：《“纳西古乐”名实谈——答〈人民音乐〉记者问》，载《人民音乐》，1999（1），28～30页。

② 和爱东、杨杰宏：《关于“丽江洞经音乐”的概念内涵探讨》，载《思想战线》，2010（1），17～19页。

江，自然形成了多元文化对纳西文化的接触与渗透：唐代吐蕃势力南下，在塔城地区设神川都督府及铁桥节度；唐贞元十年（794年），南诏又攻破吐蕃神川都督府及所属之铁桥节度，在铁桥城重设铁桥节度；宋宝祐元年（1253年），蒙古在县境内石鼓置茶罕章管民官；至元十三年（1276年）在县境石鼓置丽江路军民总管府，二十二年（1285年）改设丽江路宣抚司；明洪武十五年（1382年）再置丽江府。[①]

在纳西文化诸多元素中，汉、藏文化影响巨大，其中，由于南诏与元朝的儒学倡导以及明清时代的系列政策，汉文化在丽江文化中占有十分重要的地位：据杨慎《滇载记》："晟罗皮立孔子庙于国中"，后理国主段正淳也很重视教育，"使高泰运奉表入宋求经籍"。[②]元朝时期，忽必烈任以仁慈著称的赛典赤为云南平章政事，元世祖"命云南诸路皆建学，以祀先圣"[③]，据《元史·赛典赤·赡思丁传》："云南俗无礼仪……子弟不知读书，赛典赤……创建孔子庙，明伦堂，购经史，授学业，由是文风稍兴。""赛典赤建孔子庙为学校"[④]，各地学宫相继建立。元代云南首行科举制，中进士6人，国学教育取得明显成就。

明清时期，云南各地文人大量涌现。据统计，明朝云南共有文举人2732名、文进士260名；清朝云南共有文举人5697名、文进士682名。总计明清两代云南文举人8429名、文进士942名，另有著书者1036名。[⑤]明代，儒学进一步发展，洪武十五年（1382年）云南平定后，朱元璋即发告示："府州县学校，宜加兴

① 杨曦帆：《区域文化视野中的丽江洞经音乐》，载《宗教学研究》，2002（2），45～49页、94页。

② 何耀华总主编：《云南通史》（第三卷），8页，北京，中国社会科学出版社，2011。

③ ［明］宋濂等撰：《元史》卷八十一《选举志一》。

④ ［明］宋濂等撰：《元史》卷八十一《选举志一》。

⑤ 古永继：《明清时期云南文人的地理分布及其思考》，载《云南学术探索》，1993（2），37～43页。

举，本处有司选保民间儒士堪为师范者，举充学官，教养子弟，使知礼仪，以美风俗。”① 少数民族也有学习机会，有些上层人物子弟还被选送京师国子监，如洪武二十一年（1388 年）九月“云南罗罗土官遣其二子入监读书”，二十三年（1390 年）五月“西南夷土官皆遣子入学”②。有明一代，丽江纳西族木氏土司尤以汉学渊博闻名，木氏历代嗜学，第六代丽江土知府木公，与当时云南著名文学家杨慎交往甚密，杨慎搜集其诗 114 首，名为《雪山诗选》，叙而传之。③ 第十一代丽江土知府木增著述更多，有《云窝淡墨》《山中逸趣》《啸月函诗集》《芝山集》《光碧楼选集》等。《明史·土司列传》称：“云南诸土官，知诗书，好礼守义，以丽江木氏为首云。”④

有清一代，云南教育进一步发展，位于西南边陲的丽江已有举人 59 名、进士 6 名，⑤ 儒学教育的程度可见一斑。

（四）婚姻与文化接触

民族间的通婚自然会促进文化的交流与交融，2013 年笔者等人在维西傈僳族自治县做纳西族玛丽玛萨人的田野调查，通过一个学过东巴文的纳西族上门女婿，了解到玛丽玛萨文与纳西族东巴文的密切关系。从木氏家族的通婚也可以观察到纳西族文化是以各民族交往接触为主流，木氏土司承传 400 多年，历经元、明、清三朝，源于多种经营策略，政治联姻在其中起了重要的作用。根据《木氏宦谱》，木氏从明代开始频繁与外族通婚，其

① ［明］张紞：《云南机务钞黄》。

② 《新纂云南通志》卷一三三《学制考三》。

③ 《新纂云南通志》卷二三四《文苑列传》。

④ 《明史·土司列传》。

⑤ 古永继：《明清时期云南文人的地理分布及其思考》，载《云南学术探索》，1993(2)，37 ~ 43 页。

中又以白族最多，嫁娶总共34次。[①] 又有统计与白族嫁娶共40次，与彝、汉、藏、蒙古、傣、布朗等民族婚嫁18次。[②] 而白族多数则是大理国时期高氏的后裔，据《姚郡世守高氏源流总派图》《威楚令长高公墓志铭并序》《楚雄族谱》《大姚县志》《苍耳丛谈》《一宗枝图》等相关资料，高氏原籍江西庐陵县井岗乡，后移居南滇，时值诸葛亮渡泸讨孟获，高氏一世祖助诸葛亮作战有功，被封为益州守。[③] 总之，高氏的祖先是蜀汉时期的汉人，后在洱海流域发展壮大，在大理国时期拥有相当势力，曾废段自立，不足两年又还位段氏，段氏恢复王位后，高氏则世为相国，大肆分封子孙，大理政权的重要郡府都成了高氏家族的世袭领地，有资料可考的就包括威楚（今楚雄）、姚州（今姚安）、腾冲、永昌（今保山）、北胜（今永胜）、鹤庆、鄯阐（今昆明）、晋宁、嵩盟（今嵩明）、禄丰、罗次（今禄丰碧城）、易门、交水（今沾益）等。[④] 高氏与丽江木氏地缘相近，势力相当，通过联姻结为政治同盟，互助互惠，这种世代联姻还带来了文化上的融合，木氏子孙的汉学造诣也就有缘可循。

木氏土司辖区的民间，汉族与纳西族通婚也极为广泛。首先是明代的军事制度，据研究，明代云南各州县设哨达551个之多，哨遍设于云南各府，包括丽江府、元江府、顺宁府等土官统治的地区。又，“自永宁至大理每六十里设一堡，置军屯田，兼

① 陈雪莲：《〈木氏官谱〉所载木氏土司联姻分析》，载《楚雄师范学院学报》，2014（5），66～70页。

② 木基元：《从联姻政治看木氏土司的发展》，载《西南民族大学学报》（人文社科版），2008（11），6～8页。

③ 何耀华总主编：《云南通史》（第三卷），237页，北京，中国社会科学出版社，2011。

④ 何耀华总主编：《云南通史》（第三卷），337～338页，北京，中国社会科学出版社，2011。

令往来递送，以代驿传”[①]。哨、堡与驿、铺一样，是明朝设在各交通要道上，用来戍守防御、沟通联系之类的设施和机构，这类设置扩大了汉族的居住范围，也拉近了汉族与少数民族的距离，直接促成了汉族与少数民族的通婚与融合，一个典型的例证就是丽江永胜六德乡的彝族他留人——明代驿堡军士与当地民族通婚形成的独特族群。

木氏土司还以政治手段延揽大批汉族与纳西族通婚，从内地延请或者招募通事、教师、医生、建筑师、经商者以及各类技师、工匠等，入郡后编入“齐民”，强制姓“和”，以严出入，这些人大多与当地妇女通婚，融合于纳西族中。[②]

综上所述，与汉文化的深度接触使汉字渗入纳西民间，汉字的结构形式为东巴文的形成提供借鉴，是自然也是必然。

（五）表音符号的区域类型

唐代，丽江处于大理与吐蕃之间，丽江的文化，很大一部分是该时期大理与吐蕃文化共同作用的结果：宗教、建筑、音乐、饮食以及社会生活的方方面面。如果从地理类型学的角度研究东巴文的产生，《木氏宦谱》的记载虽备受学界猜疑，却并非子虚乌有：据《木氏宦谱·阿琮传》，“生才七岁，不学而识文字，及长，旁通百蛮各家之书，以为神通之说，且制本方文字”。《元一统志·丽江路通安州人物传》的记载则更具体：“麦宗，麽些人也，祖居神外龙山（即玉龙山）下，始生七岁，不学而识文字，及长，旁通吐蕃、白蛮诸家之书。”阿琮就是麦宗，生于13世纪初年（宋理宗时代）。方国瑜先生以为“不学而识文字”当是东

① 陆韧：《明代云南的驿堡铺哨与汉族移民》，载《思想战线》，1999（6），85～89页。

② 木基元：《从联姻政治看木氏土司的发展》，载《西南民族大学学报》（人文社科版），2008（11），6～8页。

巴文，“且制本方文字”当是标音文字。[①] 喻遂生先生认为“不学而识文字”当是汉文，“且制本方文字”当是东巴文而不是哥巴文。[②] 笔者认为喻先生之说更为合理，东巴文的时代不可能早于吐蕃统治滇西北的时代，但“不学而识文字”可能也不是汉字，否则后一句“及长，旁通吐蕃、白蛮诸家之书”则无从说起，汉字不学而识的可能性也不大。“不学而识文字”或为东巴文的前身，也就是纳西族东部方言区及尔苏沙巴人都在用的图画符号，不过这一句并不重要，下面“旁通吐蕃、白蛮诸家之书”才是东巴文生成的关键要素：这就是丽江东边的藏文和西边的大理字书，大理国的官方文字就是汉字，就算大理国真有自造的文字，那也是汉字的衍生字——麦宗在原图画符号的基础上汲取藏音符号，融合部分汉字的造字规律，创造了东巴文，这是由东巴文产生的地理类型所决定的，与纳西族的宗教文化一脉相承。

汉字的主体是形声字。许慎《说文解字》“序”云：“仓颉之初作书也，盖依类象形，故谓之文。其后形声相益，即谓之字。文者，物象之本；字者，言孳乳而浸多也。”形声字一部分表意，一部分表音，把汉字的信息传送量发挥到极致，使汉字可以突破语言的障碍。形声字使汉字独具特点，形声字的起源是汉字研究中一个最值得关注的课题，前人已经有过不少研究，如唐兰先生认为，合文是产生形声字的途径之一，[③] 王元鹿先生将此观点引入纳西东巴文和古汉字的比较研究，认为合文也是东巴文形声字形成的一种途径[④]。

喻遂生先生仔细观察甲骨文与纳西东巴文的合文资料，最后得出了极有说服力的结论：“1. 合文是文字刚从图画脱胎出来作

① 方国瑜编撰：《纳西象形文字谱》，44 ~ 45 页，昆明，云南人民出版社，1995。

② 喻遂生：《纳西东巴文概论》，7 ~ 9 页，重庆，西南大学研究生教材，2002。

③ 唐兰：《中国文字学》，96 页，上海，上海古籍出版社，1979。

④ 王元鹿：《纳西东巴文与汉形声字比较研究》，载《中央民族学院学报》，1987（5），54 ~ 57 页。

图画式平面排列的书写方式的遗留。2. 随着文字制度的成熟和完善，合文逐渐解体分书，而不是凝固成一个合体字。3. 合文和形声字的起源没有什么直接的关系。形声字的起源，应该从其他方面去探索。”[①]

汉古文字形声字的来源，这里暂且不论，但如果仔细比较纳西东巴文的区域特征，再结合少数民族类汉字的资料，东巴文形声字的来源应该是可以确定的。

越靠近地方政权的核心区域，受汉文化影响越深，形声字越多，这本身就很能说明问题。根据周有光先生统计，东巴文中的形声字已经占 19%，跟汉字的甲骨文有形声字大约 20% 十分接近。[②]周先生在文中数次提及《纳西象形文字谱》，他研究纳西文“六书”所依据的应该就是这本辞书，方国瑜先生在此书“弁言”部分提及自己 1933 年秋回丽江，游览金沙江、玉龙雪山，后又约周汝城、杨品超两位一起请东巴和宗道先生讲解有关东巴教相关内容，然后详译《人类来源》及若干东巴经书。[③]从这些内容看，方先生《纳西象形文字谱》所搜集的应该是丽江地区的文字材料，形声字比例应该高于中甸、俄亚等地的经书。喻遂生先生及他的博士生和继全、钟耀萍、曾小鹏、杨亦花等人长期往返中甸白地、俄亚等地调查纳西东巴文，由于他们的努力，我们才有现成的材料可以依据。故乡就是白地的和继全，少年时开始学东巴文，其博士论文《白地波湾村纳西东巴文调查研究》中提到：白地地理环境封闭，交通不便，民国后期才开始有零星的汉文化教育，当地居民较少与外界接触，东巴文字形简洁古拙，形声字数量很少，尚未产生表音文字哥巴文。和继全用于研究白地

① 喻遂生：《甲骨文、纳西东巴文的合文和形声字的起源》，载《中央民族学院学报》，1990（1），85 ~ 89 页。

② 周有光：《纳西文字中的“六书”——纪念语言学家傅懋勣先生》，载《民族语文》，1994（6），12 ~ 19 页。

③ 方国瑜编撰：《纳西象形文字谱》，44 ~ 45 页，昆明，云南人民出版社，1995。

波湾村东巴文的文献涉及10多种，这些文献包括《东巴文历书》《白水台祭祀仪式规程》，还有一些祭祀文献如《杀猛厄鬼》《净水咒》《经咒牌》《祈福咒牌》《绕日超度人情簿》《祭祀生育神》，另有一些应用性文献如《卖古舒里的地契》《赎打谷场的地契》《地基、房产纠纷调解书》《和银甲生活账本》《藏纳双语赎地地契》等，这么多部文献，和继全只从中找到5个形声字，也可佐证形声字与汉文化接触程度有关。①

钟耀萍的博士论文《纳西族汝卡东巴文研究》，是基于往返丽江、中甸、俄亚、拉伯等地的田野调查，释读、翻译近10本汝卡东巴经典的基础上成文，其中包括白地吴树湾《加威灵经》《送魂路线经》，东坝日树湾《用鸡给去世的配偶做伴经》《人终有一死经》，俄亚俄日《祖先找魂经》《祖先接魂经》，拉伯树枝《送魂路线经》，拉伯油米《丧事规程经》《与鸡有关的仪式规程经》。从这近10部经书中，钟耀萍找到了约30个形声字，这些形声字可以从音节数量，标音完整度，标音音近度，形符、声符的完整度以及构成和来源等角度加以划分，基本反映了形声字字形的发展脉络：在象形字、指示字、会意字不能满足记录语言需要的前提下，假借字大量出现，假借字虽然可以弥补字数之不足，但同时也妨碍词义之识别，因此形声字出现了。②我们虽然不能完全否认形声字自然产生的情况，然而从假借演变为形声字的声符却是一个划时代的飞跃，并不是每种文字都能完成这种飞跃。

相关学者认为，与汉文化接触程度越高、形声字越多是一个不争的事实：从汝卡东巴经的内容来看，纳西族汝卡人早期

① 和继全：《白地波湾村纳西东巴文调查研究》，3页、191～192页、211页，重庆，西南大学博士学位论文，2012。

② 钟耀萍：《纳西族汝卡东巴文研究》，38页、49～51页，重庆，西南大学博士学位论文，2010。

与汉族有过密切的接触：汝卡东巴经的内容与一般东巴经有出入，一般东巴经书中把藏族、纳西族、白族称为三兄弟，汝卡经书中则把藏族、纳西族、汉族称为三兄弟，汝卡东巴再三强调，不是白族，是汉族。[①]从钟耀萍的研究来看，居住在高山峡谷中的纳西族汝卡人，其东巴文形声字虽然也不甚发达，但数量却远高于白地波湾村东巴文。其原因正如前面所述：波湾村纳西人迁徙时间较早，与外界鲜有接触。白地虽然也有汝卡人，但汝卡人迁徙时间最晚，是在清雍正年间迁入，当然，白地的纳西人不论迁徙时间晚近，彼此之间互相往来，不排除东巴文之间相互接触，波湾东巴经零星几个形声字或许就是在这种接触中受到的影响。

俄亚纳西族居民是明代自丽江迁入，距今已有400年，曾小鹏在俄亚田野调查两个月，对俄亚托地村东巴文有详细的研究，并整理出一个俄亚东巴文与《纳西象形文字谱》的同义字表。根据曾小鹏研究，俄亚东巴文单字总数有1090个，其中有157个不同于《纳西象形文字谱》中所收的字形，占14.6%，如果刨除形近字、异体字和异构字，比例则更低。[②]这进一步证实了我们的推测，即明代是东巴文发展的一个重要阶段，东巴文在这个时期已基本成熟。仔细观察曾小鹏所列的同义字表，可以看出丽江东巴文继续演化的趋向，而这个趋向与云南汉字系少数民族文字，通过仿造汉字产生新字的方式是一致的，即俄亚托地村东巴文的象形、会意或假借字，在《纳西象形文字谱》中变为形声字，个别变为会意字。

少数民族类汉字衍生的主要形式就是形声字。周有光先生

① 钟耀萍:《纳西族汝卡东巴文研究》，23～24页，重庆，西南大学博士学位论文，2010。

② 曾小鹏:《俄亚托地村纳西语言文字研究》，142页，西南大学博士学位论文，2011。

曾对汉字家族做过深入的研究，其中涉及南方少数民族的汉字式文字有 8 种，包括壮字、喃字、瑶字、布依字、侗字、白字、哈尼字、水字。这些类汉字的滋生方式大致相似：一是直接借用汉字字形，包括音意兼借、借音改意（音读）、借意改音（训读）；二是通过仿造产生新字，包括形声字、会意字、反切字等[①]。云南少数民族类汉字文献，数量最丰富的是壮字和白字，这两种文字产生新字的主要方式就是形声造字法。通过仿造产生新字的文献目前民间已经不多，壮字仅见于文山富宁，白字则仅见于大理云龙。徐琳先生搜集的云龙短曲残本，是目前所能见到的含自造字最多的白文文献，我们反复研究，发现里头的自造字基本都是形声字或形声字的变体——形声字是汉字系文字的最显著特征，由此我们推论，东巴文的形声字是汉文化影响下的结果。

与汉文化的进一步接触自然就是表音文字哥巴文，李霖灿先生认为音字当产生在改土归流之后，写成经典的时间更晚，大致在清代末年到民国初年。哥巴文文献大多出自巨甸属巴甸（今塔城乡）大东巴和文裕之手，和文裕因东巴身份考功名受排挤，“遂肆力于音字之创作”。音字产生于丽江附近，发展于南山，并随着纳西人的迁徙流向鲁甸一带。[②]清代改土归流之后，木氏土司统治衰弱，丽江民间文风盛行，考取功名的文人日渐增多，汉化教育加深，汉字渗透到简化的东巴文中，自然就形成了哥巴文。

关于哥巴文字源的研究，前人成果颇丰，诸如方国瑜《纳西象形文字谱·绪论》，李霖灿《纳西族象形标音文字字典·自序》都有一些论述；黄振华《纳西族哥巴文字源流考》列举了近 400 个哥巴文，认为它们都源自汉字[③]；李静生《论纳西哥巴文的

① 周有光：《汉字文化圈的文字演变》，载《民族语文》，1989（1），37 ~ 55 页。

② 李霖灿编著：《纳西族象形标音文字字典》，42 页，昆明，云南民族出版社，2000。

③ 黄振华：《纳西族哥巴文字源流考》，见侯仁之、周一良主编：《燕京学报》（新九期），237 ~ 276 页，北京，北京大学出版社，2000。

性质》确定了101个或脱胎于东巴文，或脱胎于汉字的哥巴文字源[①]；毛远明《哥巴文性质再认识》对前人的工作进行了梳理和补充[②]；曹萱《纳西哥巴文造字研究》对哥巴文的各种字源都进行了详细的考订[③]；卓婷《纳西哥巴文字符体系研究》则选取哥巴文经书个案对其字符体系进行了详细考察与逐字分析[④]。总之，前人的研究具体和翔实，虽各有侧重，但哥巴文中所含有的汉字元素，确是学界公认的事实。

---

① 李静生:《论纳西哥巴文的性质》，见郭大烈、杨世光主编:《东巴文化论》，130～150页，昆明，云南人民出版社，1991。

② 毛远明:《哥巴文性质再认识》，见白庚胜、和自兴主编:《玉振金声探东巴——国际东巴文化艺术学术研讨会论文集》，北京，社会科学文献出版社，2002。

③ 曹萱:《纳西哥巴文造字研究》，上海，华东师范大学硕士学位论文，2004。

④ 卓婷:《纳西哥巴文字符体系研究》，重庆，西南大学硕士学位论文，2009。

第二章　云南多民族杂居村落的语言接触

生活在多民族杂居村落的人们由于相互习得对方的语言形成多语兼用，进而形成语言不同程度、不同形式混同的现象。而混同最多的就是基于同一地域环境物质文化生活类的词语。

语言的演变有内部变异与外部变异，引起外部变异的自然是地理环境下的语言接触，这种接触是受人文因素影响的，生物学上的自然选择落实到语言中就是在民族和谐条件下的语言和谐，这种和谐可以由多语兼用向语言趋同演化。近几年来，笔者在滇西北数地进行民族语言调查，这些田野资料展示了在 300 年左右的时间里，族群语言如何分化并在新的环境下逐步更新的过程。

第一节　丙中洛藏语[1]与其他语言的接触

怒江傈僳族自治州贡山独龙族怒族自治县的丙中洛乡是多民

① 据《云南省志》卷五十九《少数民族语言文字志》（云南省地方志编纂委员会总纂、云南省少数民族语文指导工作委员会编撰，云南人民出版社，1998），421 页，云南藏语属康方言的南路土语群。因高山阻隔，贡山丙中洛藏语保留了一些古老的特征，同时又与怒语、傈僳语长期接触，形成了一定特色，因此以地名冠语种来称谓这种语言，本书中丙中洛怒语、丙中洛傈僳语等亦如此。

族杂居地区，丙中洛原称“丙中”，藏语意为藏族寨。[①] 根据人口统计资料，丙中洛乡现有汉、彝、白、苗、傈僳、纳西、藏、怒、独龙等10多个民族，丙中洛乡所辖各村委会各民族人口统计分别如下：

表 2-1　丙中洛乡民族成份统计表

单位：人

民族	村委会			
	秋那桶	双拉	甲生	丙中洛
汉族	7	23	42	55
彝族	1	1	0	0
白族	2	0	4	3
苗族	0	0	0	2
傈僳族	194	407	480	859
佤族	0	0	1	0
纳西族	5	6	2	2
藏族	148	20	115	225
怒族	895	1064	535	681
独龙族	14	175	88	71
布依族	0	0	0	1
其他	0	0	0	4
总计	1266	1696	1267	1903

由表2-1可以知道，丙中洛乡人口最多的民族是怒族，有3175人；其次是傈僳族，有1940人；再次是藏族，有508人。藏族进入怒江一开始是源于宗教移民。1766年，松娄喇嘛在丙中洛建成了飞来寺，并分别从德钦、中甸、西藏招来75户藏族。随着藏族人口增加，藏传佛教信徒的增多，其寺庙的势力也逐渐

① 贡山独龙族怒族自治县人民政府编：《云南省贡山独龙族怒族自治县志》，内部资料，25页。

变得强大起来。① 据称，19 世纪末 20 世纪初，天主教在丙中洛传播，也从德钦移来 70 户藏族。相比于碧罗雪山另一面维西塔城的藏语，丙中洛藏语已有明显的变化。仅看气象及农业地理类词，这一类词多为基本词汇，但大多数与物质生活有关。

表 2-2　丙中洛藏语与维西塔城藏语气象及农业地理类词对照表

汉语	藏语（丙中洛贡当村）	藏语（塔城柯那村）	木坪、木里译语
天	nɑm^{53}	nə^{51}	gnam
太阳	ȵiu^{34}mɑ^{55}	ȵi^{13}mɑ^{53}	Nyi ma
光	uɛ^{53}	sɿ^{51}	—
月亮	lɑ^{55}ge^{42}	lɛ^{13}gæ^{51}mu^{53}	Zla ba
星星	kɑ^{55}mɑ^{53}	gæ^{51}mɑ^{55}	Skar ma
云	pã^{53}nə^{31}; dʐe^{31}	bo^{51}	sprin
雷	ndʐu^{31}	by^{13}lu^{53}	thog; 'byag
风	lɔŋ^{31}	lɔ^{55}mɑ^{51}	rlung; rlung 'khor
雨	tʃ^{h}iɑ^{34}pɑ^{55}	tʂ^{h}ã^{53}	Char pa
虹	dʑiɑ^{34}ɕiɛ^{42}	dʑɛ^{13}tʃ^{h}u^{51}	'ja mtshen; 'ja 'tshen
雪	k^{h}ɑ^{34}uɑ^{55}	k^{h}ɑ^{132}	Kha ba
冰雹	se^{34}uɑ^{55}	sɑ^{132}	Ser ba
霜	pɑ^{34}mu^{42}	k^{h}ɛ^{13}mu^{53}	hab pa; rlung
露水	se^{34}pɑ^{55}	sə^{13}pɑ^{53}	zil pa; zil lam
雾	pɑŋ^{34}nəŋ^{34}	nɛ^{13}huŋ^{53}	smug pa; u
冰	tʂẽp^{42}	sɔŋ^{132}	—
火	ȵĩt^{31}	ȵi^{132}	me
烟（火烟）	du^{34}k^{h}ɯ^{42}	dɔŋ^{13}uɑ^{53}	du ba; dud ba
气	bɔ^{31}	bo^{13}	—
蒸汽	lɔŋ^{55}pɑ^{31}	tʃ^{h}ɔ^{51}po^{13}	—
地	ɕin^{34}	ʂəŋ^{132}	sa; smad

① 陶天麟：《怒族文化史》，127 页，昆明，云南民族出版社，1997。

续表

汉语	藏语（丙中洛贡当村）	藏语（塔城柯那村）	木坪、木里译语
山	tʂɑ^{42}	ər^{132}	ri
山坡	goŋ^{31}	lɑ^{132}	—
悬崖	tʂɑ^{34}tsɑ^{55}	bæ^{53} ɣə^{132}	—
岩石	du^{34}	bœ^{13} lu^{51}	
山洞	tʂa^{34}təŋ^{55}	ə^{13} k^{h}ɔŋ^{53} təŋ^{132}	—
洞	hɔ^{34}təŋ^{55}	k^{h}ɔŋ^{53} dɔŋ^{132}	—
河	lɔŋ^{34}tʃ^{h}əu^{31}	lɔ^{13} mɑ^{53}	chu'o; chu chun
湖	ts^{h}u^{31}	ts^{h}u^{51}	—
海	ʤɑŋ^{34}ts^{h}u^{31}	ts^{h}u^{51}	rgya mtsho
池塘	tʃ^{h}u^{31}ze^{55}	ts^{h}u^{51} ʥʅ^{132}	—
沟	tʃ^{h}ə^{55}lɑm^{42}	g^{h}ɑ^{51}	lung pa; gyas ra ba
坑	tʃiɑ^{34}təŋ^{42}	gu^{13} uæ^{53}	—
堤	ge^{34}tiŋ^{55}	tʃiɛ^{51} bɑ^{132}	—
路	lɑm^{34}	ləŋ^{132}	lam; lam chen
平坝	t^{h}ɔŋ^{53}	t^{h}ɔŋ^{51}	—
土	sɑ^{53}	sɑ^{51}	—
地（田地）	kɑm^{42}ʒən^{53}	gəŋ^{51} ʐəŋ^{13}	
水田	tʃ^{h}əu^{55}mɑ^{53}	mæ^{51} ʐəŋ^{13}	—
石头	du^{42}	du^{13} uɑ^{53}	rdo
沙子	ʃəu^{34}mɑ^{34}	çi^{13} mɑ^{53}	bye ma
尘土	t^{h}i^{34}sop^{42}	tʃ^{h}ɑ^{132}	—
泥巴	dam^{34}pɑ^{55}	de^{132} pa^{51}	—
水	tʃ^{h}əu^{51}	tʂ^{h}u^{51}	chu
波浪	tʃ^{h}əu^{55}bɑ^{31}	bɑ^{13} çiɛ^{51}	
森林	tʃiɑ^{34}nɑ^{55}	nɑ^{132}	—

表 2-2 中木坪、木里译语是根据聂鸿音、孙伯君先生《〈西番译语〉校录及汇编》的转写材料。《西番译语》是清乾隆年间四译馆编写的一套少数民族语言教材，借以培养生员，以备在与川西政权交往时充任笔译和口译，这套书展示了近 300 年前四川省西北地区的少数民族语言面貌[①]。《西番译语》中唯有木坪译语和木里译语属于藏语康方言，与云南贡山、维西藏语属于同一方言区，该套书成书的时代又恰好与藏族迁入贡山丙中洛的时间接近。表 2-2 中，如两种译语的转写形式一致，这里只录一种；如不一致，则前一种为木坪译语，后一种为木里译语。仔细观察上述材料发现，大部分词的读音都很接近或者对应，但也有一些有明显的区别，相比塔城，丙中洛藏语保留了更多古老的语音形式，如“天、风、雨、雪、河、海、路、石头、水”等词，都与木坪、木里译语的读音一致，但也有一些例外，两者读音相差较大的词大致存在这样几种情况。

一是“雾、山、悬崖、岩石、尘土”等词，两者产生分歧的原因不清，一时难以考证。

二是个别词，如“雷”，丙中洛藏语与木坪译语接近，而塔城藏语却与木里译语接近，似乎暗示了族群间复杂的关系。

三是两者读音区别较大，一方明显发生了接触，而另一方原因不明。举例如下：

“光”，丙中洛藏语读 uɛ^{53}，傈僳语读 lɛ^{53}，与傈僳语接近；“山坡”，丙中洛藏语读 goŋ^{31}，怒语读 gɔŋ^{31}dăŋ^{55}，与怒语接近；“波浪”，丙中洛藏语读 ʧ^{h}əu^{55}bɑ^{31}，怒语读 tɕ^{h}ʅ^{31}læp^{53}，傈僳语读 ʒi^{34}p^{h}ɑ^{42}，前一音与怒语近，后一音与傈僳语近，应该是结合了两者。可能塔城藏语保留了原有形式，由于《吐蕃译语》所记词汇较少，一时难以对证。也有塔城藏语发生了接触的，如“河”，

① 聂鸿音、孙伯君：《〈西番译语〉校录及汇编》，“前言”，北京，社会科学文献出版社，2010。

丙中洛藏语与塔城藏语第一个音节的区别只在于有无后鼻音，但第二音节差别较大，丙中洛藏语明显保留了《吐蕃译语》的原有形式，塔城藏语却与塔城傈僳语读音较近，藏语读 lɔ^{13} mɑ^{53}，傈僳语读 i^{31} mɑ^{33}。“堤”，藏语读 ʧiɛ^{51} bɑ^{132}，第一个音节与“湖、海、池塘”之类读音接近，第二个音节明显借自汉语的“坝”。

四是两方都可能发生了接触，如“沟、坑、水田”等词，丙中洛藏语与怒语接近，塔城藏语则与玛萨话、傈僳语接近。具体情况列举如下：

“沟”，丙中洛藏语读 ʧ^{h}ə^{55}lɑm^{42}，丙中洛怒语读 k^{h}ɹɔ^{53}，藏语读两个音节，怒语则为一个音节，两音相近，怒语中有不少音既可以合读又可以分读，因时因人而异；“坑”，丙中洛藏语读 ʧiɑ^{34}tɔŋ^{42}，丙中洛怒语读 k^{h}lɔŋ^{53}，第一个音节是“水”的变读，第二个音节与怒语 lɔŋ^{53} 相近；“水田”，丙中洛藏语读 ʧ^{h}əu^{55}mɑ^{53}，丙中洛怒语读 tɕ^{h}ɿ^{31}mɹɑ^{53}，读音相似；“沟”，塔城藏语为 g^{h}ɑ^{51}，玛萨话为 k^{h}ɛ^{31}，傈僳语为 k^{h}æ^{31}，读音相似；“坑”，塔城藏语为 gu^{13} uæ^{53}，玛萨话为 gɔ^{31} xo^{44}，傈僳语为 go^{31} ho^{33}，第一音节相近；“水田”，塔城藏语为 mæ^{51} z̧əŋ^{13}，玛萨话为 z̧ɛ^{31} lɯ^{31}，第二音节与玛萨话第一音节相近，两者语序不同。

丙中洛境内自西向东有独龙江、怒江和担当力卡山、高黎贡山、碧罗雪山，典型的“三山夹两江”，当地百姓则称周围有十大神山环绕，与维西塔城相比，对外交通更为不便。在田壮壮导演的纪录片《德拉姆》播出后，丙中洛成为旅游胜地，有了公路，但当地人们前往德钦、维西等地仍然以徒步翻越雪山为主。地理环境使丙中洛藏语保留了更多古老的成分，但丙中洛藏语与怒语在同源的基础上又加上 300 年的相互接触，由此形成的地理类型上的相似却是毋庸置疑的，这一类读音类似的词很多，仅举动物有关的词为例。

表 2–3　丙中洛傈僳语、藏语、怒语动物类共有词表

汉语（丙中洛）	傈僳语	藏语	怒语
牦牛	dʑu^{55}	ndʑu^{53}	ju^{34}
公牛	lɑ^{34}pɯ^{42}	lɔŋ^{53}	lɔŋ^{53}
马	ɑ^{34}mɔ^{42}	tɑ^{53}	dɑ^{34}
羊	ɑ^{34}tʃ^{h}i^{42}	ʐɑ^{132}	jaŋ^{53}
驴	to^{42}lɑ^{55}mo^{42}	ku^{55}lu^{53}	kɯ^{34}lu^{53}
猎狗	xuɑ^{34}gɑ^{31}ɑ^{34}nɑ^{42}	ɕiɑ^{35}ts^{h}əu^{55}	ɕiɑ^{53}gɹɔŋ^{31}
猫	nɑ^{34}mæ^{55}	ȵiɑ^{35}mæ^{55}	niɑ^{34}miɛ^{55}
兔子	t^{h}ɔ^{31}lɑ^{55}	ʑu^{35}kɔŋ^{132}	jɯ^{34}kɔŋ^{55}
公鸡	ʒɑ^{55}p^{h}u^{44}	tɑŋ^{35}ku^{55}	dɑŋ^{34}gu^{55}
母鸡	ʒɑ^{55}mɑ^{44}	k^{h}ɑ^{35}mɑ^{53}	k^{h}ă^{34}mɑ^{53}
鸭子	ʒi^{34}ɣæ^{31}	ɑ^{132}	ɑ^{55}
鸽子	di^{34}pɯ^{42}	p^{h}o^{35}tʂe^{132}	p^{h}o^{34}dʑen^{55}
狮子	ʃiɔ^{34}k^{h}ɯ^{33}	se^{35}ke^{53}	sen^{34}gi^{53}
爪子	ʒʅ^{55}tʃ^{h}ʅ^{44}sui^{42}	dəŋ^{35}ʐəɹ^{132}	dɔŋ^{34}ʑɛ^{55}
猴子	tʃiɛ^{34}mi^{42}	tʂʅ^{55}miɛ^{53}	băŋ^{34}bu^{33}lje^{53}
象	mɯ^{34}kɯ^{42}	lɔŋ^{55}pu^{55}tɕi^{53}	lu^{5353}mbu^{33}tɕ^{h}i^{53}
熊	u^{55}p^{h}ɑ^{31}	tom^{53}	dɔŋ^{53}
黄鼠狼	sei^{55}fu^{42}	p^{h}u^{35}sɔŋ^{55}	pu^{34}sɔŋ^{55}
鸟	ȵiæ^{42}	pɯ^{35}tɕ^{h}iəu^{53}	pu^{34}tɕ^{h}əɯ^{55}
猫头鹰	gu^{34}gu^{42}	gu^{35}gu^{53}	gu^{34}gu^{53}
燕子	tʃiɑ^{55}miɛ^{42}	tɕ^{h}i^{35}zɯɹ^{55}	tɕ^{h}i^{34}zəɹ^{55}
麻雀	ɑ^{55}gu^{42}	tɕ^{h}ɑŋ^{35}zɯɹ^{55}	tɕ^{h}aŋ^{34}zəɹ^{55}
蝙蝠	uɑ^{34}lɑ^{42}	no^{35}lɑ^{55}	ts^{h}ɔŋ^{34}bi^{53}
喜鹊	ȵiɛ^{34}tʃø^{42}	ɕiɑ^{35}gɑ^{53}	tɕ^{h}iɑ^{34}kɑ^{53}
鹦鹉	ɑ^{34}tʃʅ^{42}	nɯ^{35}tsʅ^{53}	nɯ^{34}dʑe^{55}
啄木鸟	tuŋ^{34}ŋɑ^{55}	ɕiŋ^{35}k^{h}o^{31}kɯ^{33}nəŋ^{53}	ts^{h}ɑŋ^{34}gɔ^{53}kə^{55}ɲem^{53}
布谷鸟	k^{h}ɑ^{55}pø^{42}	ku^{55}pu^{31}	gu^{34}pu^{53}

续表

汉语（丙中洛）	傈僳语	藏语	怒语
孔雀	ȵiɛ^{34}ʧy^{42}	mɑ^{55}jɑ^{31}	ɕɑ^{34}mɑ^{33}zɑ^{53}
四脚蛇	k^{h}u^{42}mɯ^{21}ʧʅ^{55}li^{44}	ȵi^{35}zĕt^{53}	ȵi^{34}ʑet^{53}
青蛙	o^{55}pɑ^{33}	pi^{35}pɑ^{55}	nɑm^{34}pu^{33}lɑ^{53}
蝌蚪	o^{55}pɑ^{44}nə^{33}nə^{33}	nɑ^{35}ku^{53}	nɑ^{34}gu^{53}
虫	bɯ^{34}di^{31}	pɯ^{55}ləŋ^{53}	bɯ^{34}ɹəŋ^{53}
虱	xɯ^{55}ȵæ^{42}	ɕĭ^{31}	ɕiəu^{53}
虮子	xɯ^{55}fɯ^{44}	ɕĭ^{35}ʐet^{31}	ɕiəu^{34}ɹet^{53}
苍蝇	u^{34}pu^{55}	bɑ^{35}se^{53}	mbɑ^{34}sʅ^{53}
蛆	ʃʅ^{42}mɑ^{55}fu^{44}	ʦ^{h}e^{35}lɔŋ^{53}	ʦ^{hɜ4}laŋ^{53}
蚊子	u^{34}pu^{55}ȵiɛ^{34}ʦʅ^{55}	bɑ^{35}se^{53}	mbɑ^{34}sʅ^{53}
蜈蚣	ʒʅ^{34}xɯ^{55}lɑ^{34}mɑ^{44}	tɔŋ^{55}ȵiɑ^{53}ʐɑ^{132}	dɔŋ^{55}niɑ^{33}ʐɑ^{53}
蚯蚓	u^{55}pv^{42}	pɯ^{35}tən^{53}	pɯ^{34}dən^{53}
蚂蟥	pu^{42}lo^{55}ɕi^{44}ɕi^{33}	nɯ^{35}p^{h}ən^{53}	ni^{34}b^{h}ən^{53}
蚂蚁	pu^{42}lo^{55}	pɑ^{35}sɹo^{53}	mbɑ^{34}so^{53}
蚕	bʉ^{42}	tɔŋ^{55}ke^{53}bləŋ^{53}	tɔŋ^{34}gɯ^{53}bɯ^{34}ɹəŋ^{53}
蝗虫（蚂蚱）	pɯ^{42}tɑ^{55}ȵi^{31}	ʦ^{h}ɑŋ^{35}ko^{53}	ʦ^{h}ɑŋ^{34}gɔ^{53}

从表 2-3 可以看出，只有“牦牛、猴子、蝙蝠、青蛙”等少数几个词当地藏语方言与傈僳语相近，其他则与怒语更为接近。

再如生活类词语，藏语与怒语类似的见表 2-4：

表 2-4　丙中洛藏语、怒语生活类共有词表

汉语	藏语	怒语
梨	sli^{53}(sʅ^{55}li^{53})	sʅ^{34}li^{55}
柿子	ɑ^{35}mĩ^{55}dʐe^{55}bu^{53}	ɑ^{34}mi^{55}ʥe^{34}pɯ^{53}
板栗	ʨiɑŋ^{35}pi^{33}	ʨɑŋ^{34}mbi^{55}
稻草	dʐe^{31}sɔ^{35}mɑ^{132}	ɑ^{34}mbə^{55}sɔ^{34}mɑ^{55}

续表

汉语	藏语	怒语
麦秸	tɕ^{h}iɑ^{35}so^{53}(so^{53})	tɕ^{h}iɑ^{34}sɔ^{53}
玉米	dɑ^{35}bo^{55}	tɑ^{34}mbɔ^{55}
小米	ɑm^{53}z̥ɑ^{31}	ɑm^{34}zɑ^{53}
棉花	sɿ^{55}mi^{51}	sei^{34}mbi^{53}
萝卜	lu^{35}pu^{53}	lɯ^{34}pɯ^{53}
南瓜	tɕi^{55}kuɑ^{53}	kuɑ^{53}
黄瓜	dcŋ^{35}kuɑ^{53}	ndɔŋ^{34}kuɑ^{53}
豆	ɑ^{35}no^{55}	ɑ^{34}nɔ^{53}
黄豆	ɑ^{35}mbɯ^{55}ɑ^{35}no^{53}	ɑ^{34}jɔŋ^{53}nɔ^{53}
粥（稀饭）	tɔ^{35}pɑ^{55}	tɔ^{34}pɑ^{53}
面粉	tɕiɛ^{35}tsɑ̆m^{55}	ɛ^{55}kɑ^{34}dʑən^{53}
肉	ɕiɑ^{51}	ɕiɑ^{53}
瘦肉	ɕiɑ^{55}miɛ^{53}	ɕiɑ^{34}nɔŋ^{53}
脂肪油	p^{h}ɑ^{35}ts^{h}e^{55}	pɑ^{34}ts^{h}ən^{53}
清油	mɑ^{35}k^{h}ɯ^{53}	mɑ^{34}k^{h}ə^{55}
酒	ɑ^{35}z̥ɑ^{51}	ɑ^{34}ɹɑ^{53}
茶	tɕiɑ^{132}	tɕiɑ^{55}
药	m̊iɛ^{51}	mən^{53}
丝	dɔŋ^{55}ke^{53}	dɔŋ^{34}gǎʔ^{31}
绸子	ku^{35}tɕiɛ^{55}	gu^{34}tɕiɛ^{55}
衣领	liŋ^{55}tsɿ^{53}	liŋ^{34}tsɿ^{11}
衣袖	p^{h}əŋ^{55}ndɔŋ^{51}	lɑŋ^{34}tɔŋ^{55}
裤子	ɬɑŋ^{35}pu^{53}	tlɑŋ^{34}mbu^{55}
头帕	lɑ^{35}ɕi^{53}	lɑ^{34}də^{55}
帽子	jɑ^{35}mɔ^{55}	ʑɑ^{34}mɔ^{55}
腰带	kɯ^{55}z̥ɑ̆^{31}	ɹĕt^{53}
裹腿	kɔŋ^{35}dʐʅ^{31}	k^{h}ɑŋ^{34}kɹe^{55}
袜子	uɑ^{35}tsɿ^{53}	wɑ^{53}tsɿ^{11}

续表

汉语	藏语	怒语
梳子	u^{35}se^{55}	u^{34}sei^{55}
耳环	nɑ^{35}k^{h}u^{53}	nɑ^{34}k^{h}u^{55}
戒指	dzʅ^{35}tsɿ^{31}	nʥu^{34}ʥei^{55}
手镯	lɑ^{35}dʑiɔŋ^{132}	lɑŋ^{34}ʥĭəu^{53}

傈僳语与怒语类似的见表 2-5：

表 2-5　丙中洛傈僳语、怒语生活类共有词表

汉语	傈僳语	怒语
梨	sɿ^{34}lei^{55}	sɿ^{34}li^{55}
马铃薯	xu^{42}pi^{55}	thu^{55}mbi^{31}
蚕豆	ɑ^{34}ȵɔ̃ ^{55}u^{44}pɯ^{31}	ɑ^{34}pə^{11}nɔ^{53}
豌豆	ti^{34}ts^{h}ue^{42}	nʤɑ^{34}di^{53}
花生	lu^{34}ti^{55}sɔ^{42}	lɔŋ^{34}di^{53}sɔŋ^{33}
茶	lɑ^{34}ʧiɑ^{55}	ʨiɑ^{55}
烟（吸的烟）	ʒæ^{55}mɯ^{21}k^{h}u^{42}	nɔn^{53}
糠	ʧ^{h}əu^{55}p^{h}ɯ^{31}	p^{h}ə^{34}mɑ^{53}
头帕	lɑ^{34}ɕi^{44}tsu^{42}	lɑ^{34}də^{55}

傈僳语与藏语类似的见表 2-6：

表 2-6　丙中洛傈僳语、藏语生活类共有词表

汉语	傈僳语	藏语
梨	sɿ^{34}lei^{55}	sli^{53}(sɿ^{55}li^{53})
橘子	mɔ^{34}t^{h}i^{55}	mi^{35}ti^{55}
糯米	ʧ^{h}əu^{55}niɔ̃^{42}	dzʅe^{35}ȵio^{53}
酥油（黄油）	ɑ^{55}ȵi^{21}mæ^{55}	miæ^{132}
糖	ʤiɛ^{31}	dzʅoŋ^{53}

续表

汉语	傈僳语	藏语
茶	$la^{34}ʧia^{55}$	$tɕia^{132}$
布	$ʒæ^{42}$	$ʐæ^{132}$
头帕	$la^{34}çi^{44}tsu^{42}$	$la^{35}çi^{53}$

从以上可以看出，藏语与怒语词语趋同的较多，而傈僳语与怒语、藏语趋同的较少，应该是傈僳族与其他民族杂居生活时间较晚的缘故。

第二节　塔城镇的多语接触

纳西族玛丽玛萨人（也叫“玛里玛萨人”）主要居住在云南省迪庆藏族自治州维西傈僳族自治县塔城镇腊普河畔海尼与柯那两个民族行政村，这里包括14个自然村落，其中海尼村10个、柯那村4个，共2000多人。20世纪50年代民族地区的社会历史调查确定“玛丽玛萨”就是“木里摩梭”的意思，意为木里来的摩梭人，他们的语言属于纳西族东部方言永宁土语。①

维西塔城地处横断山脉的云岭纵谷地区，是维西、香格里拉、德钦、玉龙四县的交界之处，境内有藏族、傈僳族、纳西族、彝族、普米族、白族、回族、汉族8个民族，这种人文生态环境已经决定了多民族间语言文化相互影响的现实。“海尼”这个地名很戏剧地阐释了民族间早期接触的状态：“海”纳西语意为“耳朵”，“尼”纳西语意为“扭”，即扭耳朵的地方。据传有

① 云南省编辑组、《中国少数民族社会历史调查资料丛刊》修订编辑委员会编：《纳西族社会历史调查》(三)，修订本，34页，北京，民族出版社，2009。

纳西族、藏族二人因听不懂对方的语言，互扭耳朵，遂名。[①] 玛丽玛萨人的语言受其他民族影响较大，从他们流传的关于语言起源的故事就可以看出：听老人说，古时候教语言，玛萨人迟到了，其他人已经散会，他们只好跟藏族学一点，跟傈僳族学一点。笔者在这里记录了藏、傈僳、玛萨 3 种语言的词汇，发现玛萨话与傈僳语相同的地方远多于藏语，共同的地域生活使玛萨话和傈僳语相互掺杂，很多与日常生活有关的词已经趋同。这里仍以动物类词为例比较 3 种语言的异同，见表 2-7：

表 2-7　塔城藏语、玛萨话、傈僳语动物类词对照表

汉语	藏语	玛萨话	傈僳语
牦牛	ʒɑŋ^{51}	bo^{51}	bɯ^{31}
犏牛	ʥu^{51}	nʥɯ^{31}	ȵiã^{33} pi^{31}
牛粪	lõ^{55} ʧiɑ^{51}	ɣə^{33} k^{h}æ^{51}	ɑ^{33} ȵi^{31} k^{h}e^{31}
蹄	ts^{h}ɿ^{13} bɑ^{51}	ɣə^{33} ʧ^{h}ɿ^{31} b^{h}æ^{51}	k^{h}uɑ^{33} bæ^{31}
羊	lɔ^{53}	ʒø^{51}	ɑ^{33} ʒo^{31}
绵羊	lɔ^{53}	ʒø^{51}	ɑ^{33} ʒo^{31}
山羊	ɣæ^{53}	dʐ^{h}ɯ^{51}	ɑ^{33} tʂ^{h}ʅ^{31}
羊粪	lɔ^{13} ʧiɑ^{51}	ʒø^{31} k^{h}æ^{51}	ɑ^{33} ʒo^{31} i^{33} k^{h}i^{31}
驴	ʥɔ^{55} y^{51}	t^{h}o^{33} lɑu^{33} mæ^{51}	t^{h}o^{33} lɑ^{31} mu^{31}
兔子	bɔŋ^{13} ʒɑŋ^{51}	t^{h}o^{34} le^{51}	t^{h}o^{33} lɑ^{31}
公鸡	gɔŋ^{13} gɔŋ^{55}	læ^{33} p^{h}o^{51}	ɑ^{33} ɣɯ^{33} p^{h}ø^{31}
母鸡	ɕiɛ^{13} mu^{132}	læ^{33} mæ^{51}	ɑ^{33} ɣɯ^{33} mɑ^{31}
鸭子	tʂ^{h}u^{55} ʒɑ^{51}	a^{55}	bɑ^{31} ɣɑ^{33}
鹅	ɔŋ^{51}	ɣo^{31}	ɣo^{31}
老虎	tɑ^{51}	lɑ^{33}	lɑ^{213} mɑ^{31}
狮子	sɿ^{55} gæ^{51}	sɿ^{33} gæ^{51}	si^{33} dʒiɛ^{31}

① 维西傈僳族自治县人民政府编：《云南省维西傈僳族自治县地名志》，内部资料，51 页。

续表

汉语	藏语	玛萨话	傈僳语
龙	bɑr^{51}	lu^{51}	lu^{31}
爪子	sɿ^{13} mu^{51}	lɑ^{33} tʂɤ^{31} gɯ^{51}	læ^{33} si^{31} kɤ^{33}
象	lɑɔ^{55} mu^{11} tʂ^{h}ʅ^{51}	ʧ^{h}o^{31}	ts^{h}o^{31}
豹子	lɑ^{55} u^{13} dy^{51}	la^{31} ɣo^{33} dø^{51}	lɑ^{31} ɣo^{33} dy^{31}
熊	dɔŋ^{51}	ɣo^{31}	ɤ^{31}
鹿	ʂæ^{132}	ʧ^{h}æ^{51}	ts^{h}æ^{33}
獐子	lɑ^{51}	læ^{31}	lɑ^{31}
麝香	læ^{55} ʥʅ^{53}	læ^{33} gɤ^{51}	lɑ^{31} xɤ^{31}
水獭	sɔŋ^{51}	ʂo^{51}	ʧʅ^{31} ʂo^{31}
豪猪	pi^{13} d^{h}y^{51}	bo^{51}	pø^{31}
刺猬	sɑ^{132}	gɤ^{33}	gɤ^{33}
黄鼠狼	ɕy^{55} wɑ^{31} sɔŋ^{55} lɔŋ^{53}	xua^{33} la^{51}	xæ^{213} lɑ^{31}
狼	ɕiɔŋ^{55} k^{h}y^{51}	a^{33}ʒy^{31} p^{h}a^{51}	ɑ^{33} i^{33} p^{h}ɑ^{31}
鸟窝	ɕy^{53} ts^{h}ɔŋ^{132}	u^{31} ʒʅ^{31} k^{h}ɤ^{51}	niɑ^{13} ʐɑ^{31} i^{33} kɤ^{33}
大雁	ɕiɛ^{13} gæ^{51}	go^{51}	gɔ^{31}
鹦鹉	xue^{13} liɛ^{53} gæ^{51}	wɛ^{33} lɛ^{33} gæ^{51}	ɑ^{33} dʐʅ^{31}
布谷鸟	go^{55} by^{51}	gɔ^{33} bɯ^{31}	kɑ^{33} bɯ^{31}
孔雀	mɑ^{55} ʒɑ^{51}	mæ^{33} ʒɑ^{31}	mɑ^{33} ʒɑ^{31}
虫	su^{55} mu^{51}	bĩ^{31} xən^{33}	bi^{13} ti^{31}
臭虫	ʧiɛ^{55} ʂʅ^{51}	ts^{h}ua^{33} ʃo^{31}	bi^{13} ti^{31} lɑ^{33} xɤ^{31}
跳蚤	dʐuɑ^{51}	g^{h}ɤ^{31} ʂɤr^{33}	xɤ^{31} tə^{33}
虱	ʂʅ^{51}	ʂər^{33} mæ^{51}	xɤ^{31}
蚊子	tʂɑ^{55} ɕi^{51}	ʑi^{31}tso^{51}	y^{31} bø^{33}
蜈蚣	dɔŋ^{55} niɑŋ^{55} kə^{33} lə^{31}	dø^{33} ʂʅ^{51}	bø^{33} ʂʅ^{31}
蚕	pu^{55} ʐæ^{51}	bɯ^{31} ʒæ^{51}	bɯ^{31} zæ^{31}
蜜蜂	bæ^{13} mu^{51}	bio^{33} mæ^{51}	biɛ^{13} mɑ^{31}
蝴蝶	ɑ^{55} go^{55} bæ^{51} læ^{11}	ɑ^{31} k^{h}ɔ^{31} p^{h}æ^{33} læ^{51}	ɑ^{33} ku^{31} p^{h}æ^{33} læ^{31}

塔城有“傈僳玛萨”和“藏族玛萨”之说，指的是与玛丽玛萨人接触频繁的傈僳族和藏族人群。从上述材料可以看出，“鹅、狮子、豹子、獐子、麝香、布谷鸟、孔雀、蚕、蜜蜂”等词，3种语言的说法基本一致，另有“蝙牛、蹄、鹦鹉、臭虫、虱”等少数几个词，玛萨话与藏语更接近，剩下的近30个词玛萨话与傈僳语接近，说明玛萨话与傈僳语的接触程度较深。

再如食物类，见表2-8：

表2-8　塔城藏语、玛萨话、傈僳语食物类词对照表

汉语	藏语	玛萨话	傈僳语
梨	sɿ⁵⁵ li⁵⁵	sɯ³³ lø⁵¹	sɿ¹³ sɿ³¹
橘子	sæ¹³ ʥo⁵¹	zɿ³³ ʥɔ⁵¹	miɛ³¹ dʰu̱³¹
板栗	dʐ̥æ¹³ mu⁵¹	tsʰɿ³³ ɣɯ⁵¹	tsɿ³³ bɯ³¹
核桃	dæ⁵⁵ gɑ⁵¹	o³³ dɔ⁵¹	ɣo³³ do³¹
水稻	m̥ei⁵¹	ʑæ³³ sɯ³¹	tʂ̥ɤ³³ sɿ³¹
糯米	ȵio¹³²	ni³¹ tsʰæ⁵¹	tʂ̥ɤ³³ niɔ³¹
青稞	gə¹³ u⁵¹	ʒɯ⁵¹	ʒu¹³ ʒɿ³¹
荞麦	甜荞 ʒɛ¹³ ɔŋ⁵³ 苦荞 bæ¹³ u⁵¹	甜荞 ʒa³¹ ʥər⁵¹ 苦荞 ʒa³¹ kʰa⁵¹	wɑ³¹ tʂ̥ʰʅ³¹
玉米	kʰɑ¹³ ʥæ⁵¹	kʰa³¹ ʥæ⁵¹	kʰɑ¹³ ʥæ³¹
棉花	mbæ⁵⁵ ʧɿ⁵¹	bæ³³ʧɿ⁵¹	bæ³³ dʒɿ³¹
蔬菜	ʒo¹³ mɑ⁵¹	wo³¹ bʰæ⁵¹	o³³ pʰiɛ³¹
萝卜	lɛ¹³ bo⁵¹	læ³¹ bɯ⁵¹	o³¹ tʂ̥ʰʅ³¹ lɑ³¹ bø³¹
辣椒	lɑ¹³ ʥɿ⁵¹	la³¹ʥɿ⁵¹	lɑ¹³ tsɿ³¹
葱	tsʰoŋ⁵¹	ʥʰo³¹ gʰo³³ mo⁵¹	tsʰuɛ³³ kʰo³¹ bo³¹
蒜	ko¹³ bɑ⁵¹	xo³¹	kʰɑ¹³ ɕy³¹
姜	sən³³ ʧiɑŋ⁵¹	zɿ³¹ go⁵¹	ʥɿ³³ go³¹
马铃薯	ʒɑŋ¹³ y⁵¹	ʑɑ̃³³ y³¹	zɑ̃³¹ y³¹
瓜	ʧɿ¹³ guɛ⁵¹	ʧɿ³³ gʰuæ⁵¹	ɑ³³ pʰø³¹

续表

汉语	藏语	玛萨话	傈僳语
南瓜	nɑn^{13} guɛ^{53}	nã^{33} gʰuæ^{51}	nɛ^{31} kuɑ^{33}
黄瓜	ɛ^{13} xyn^{53}	dø^{31} kʰua^{51}	dø^{31} kʰɑ^{31}
蚕豆	dɑ^{55} dy^{51}	ta^{33} dø^{51}	dɑ^{33} dø^{31}
花生	dʒiɑ^{51} tæ^{13} go^{31}	lɔ^{31} diɛ^{34} sɔ^{51}	lɔ^{31} ti^{33} so^{31}
芝麻	su^{55} u^{51}	mɑ^{33} ʥɿ^{51}	mɑ^{33} tsɿ^{31}
蘑菇	ʂu^{55} mu^{51}	tʂɤ^{33} mo^{51}	mə^{13} tʂʰʅ^{31}
米	ɖə^{13} mɑ^{51}	tʂʰæ^{31} pʰo^{51}	ʐɑ^{13} pʰɯ^{31}
饭	sæ^{51}	zæ^{51}	ʐɑ^{31}
瘦肉	ʂə^{13} nɑ^{51}	ʂəu^{33} go^{51}	i^{33} nɑ^{31}
酥油	mæ^{132}	mi^{33} pʰo^{31}	ni^{31} miɛ^{31} xɑ^{13} tsɿ^{31}
花椒	ʒiɛ^{55} mɑ^{51}	ʥuæ^{31} 或 ʒu^{31}	dʒy^{31}
糖	bə^{51}	bəu^{51}	biæ^{31}
茶	tʂʰɑ^{132}	læ^{31}	lɑ^{33} tʂɑ^{33}

以上都是常见食物，其中“橘子、荞麦、瘦肉、瓜”等词玛萨话与藏语更接近；“糯米”藏语与傈僳语类似；“核桃、水稻、青稞、蔬菜、姜、黄瓜、花生、芝麻、蘑菇、米、饭”等词玛萨话与傈僳语类似；“玉米、棉花、糖”等 3 种语言都很接近，“萝卜、辣椒、葱、马铃薯、蚕豆”则是借自汉语。

衣饰类也是如此，见表 2-9：

表 2–9　塔城藏语、玛萨话、傈僳语衣饰类词对照表

汉语	藏语	玛萨话	傈僳语
布	ɣe^{132}	dɯ^{55} bɯ^{31}	tʰo^{13} bɯ^{31}
绸子	ku^{13} tʂən^{51}	i^{31} bo^{51}	i^{13} bo^{31}
衣袖	ʒɑ^{13} kʰɔ^{53}	ʒa^{33} kʰo^{31}	lɑ^{31} ʒɔ^{13} kʰo^{31}
扣子	gu^{132}	mø^{55} lø^{31}	ʒø^{33} lø^{31}

续表

汉语	藏语	玛萨话	傈僳语
头帕	lɑ^{51} sɿ^{33}	la^{31} ʂʅ^{31} zo^{51}	o^{33} tʰə^{31}
包头	gu^{51} tʰən^{55}	la^{31} ʂʅ^{31} zo^{51}	lɑ^{31} ʂʅ^{33} ʥʅ^{31}
袜子	ʐɑ^{51} kʰu^{132}	ʐa^{31} go^{51}	ʐɑ^{31} go^{31}
靴子	xɔ^{13} ʐɑ^{51}	xo^{33} ʐæ^{51}	ho^{31} ʐɑ^{31}
耳环	nɛ^{13} kʰo^{51}	xæ^{31} kʰɯ^{51}	nɑ^{33} kʰo^{33}
手镯	lɑ^{51} niɔ^{132}	la^{31} ʧʰø^{51}	læ^{33} dʒəu^{31}
垫子	ndɔ^{13} din^{51}	kʰo^{33} lo^{31}	kʰo^{13} do^{31}

“衣袖、袜子、靴子、耳环”3种语言都很接近；“头帕”玛萨话与藏语接近；“布、绸子、包头、手镯、垫子”等玛萨话与傈僳语类似。

最后以常用工具为例，见表2-10：

表2-10　塔城藏语、玛萨话、傈僳语常用工具类词对照表

汉语	藏语	玛萨话	傈僳语
灶	go^{53} wæ^{132}	ʒo^{33} ʥo^{31} gua̱^{51}	lɔ^{33} ʥo^{31}
铁锅	bɑ^{55} bu^{51}	ʂo^{33} ba^{31} bɯ^{51}	xɤ^{33} tɑ^{33} ɑ^{33} lu^{31}
炒菜锅	bɑ^{53} ʒo^{55} hɔŋ^{51} sɑ^{31} bɑ^{55} bu^{51}	bɑ^{33} bɯ^{51}	ʦʰo^{31} do^{31} ɑ^{33} lu^{31}
蒸笼	pɔ^{55} ʒu^{51}	bɯ^{51}	ʥɑ^{33} bɯ^{31}
匙（调羹）	kʰɑ^{13} ʥæ^{51}	kʰa^{33} ʐa^{51}	go^{13} bæ^{31}
碗	kʰuɑ^{51}	kʰua̱^{31}	sɿ^{33}
瓶子	gə^{53} ly^{132}	kɤ^{33} lø̱^{51}	kʰu^{13} tʰiɛ^{31}
缸	gɑŋ^{51}	ʧʅ^{55} bu̱^{31}	gɤ^{31}
木盆	ʂəŋ^{55} kʰuɑ^{51} bɑ^{31}	sɿ^{33} pʰæ^{31} zə̱^{51}	lo^{31} bɑ^{31}
箍儿	dʒiɔ^{51}	—	mɯ^{31} dʒəu^{31} gua^{31}
瓢	ʦʰɔ^{55} gy^{51}	go^{33} ba^{51}	kʰo^{55} bɑ^{33}
三脚架	ʧiɑ^{55} ʤʅ^{51}	ʂo^{31} ʧʰʅ^{51}	gɑ^{31} bi^{31} hɤ^{31} ʧʰʅ^{31}

续表

汉语	藏语	玛萨话	傈僳语
秤	dʒʅ^{51}	tʃʰʅ^{51}	dʒʅ^{31}
斗	tʃʰʅ^{51}	bo^{31}	bu^{31}
升	dɑ^{55} biɔ^{51}	bø^{31}	pʰiɛ^{31}
利息	kʰi^{51}	nbɯ^{31}	in^{31} bø^{31}
尺子	tsʰei^{13} sɑ^{51}	tʂʰo^{31}	tsʰo^{31}
锥子	tʂæ^{55} nɔŋ^{51}	dʐo^{51}	ʥo^{33}
钉子	tʂæ^{55} ʥæ^{51}	ʂo^{31}bæ^{51}	bæ^{31}
剪子	tsʰʅ^{13} dæ^{51}	tsʰʅ^{31} dæ^{51}	tsʰʅ^{31} dæ^{31}
梯子	tʃin^{51}	læ^{31} dʒʅ^{51}	l^{33} tʃʰʅ^{31}
伞	ʒɑŋ^{13} sæ^{51}	sã^{31}	ʒɑ^{31} ʂæ^{31}
锁	kʰo^{55} tʃəu^{51}	ʥæ^{31} guɛ^{51}	ɑ^{33} kʰu^{31} du^{31}
钥匙	kʰo^{51}	ʥæ^{31} guɛ^{51} pʰʅ^{31} dɯ^{51}	ɑ^{33} kʰu^{31}du^{31} pʰiɛ^{213} do^{31}
轮子	kʰo^{13} lo^{51}	pʰo^{33} lo^{51}	pʰo^{31} lo^{33}
马鞍	gɑ^{132}	lɔ^{33} tʃʰʅ^{51}	tʃʰʅ^{31} kʰo^{31}
马肚带	lu^{51}	bɯ^{33} ʥʅ^{51}	bɯ^{33} ʥʅ^{31}
马掌	tsʰʅ^{13}	kʰua^{33} ʂɔ^{31}	kʰo^{33} ʂo^{31}
马槽	dɛ^{13} wɑ^{51}	lɔ^{33} ʥɔ^{31}	ɑ^{31} mo^{31} ʥo^{31}
后鞦	tʃiɑ^{51} tʂə^{132}	mæ^{33} xæ^{31}	mæ^{33} hæ^{31}
鞭子	bu^{13} tʂæ^{51}	mæ^{33} ʒə̠^{51}	mæ^{33} ʥu^{31}
驮架	ʤio^{13} tʃʅ^{51}	tɕia^{31} tsʅ^{31} tʃʰʅ	i^{33} ʤiɛ^{31}
船	ʂu^{51}	liə̠^{51}	lə̠^{31}
锤子	lɑ^{13} tʰu^{51}	nda^{55} dø^{31}	dɑ^{31} dø^{31}
钻子	pʰo^{55} sɑ^{51}	du^{55} ʐʅ^{31}	dy^{33} ʐæ^{31}
锉	tsʰo^{13} sɑ^{55}	tsʰo̠^{31}	tsʰo^{31} tsʅ^{11}
刨子	tʰiɛ^{132}	dʰæ^{31}	bæ^{13} tʰiŋ^{31}
墨斗	mu^{53} nɑ^{13} gu^{51}	mɯ^{33} nɑ^{31} gɯ̠^{51}	mɯ^{33} nɑ^{31} gɯ^{31}

续表

汉语	藏语	玛萨话	傈僳语
犁	tʰɔŋ^{13} mɑ^{51}	mɯ^{31}	mo^{31}
耙	gɑ^{51}	gɤ^{33}	gɤ^{33}
锄头	ʥo^{51}	ʥɔ^{31} gɔ^{55}	ɑ^{13} gɤ^{31}
把儿（茶缸）	kʰəu^{53} kɑŋ^{51} lɑ^{13} y^{51}	la^{31} ʒɯ^{34}læ^{31}	ho^{33} tʰo^{31}
背篓	ʦʰæ^{13} kʰɑ^{51}	kʰə^{33}	kʰɑ^{13} tʰu^{31} bɑ^{13} do^{31}
肥料	dy^{13} ʒəu^{51}	kʰæ^{31}	i^{33} kʰi^{31}
磨（石磨）	lɑ^{13} gʰo^{51}	lɯ^{31} tʰa̠^{51}	lɑ^{31} kʰo^{31}
枪	ni^{13} nɑ^{51}	la^{34} ʦʰɯ^{31}	lɑ^{31} tʂʰu^{33}

可以看出，“铁锅、炒菜锅、调羹、碗、瓶子、升、驮架”等玛萨话与藏语接近；“钥匙”一词玛萨话更像傈僳语；少数词如“缸、木盆、箍儿”等是藏语与傈僳语接近；也有少数3种语言同时借自于汉语，但更多的是玛萨话与傈僳语类似。

第三节　攀天阁普米语的语言接触

一、维西攀天阁乡的多语并存

红米产地“偏天各”，是纳西语“撇铁各”的谐音和雅化。纳西语中“撇铁”指打火链用的火草，“各”是场坝，意为生长火草的地方。汉族则统称“偏天阁”。后来改“偏天各”为“偏天阁”的人，是鹤庆迁往攀天阁的赵昌，其字石生，中草药医生兼地理师（已故）。他根据东、西、南、北都要攀山而上方可到海拔2600米的这个坝子的地势，改“偏天各”为“攀天阁”。

据说很早以前，攀天阁坝子是一个“阴海”，一片苍茫。后来随着青藏高原的抬升隆起，才变成一块生长牧草和火草的坝子。那时那里没有人烟，山下村庄的纳西、普米、藏族人，年年到此地放牧。久而久之，便有人定居下来，当时也不过是 12 户。后来鹤庆曹氏、李氏、彭氏等人到攀天阁经商，收购山货药材，前后落籍在攀天阁，慢慢地，坝子里的居民上升到五六十户。

攀天阁乡位于维西县城以北，东、南与永春乡接壤，西及西北端与白济讯乡相连，东北与塔城乡为邻，总面积 282 平方千米。该乡由攀天阁高山区和永春河中下游河谷区两部分组成（人们习惯称“上五村”“下五村”），最高海拔 3768 米，最低海拔 1700 米。境内有安益河、工龙河、阿克河、菖蒲底河自高山流入永春河。气候垂直差异大，年平均气温 10.8℃，年极端最高气温 28.2℃，年极端最低气温 -11℃。

2016 年，攀天阁乡总人口约 15700 人，包括汉族、傈僳族、纳西族、藏族、普米族、怒族等民族。各民族属大杂居小聚居的人口分布。攀天阁乡包括 8 个行政村，分别为安一行政村、岔支落行政村、嘎嘎塘行政村、工农行政村、皆菊行政村、美洛行政村、新华行政村和新乐行政村，各个行政村下又分为几个小的自然村，共计 61 个村庄。全乡部分民族人口统计见表 2-11：

表 2–11　攀天阁乡部分民族人口统计表[①]

单位：人

傈僳族	汉族	纳西族	藏族	普米族
8928	2850	2281	1052	444

由上表可知，攀天阁乡人口最多的民族是傈僳族，其次是汉族，普米族仅有 444 人。

① 数据来源：维西傈僳族自治县攀天阁乡数字乡村新农村建设信息网，http://www.ynszxc.gov.cn/model/index4.aspx?departmentid＝940。

笔者等人的调查点迪姑普米族自然村是皆菊行政村下辖的村庄，整个村庄分上社和下社，共有 75 户 312 人，其中普米族 260 人，约占总人口的 83.33%。因此，根据人口数量可以发现，普米语在村内和乡内语言地位的差别。

多民族杂居区必然伴随着多种语言的共存，因此，攀天阁乡这样的小生态环境圈内拥有相当丰富的语言资源。纳西语、傈僳语属于藏缅语族彝语支，藏语属于藏缅语族藏语支，普米语属于藏缅语族羌语支。攀天阁乡的语言生态格局就是由不同语支的语言构成的语言生态系统。在这样的语言生态系统内，属于羌语支的普米语尤其令人关注。主要原因是，一方面，普米族人数较少，另一方面，普米语语音系统不同于其他语言。不可避免地，大的生态环境下历时几百年的语言接触会对语言或多或少地产生影响。在这样的语言生态中，各民族族内的交际语仍主要使用本民族语言，汉语是各民族之间的族际通用语，各民族使用汉语和本民族语言的同时，部分兼用其他民族语言的现象也普遍存在。根据以上人口数量的统计，汉族、傈僳族和纳西族人口居多，所以以下主要介绍攀天阁乡纳西语、傈僳语、汉语、普米语，以便对当地多语接触有一个大致认识。

（一）傈僳语①

攀天阁乡的傈僳语同维西县通行的傈僳语一样，属于怒江方言。语音系统与其他各区差别较小，主要表现在声母上，ʧ 组声母逐渐趋于 tʂ 组，并产生少量后鼻辅音韵母 oŋ 的音节。下面引用《云南省志·少数民族语言文字志》第七章“傈僳族语言文字”对傈僳族语言文字的介绍来描写傈僳语的语音系统。

① 参见云南省地方志编纂委员会总纂、云南省少数民族语文指导工作委员会编撰：《云南省志》卷五十九《少数民族语言文字志》，222 ~ 224 页，昆明，云南人民出版社，1998。

声母有 29 个：p、pʰ、b、m、f、v；t、tʰ、d、n、l；k、kʰ、g、ŋ、x、ɣ、h；ʦ、ʦʰ、ʣ、s、z；ʧ、ʧʰ、ʤ、ʃ、ʒ；ȵ。声母系统中舌叶音 ʧ、ʧʰ、ʤ、ʃ、ʒ 在 i 或 ɯ 前读舌面音 ʨ、ʨʰ、ʥ、ɕ、ʑ。

韵母有 20 个，其中单韵母 8 个（舌尖元音韵母 1 个、舌面元音韵母 7 个），复韵母 6 个，鼻化元音韵母 6 个。单韵母：ɿ、i、e、ɛ、ɑ、o、u、ɯ；复韵母：iɑ、iɛ、io、uɑ、uɛ、ui；鼻化元音韵母：ɛ̃、ẽ、ɑ̃、õ、ũ、ɯ̃。

声调有 6 个，其调值分别为：高平调 55，中升调 35，半高平调 44，中平调 33，次高降调 42，中降调 31。

（二）纳西语[①]

攀天阁乡纳西族以皆菊行政村和嘎嘎塘行政村的纳西族为主。攀天阁乡内的纳西语属于纳西语西部方言丽江坝土语[②]，其音系如下，但与其有所不同的是调查点纳西语具有鼻化韵母，而丽江坝土语则没有。

声母有 39 个：p、pʰ、b、mb、m、f、v；ʦ、ʦʰ、ʣ、nʣ、s、z；t、tʰ、d、nd、n、l；tʂ、tʂʰ、dʐ、ndʐ、ʂ、ʐ；ʨ、ʨʰ、ʥ、nʥ、ȵ、ɕ、ʑ；k、kʰ、g、ŋg、ŋ、x、ɣ。

韵母有 29 个，其中单元音韵母 15 个：i、y、e、a、ɑ、o、u、v、ɯ、ə、ər、ɛ、ɔ、ɿ、ʅ；复元音韵母 10 个：ie、ia、iɑ、iə、ye、ya、ue、ua、uɑ、uə；鼻化韵母 4 个：ã、ɑ̃、ĩ、ɛ̃。

攀天阁纳西语有 4 个调类，其调值分别是高平调 55、中平调 33、低升调 13、低降调 31。其中低升调 13 调主要出现在汉语借词中。

① 纳西语语音系统来自笔者下乡记音。发音人和生花，纳西族，48 岁，1983 年嫁入调查点迪姑村，丈夫和儿女都为普米族。在此表示感谢。

② 云南省维西傈僳族自治县志编纂委员会编：《维西傈僳族自治县志》，865 页，昆明，云南民族出版社，1999。

笔者所记录的音系系统特别是韵母和调类与丽江坝纳西语有所不同，介绍音系时根据当地纳西语实际情况有所调整。

（三）当地汉语方言①

攀天阁汉语方言属于维西汉语方言。在语音、词汇、语法上与普通话有较强的一致性。维西汉语方言声母共有 23 个：p、pʰ、m、f、v；t、tʰ、n、l；k、kʰ、x；tɕ、tɕʰ、ɕ；tʂ、tʂʰ、ʂ、ʐ；ts、tsʰ、s、ŋ。声母的音值与普通话大体相同，发音方法也基本一致，只是舌尖声母 tʂ、tʂʰ、ʐ 的翘舌程度远不及普通话。

当地汉语方言有 35 个韵母，其中有 8 个单元音韵母：ɿ、ʅ、i、ᴀ、o、ɐ、u、y。14 个复元音韵母：ai、ei、ɑo、əu；iᴀ、io、iɛ、iɑo、iəu、iu；uᴀ、ue、uai、uei。11 个弱鼻化元音韵母：ãn、ɑ̃ŋ、ə̃n、iɛ̃n、iɑ̃ŋ、ĩn、uãn、uɑ̃ŋ、uə̃n、yɛ̃n、ỹn。2 个鼻尾音韵母：oŋ、ioŋ。

当地汉语方言声调有 4 个调类：阴平调 44、阳平调 31、上声调 53、去声调 213。

（四）普米语

攀天阁普米族主要居住在皆菊行政村下的迪姑普米族自然村，其他村子只是零星分布。村中普米族总人数为 260 人。普米语是藏缅语族羌语支语言，陆绍尊《普米语方言研究》把维西普米语归为普米语南部方言，但没有特别指出属于哪个方言土语。目前尚未发现前人对于维西普米语的研究。在此介绍的普米语语音系统是笔者以攀天阁迪姑村为调查点进行田野调查整理所得。

普米语有 48 个声母，其中有 5 个鼻冠音，下面将声母列表如下，见表 2-12：

---

① 参见吴成虎编著：《维西汉语方言词典》，3 ~ 8 页，上海，上海辞书出版社，2007。

表 2–12 攀天阁普米语声母表

声母	清浊	是否送气	双唇	唇齿	舌尖前	舌尖后	舌叶	舌面前	舌根	小舌
塞音	清	不送气	p	—	t	—	—	—	k	q
		送气	pʰ	—	tʰ	—	—	—	kʰ	qʰ
	浊	不送气	b	—	d	—	—	—	g	—
		送气	—	—	—	—	—	—	—	—
塞擦音	清	不送气	—	pf	ʦ	tʂ	tʃ	ʨ	—	—
		送气	—	pfʰ	ʦʰ	tʂʰ	ʧʰ	ʨʰ	—	—
	浊	不送气	—	bv	ʣ	dʐ	ʤ	ʥ	—	—
		送气	—	—	—	—	—	—	—	—
鼻音	浊		m	—	n	—	—	—	ŋ	—
鼻冠音	浊		mb	—	nd, nʣ	—	ndʒ	nʥ	—	—
边通	浊		—	—	l	—	—	—	—	—
边擦	清		—	—	ɬ	—	—	—	—	—
擦音	清		—	f	s	ʂ	ʃ	ɕ	x	—
	浊		—	v	z	ʐ	ʒ	ʑ	ɣ	—

普米语韵母有 17 个，其中有 12 个单元音韵母、5 个鼻化元音。除此之外，还有以 -n 和 -ŋ 结尾的鼻韵尾。现将韵母列表如下，见表 2-13：

表 2–13 攀天阁普米语韵母表

单元音韵母	i、y、ɯ、u、e、o、ə、ɛ、ɔ、a①、ər、ø
鼻化元音	ĩ、ẽ、ɛ̃、õ、ã
以 -n 结尾的鼻韵尾	an、ian、uan、in、iɛn、un、yn、ən、ɤn
以 -ŋ 结尾的鼻韵尾	aŋ、uaŋ、iaŋ、uŋ、ɔŋ、iŋ、ɤŋ

① 在普米语中，a、ʌ、ɑ 并不区分意义，所以音系整理中用 a 代表，但在词表中有所区分。

声调有4个：高平调55，中平调33，低降调31，高升调35。

普米族没有文字，只有少量刻画符号。这些刻画符号是人们在建筑木楞房时为防止圆木拉乱或遗失，在圆木上砍的一定的符号以作标记，一般称之为占有符号。这些符号专用于木工行业，攀天阁普米村木匠现在依然使用这种符号。

二、语言接触中的普米语

语言地位是一种民族语言在多民族杂居区的使用程度，通常与该语言的通用度成正比。在该地区通用度越高，语言地位越高，反之亦然。一个民族在多民族杂居区的语言地位是由多种因素形成的。既有民族语言本身的作用，也有外部因素对语言使用的制约和推动作用。就整个攀天阁地区来讲，普米语在该地区通用度较小、使用人口少、社会功能弱等，这些因素造成了普米语语言地位不高。

始自元代，维西县境内就开始设置土司，直至民国年间，土司势力衰微，但其制度依然保留。纳西土司统治期间，当地盛行纳西语，普米族为了在纳西土司的统治下获得更好的生存空间，开始学习纳西语。历史沿袭下来的传统，人们使用纳西语的流利程度在多年间一直未改变。普米语的语言地位始终不及纳西语。

就民族人口来看，攀天阁乡普米族共444人、纳西族2281人、傈僳族8928人。人口的多少直接影响语言在该地区的流行程度。当少数群体被说另一种语言的多数群体包围时，人们就不得不兼用甚至转用另一种语言。制约语言关系的因素是多方面的，其中人口多少是主要因素，也常常是决定因素。人口少的语言易受人口多的语言的影响，前者容易兼用、转用后者的语言。[①]

普米语自身复杂的语音、词汇、语法系统也是它使用度不高

① 戴庆厦：《论语言关系》，载《民族研究》，1990（2），11～15页。

的原因之一。当地普米语声母要多于周边纳西语、傈僳语，韵母既有鼻化元音又有鼻韵尾。语法系统上，句式变换复杂，有很多种表示不同时态的方法。毕竟普米语属于羌语支，语言特点不同于彝语支。因此，在民族接触过程中，普米语较难被其他民族习得，对乐意学习普米语的人造成一定的困扰。

人口的多少容易影响语言的社会功能，如果一种语言能够发挥的社会作用越来越小，其在社会的地位也会逐渐降低。普米语在攀天阁乡，普米语只有在普米村居民中才会被使用，而在集市、贸易、农业活动、日常交流等活动中，人们用纳西语或汉语，其他民族用普米语与普米族交谈的情况特别少见，几乎没有。

笔者等人以普米族人口最多的攀天阁乡迪姑村为调查点，大致了解迪姑村普米族语言使用情况。

（一）语言借用

借用指的是外来成分被某种语言的使用者并入该语言社团的母语，这个语言社团的母语被保持，但由于增加了外来成分而发生变化。最常见的借用是词汇成分（非基本词汇特别是其中的文化词）。一种语言借用外来词汇一方面可以弥补本族语词汇的不足，另一方面可以促进与周边民族的交流。通行于迪姑村的普米语就是在这种背景下，随着民族间的语言接触，分别从纳西语和汉语借用了大量词汇。汉语借词主要是新出现的事物，纳西语借词不仅存在非基本词汇中，也渗透到基本词汇中。这也是民族间融合的结果。

（二）语言转用

转用是指一个民族或一个民族的一部分人放弃使用母语而转用另一民族语言的现象。在民族接触过程中，民族之间的相互影响、民族生存压力，都会使一个民族放弃本民族语，而使用另一种生命力更强的语言。语言转用分为整体转用型、主体转用型、局部转用型 3 种情况。就迪姑村的普米族而言，对普米语的使用处于局部转用到主体转用的过渡阶段。语言转用主要出现在青年外出务工、学习者等人群。大量接触外部语言文化，对普米语的掌握程度越来越低，有些年轻人只会说几句普米语，有些甚至完全不会讲。中年人虽然大都会讲普米语，但只限于日常交际用语，对一些抽象词汇和用法掌握程度较低。随着纳西语在村中的普及，中年人对普米语的掌握程度自然受到冲击，只有老年人依然可以熟练运用普米语。

所以语言转用主要体现在青少年中。他们未上学之前在家里学会普米语，上学之后学会纳西语和汉语，对普米语使用较少而逐渐放弃使用。语言转用的类型是民—民型（这里指普米语和纳西语）向民—汉型（这里指纳西语和汉语）或汉语单语人转变。

（三）语言兼用

语言兼用是指除了使用自己民族的语言外，还兼用另一个民族的语言。民族间的融合和相互影响使得语言兼用成为民族杂居区的一种普遍现象。在普米村中，普米语、纳西语、汉语是 3 种最常用到的语言。人们在不同的场合熟练地进行语码转换。不同年龄阶段兼用不同的语言。青少年大多使用汉语，兼用纳西语和普米语。中年人使用纳西语和普米语兼用汉语，有些还会说傈僳语。

总的来说，在普米村中，纳西语占主导地位，村民可以不会讲普米语，但不会讲纳西语的很少见。他们与汉族和傈僳族交流时主要用汉语，普米语已成为家庭内部用语，如果家中有老年人，普米语就保存得比较完整，全家会用普米语交流。

三、语言接触下的普米语语音

语言不是孤立的个体，只要存在不同语言社团的长时间相互交流，语言就会或多或少地发生变异和变化，多民族杂居区的文化和语言接触引起的语言变异就是这种情况。多数语言学家比较认可的语言借用等级是，先是非基本词汇的借用，其次是句法成分和音系成分的借用，最后是形态成分的借用。[①] 从宋宝祐元年（1253年）蒙古军进攻大理国时，普米族迁入维西至今已有几百年，长期与汉族和纳西族交往交流交融，不可避免地从汉语和纳西语借入大量词汇。

借词融入普米语后并不是原封不动地存在于普米语语言系统中，而是巧妙地适应了普米语的语音系统，或多或少地在声母、韵母、声调上产生了变化。声调方面，借词虽然移入普米语后在声调上发生了变化，但都同汉语原型和纳西语原型之间形成明显的对应规律。韵母方面，受汉语影响，韵母由鼻化元音向鼻韵尾转变，三代之间有明显差异。声母方面，相对于兰坪普米语22个复辅音声母而言[②]，攀天阁复辅音逐渐消失，但仍有复辅音残留。这也表明了语言接触会引起语音特征的消失。

（一）声调特征和声调对应[③]

1. 单字声调特征

根据陆绍尊《普米语简志》介绍，箐花普米语只有2个声调，高平调55调和低升调13调，在语流中还有2个变体，高降调53调和低降调31调。而在笔者等人所记录的普米语中，共有4个声调，分别是高平调55、低降调31、高升调35和中平调33。其中，高平调是普米语本来就存在的，而中平调、低降调和高升调则是新增的。例字如下：

① 吴福祥：《关于语言接触引发的演变》，载《民族语文》，2007（2），3～13页。

② 陆绍尊编著：《普米语简志》，7页，北京，民族出版社，1983。

③ 李兰兰：《语言接触中的声调特征和声调对应——以云南维西普米语为例》，载《昆明学院学报》，2013（1），139～143页。

高平调：po^{55} 霜、pɛ^{55} 渣滓、mɛ^{55} 羽、lər^{55} 拃、to^{55} 看

高升调：po^{35} 包、pɛ^{35} 高兴、mɛ^{35} 条、lər^{35} 皮、dʐɯ^{35} 季节

低降调：po^{31} 升、pɛ^{31} 面粉、mɛ^{31} 姓名、lər^{31} 寸、to^{31} 房顶

中平调：bu^{33} 虫、mba^{33} 牦牛、ŋa^{33} 金子、ŋɤ^{33} 银子、tʂuŋ^{33} 甜

需要说明的是，除以上列举的 4 个声调之外，在语流中还有变调高降调 53 调；而中平调 33 调和低升调 13 调出现在语流中的情况更常见，作为单音节词形成单独调类例词较少。例如：

tɕi^{35} 秤 —tɕi^{31} lo^{55} 秤砣

kuɛ^{35} 马 —kuɛ^{31} ku^{55} tsɯ^{55} 马驹

lər^{35} 果皮 —lər^{33} p^{h}i^{35} 谷壳

iᴀ^{35} 手 —iᴀ^{33} tsɯ^{33} tʂan^{35} 指尖

q^{h}õ^{35} 衣服 —mɛ^{55} q^{h}õ^{53} 上衣

2. 双音节词声调特征

攀天阁普米语在自身逐渐发展和与周边民族接触过程中增加了几个声调，自然就充实了声调系统。声调的增多必然体现在词汇中。由于单音节词中声调的多样性，攀天阁普米语双音节词也具有多种声调的组合变化，前一音节与后一音节在声调组合上具有很大的随意性，高低升降的组合具有多种形式，如高平 + 高平、高平 + 低降、低降 + 高平、高平 + 中平等，几乎每一个声调都可以跟其他声调组合。例如：

高平 + 高平（55+55）：k^{h}ua^{55} sɯ^{55} 角儿、ti^{55} ku^{55} 千年

高平 + 低降（55+31）：mɤ^{55} tuŋ^{31} 天阴、tʂɯ^{55} tɛ^{31} 浑水

高平 + 中平（55+33）：tʂ^{h}o^{55}po^{33} 楼下、lu^{55} p^{h}ɯ^{33} 白鸡

高平 + 高升（55+35）：tɯ^{55} dɑ^{35} 浮、dɤ^{55} k^{h}iɛ^{35} 发

低降 + 高平（31+55）：ȵ̥ε^{31} ȵ̥i^{55} 荒地、tʰε^{31} pʰø^{55} 河岸
低降 + 中平（31+33）：dʑɔŋ^{31} tsɯ^{33} 反抗、
kuε^{31} kuε^{33} 妻子（比自己小）
中平 + 中平（33+33）：tʰɑ^{33} tuŋ^{33} 时间、lu^{33} kʰuε^{33} 鸡心
中平 + 高平（33+55）：mu^{33} luε^{55} 雷、ʂɯ^{33} po^{55} 露
中平 + 高升（33+35）：mɑ^{33} xɑ^{35} 风、kɔ^{33} puŋ^{35} 石头
高升 + 高平（35+55）：dʐ̥ã^{35} tuŋ^{55} 口水、nɔ^{35} tsɯ^{55} 圆指纹
高升 + 高升（35+35）：ŋɯ^{35} kʰiε^{35} 借、tʂã^{35} tuŋ^{35} 发展
高升 + 中平（35+33）：tɕi^{35} sɤ^{33} 雾、pu^{35} xĩ^{33} 今天
高升 + 低降（35+31）：gɔ^{35} nɔ^{31} 外面、gɔ^{35} tsʰε^{31} 悬崖

尽管词汇中有多种组合形式，但是“高平 + 低降、低降 + 高平”这两种组合形式最常见，其次是“中平 + 高平、高平 + 中平”。也就是说，声调组合中最常见的多音节词里，其中至少有一个音节是高平或高升，全部是中平、低降或低升的多音节词很少。

另一方面，普米语中双音节词使用语音屈折法来构造新词。语音屈折法是在一个词的音节内部发生语音变异而产生出新的词，由语音屈折而形成的同族词在语音和语义上都有着密切的联系：语音相似或相近，语义相通或相关。[①] 声调组合的灵活性也使得双音节词中不同的声调变化可以表示不同的意义。例如：

ly^{33} ly^{35}（虫子）动	ly^{33} ly^{55} 兜着
tsε^{55} tsε^{33} 赚钱	tsε^{55} tsε^{31} 寻找
pu^{35} xĩ^{33} 今天	pu^{55} xĩ^{31} 白天
se^{55} tʂɯ^{33} 河	sε^{55} tʂɯ^{31} 洪水
pɑ^{55} dʐ̥ɯ^{31} 大腿	pɑ^{33} dʐ̥ɯ^{55} 流脓

① 徐世璇：《汉藏语言的语音屈折构词现象》，载《民族语文》，1996（3），31 ~ 40 页。

（二）普米语声调与纳西语、汉语的声调对应

1. 攀天阁普米语与纳西语、汉语的声调对比

攀天阁普米语受周围民族的影响而趋于改变，其中声调变化是显著特征之一。对比云南兰坪普米语和维西普米语可知，前者只有高平调 55 和低升调 13 两个声调，而攀天阁普米语有 4 个声调，汉语和纳西语也有 4 个声调，傈僳语甚至不止 4 个声调。通过分析，普米语中的纳西语和汉语外来词与汉语和纳西语形成整齐声调对应规律。所以笔者认为，攀天阁普米语和兰坪普米语的这种声调差异，除语言自身演变的原因外，语言之间的相互影响也影响着普米语声调的发展。表 2-14 是这三种语言的声调比较。

表 2-14　三种语言声调比较表

攀天阁普米语	纳西语	当地汉语
高平调 55	高平调 55	阴平 44
中平调 33	中平调 33	阳平 31
高升调 35	低升调 13	上声 53
低降调 31	低降调 31	去声 213

由此表可知，3 种语言都有 4 个调类，并且普米语从纳西语和汉语借入大量借词。在这种情况下，借词之间很容易产生声调对应。

2. 纳西语外来词的声调对应

在所调查的 1700 词中，对比普米语和纳西语，普米语中存在的纳西语外来词约占 10%。虽为同一语族，但普米语和纳西语属不同语支，两者双音节词在声调上不存在对应规律。但是，通过分析普米语中纳西语多音节外来词的声调特征和变调规律，笔者发现这些借词被借入普米语之后主要在声调上发生了变化，并且这些声调变化与源语言纳西语词汇的声调存在严整的对应规

律，具体表现在以下几个方面。

第一，双音节词中，如果第一音节声调相同且纳西语第二音节是 31 调，那么普米语第二音节则是 35 调；在单音节词中也存在 31 调和 35 调的对应。也就是说，纳西语是低降调 31 调的词汇，被借入普米语之后变为高升调 35 调。例词见表 2-15：

表 2–15　纳西语低降调 31 调词汇借入普米语对应例词表

汉义	纳西语	普米语	汉义	纳西语	普米语
沙子	lu^{33} ʂə^{31}	lu^{33} ʂə^{35}	秤	tɕi^{31}	tɕi^{35}
腮	lua^{33} pɛ^{31}	lɔ^{33} pɛ^{35}	利息	mby^{31}	mby^{35}
镜子	qɑ^{33} uɑ^{31}	qɑ^{33} uɑ^{35}	刨子	t^{h}i^{31}	t^{h}i^{35}
刀	ndɑ^{33} p^{h}iə^{31}	na^{33} p^{h}iə^{35}	刨	t^{h}i^{31}	t^{h}i^{35}
（粗）筛子	tʂ^{h}uɑ^{33} gv^{31}	tʂ^{h}ɔ^{33} kɯ^{35}	飞	mbi^{31}	mbiɛ^{35}
（细）筛子	ʂɑ^{33} lɑ^{31}	ʂɑ^{33} lɑ^{35}	喜欢	p^{h}iə^{31}	p^{h}iə^{35}

第二，双音节词中，如果第一音节声调相同且纳西语第二音节是 33 调，那么普米语第二音节则是 55 调。反之亦然，即普米语和纳西语第二音节声调相同，如果纳西语双音节词中第一音节是 33 调，那么普米语第一音节则是 55 调。需要说明的是，33 调和 55 调虽都属平声调，但在纳西语和普米语中都区分意义，各自成一个调类。所以纳西语中平调 33 调的词汇被借入普米语之后变为高平调 55 调，也是两种语言声调的对应规律。例词见表 2-16：

表 2–16　双音节词中纳西语中平调 33 调词汇借入普米语对应例词表

汉义	纳西语	普米语	汉义	纳西语	普米语
豪猪	tu^{31} tɕi^{33}	bɤ^{31} tɕi^{55}	皱纹	zɯ^{33} zɯ^{33}	zɯ^{55} zɯ^{33}
叶子	sə^{31} p^{h}iə^{33}	sɛ^{31} p^{h}iə^{55}	青蛙	pɑ^{33} xɛ^{31}	pɑ^{55} xɛ^{31}
豌豆	ts^{h}ɯ^{33} ts^{h}ɯ^{33}	ts^{h}ɯ^{33} ts^{h}ɯ^{55}	板栗	ts^{h}ɯ^{33} ɣɯ^{31}	ts^{h}ɯ^{5} ɣɯ^{31}
箍儿	t^{h}u^{31} tɑ^{33}	t^{h}u^{31} tɑ^{55}	火石	tse^{33} mɑ^{31}	tsɛ^{55} mɑ^{31}
可怜	mə^{31} xan^{33}	mɛ^{31} xan^{55}	染料	zɑ^{33} tʂ^{h}ər^{33}	zɑ^{55} tʂ^{h}ər^{33}

续表

汉义	纳西语	普米语	汉义	纳西语	普米语
炒	tʂ^{h}u^{33} tʂ^{h}u^{33}	tʂ^{h}o^{33} tʂ^{h}o^{55}	尖	ku^{33} tɕ^{h}o^{55}	ku^{55} tɕ^{h}əu^{55}
聋	xɛ^{33} mbu^{33}	xɛ^{33} mbu^{55}	收拾	kɯ^{33} tɑ^{31}	kɯ^{55} tɑ^{31}

单音节词中也存在这种对应关系，纳西语词汇的 33 调被借入普米语之后，也会相应变成 55 调。例词见表 2-17：

表 2-17　单音节词中纳西语 33 调词汇借入普米语对应例词表

汉义	纳西语	普米语	汉义	纳西语	普米语
烟（吸的烟）	ʐə^{33}	ʐə^{55}	声音	k^{h}uɑ^{33}	k^{h}uɑ^{55}
水桶	tɑ^{33}	tɑ^{55}	尾巴	mɑ^{33}	mɛ^{55}
伤口	mɯ^{33}	mue^{55}	吃	ndʑɯ^{33}	ndʑɯ^{55}

第三，双音节词中，如果第二音节相同且纳西语第一音节是 31 调，则对应普米语第一音节是 33 调，反之亦然（目前只找到 1 个例子）。单音节词中也存在纳西语 31 调和普米语 33 调的对应关系。例词见表 2-18：

表 2-18　单、双音节词中纳西语 31 调和普米语 33 调的对应关系例词表

汉义	纳西语	普米语	汉义	纳西语	普米语
枪	lu^{31} tʂ^{h}uɑ^{55}	lu^{33} tʂ^{h}uɑ^{55}	卡住	ən^{31} kɑ^{35}	ɑn^{33} kɑn^{35}
扁	biɑ^{31} biɑ^{55}	piɑ^{33} piɑ^{55}	篱笆	k^{h}uɑ^{31}	q^{h}uɑ^{33}
发抖	tɕ^{h}i^{31} tɕ^{h}i^{55}	tɕ^{h}i^{33} tɕ^{h}i^{55}	细	ts^{h}ɯ^{31}	ts^{h}ɯ^{33}
划船	Lɯ^{31} ku^{55}	lɯ^{33} ku^{55}			

概括起来：纳西语中原来读低降调 31 调的词汇进入普米语中大都成为中平调 33 调或高升调 35 调，而对于双音节词来说，如果 31 调在第一音节进入普米语则是中平调 33 调，如果是在第二音节则对应高升调 35 调；此外，纳西语中读 33 调的词汇进入普米语中大都读高平调 55 调。表 2-19 可以清楚地表明两种语言的声调对应。

表 2–19　借词声调对应表

纳西语	普米语			
	高平调 55	中平调 33	高升调 35	低降调 31
高平调 55	+	—	—	—
中平调 33	+	+	—	—
低降调 31	—	+	+	
低升调 13	—	—	—	+

注：表中“ + ”表示两种声调在两种语言中存在对应关系；“—”表示两种语言声调不存在对应关系。

以上三方面都是在双音节词中至少有一个声调相同的情况下才产生的声调对应，而纳西语和普米语的声调对应还体现在多音节词中两音节声调不同而产生的对应。如表 2-20 的例词，纳西语第一音节、第二音节的声调 31 调和 33 调分别对应普米语中的 33 调和 55 调。这也反映了两种语言多音节词汇对应的整体规律。

表 2–20　纳西语第一、第二音节 31、33 调与普米语 33、55 调对应关系例词表

汉义	纳西语	普米语
布	tʰo^{31} pu^{33}	tʰo^{33} bu^{55}
铃	tɕi^{31} zɯ^{33}	tɕɔ^{33} zɯ^{55}
蠢	do^{31} mo^{33}	do^{33} mo^{55}
肘	lɑ^{31} mu^{33} to^{33}	lɑ^{33} mu^{55} tʰu^{31}
拳	lɑ^{31} tʂʰɔ^{33} ndʒɔ^{31}	lɑ^{33} tʂʰɔ^{55} ndʒɔ^{31}

另一种情况是纳西语借入普米语后，双音节词的前一音节和后一音节音调呈相反状态。例如，如果纳西语中的词汇前一音节是 55 调、后一音节是 31 调，被借入普米语中前一音节则是 31 调、后一音节是 55 调。例词见表 2-21：

表 2-21　纳西语双音节词借入普米语后前一音节和后一音节声调对应例词表

汉义	纳西语	普米语
背篓	$nɯ^{55}$ tu^{31}	$nɯ^{31}$ tu^{55}
积（积水）	$ʥɯ^{31}$ $tsɑ^{55}$	$tʂɯ^{55}$ $tsɑ^{31}$
上（上楼）	$kə^{31}$ $tʂ^{h}ua^{55}$	$tɤ^{55}$ $tʂ^{h}uɑ^{31}$

综上所述，在普米语与纳西语的语言接触中，普米语从纳西语借入大量的基本词，但这些基本词的借入并不是杂乱无章的。由以上分析可知，无论是单音节词还是双音节词，且双音节词中无论其中一个声调是否相同，都能总结出声调对应规律。这也表明，普米语中的纳西语借词并不是整体借入，而是适应自己的语音系统作出了相应的声调调整。

3. 汉语借词的声调对应

普米语和纳西语都没有 213 调，此调只在维西汉语方言中存在。在普米语和汉语两种语言相互接触过程中，语言之间的相互影响模式同纳西语对普米语的影响相同，表现在借词上，最显著的特征同样是声调的改变，而声母、韵母方面没有显著变化。这种变化的规律主要体现在两个方面。

第一，汉语中的去声 213 调词汇借入普米语后读为 35 调，例词见表 2-22：

表 2-22　汉语去声 213 调词汇借入普米语变 35 调例词表

汉义	纳西语	普米语
黄鳝	$xuɑ̃ŋ^{31}$ $ʂɑ̃n^{213}$	$xuɑŋ^{31}$ $ʂan^{35}$
算盘	$suɑ̃n^{213}$ $p^{h}ɑ̃n^{31}$	$suan^{35}$ $p^{h}an^{31}$
轿子	$tɕiɑo^{213}$ $tsɿ^{53}$	$tɕiɑo^{35}$ $tsɯ^{55}$
钻子	$tsuɑ̃n^{213}$ $tsɿ^{44}$	$tsuan^{35}$ $t^{h}əu^{31}$
少年	$ʂɑo^{35}$ $niɛ̃n^{31}$	$ʂəu^{35}$ $niɛ^{33}$ mi^{31}

续表

汉义	纳西语	普米语
扇子	ʂãn^{213} tsɿ^{53}	ʂan^{35} tsɯ^{55}
象	iɑ̃ŋ^{213}	ɕiɑŋ^{35}
信	ɕĩn^{213}	ɕin^{35}

第二，汉语中的53调词汇借入普米语之后读为55调，例词见表2-23：

表2-23 汉语53调词汇借入普米语变55调例词表

汉义	纳西语	普米语
麂子	tɕi^{53} tɕi^{53}	tɕi^{55}
橙子	xuɑ̃ŋ^{31} ko^{53}	xuɑŋ^{31} ko^{55}
苹果	p^{h}ĩŋ^{31} ko^{53}	p^{h}iŋ^{31} kɔ^{55}
席子	ts^{h}ɑo^{53} liɛ̃n^{31} tsɿ^{53}	ts^{h}ɔ^{55} lan^{31} tsɯ^{55}
草果	ts^{h}ɑo^{53} ko^{53}	ts^{h}au^{55} kɔ^{55}
锅铲	ko^{44} tʂ^{h}ãn^{53}	kɔ^{33} tʂ^{h}an^{55}
火盆	xo^{53} p^{h}ə̃n^{31}	xɔ^{55} p^{h}ɤn^{31}
盘子	p^{h}ãn^{31} tsɿ^{53}	p^{h}an^{31} tsɯ^{55}
刷子	ʂuᴀ^{31} tsɯ^{53}	ʂua^{33} tsɯ^{55}
木耳	mu^{31} e^{53}	mu^{31} ər^{55}
点	iɛ̃n^{53}	tiɛn^{55}

攀天阁汉语方言还有阴平44调和阳平31调，但其调值与普米语中的55调和31调相似，所以借词进入普米语之后没有发生明显变化，依然是平调和低降调。

从以上例词可以看出，普米语中的借词只在声调上与当地汉语和纳西语存在显著差异并形成对应规律，而在声母、韵母方面的差别较小，遵守“同中存异”的原则。

（三）普米语元音的变异和变化

攀天阁普米语元音十分丰富，既有单元音也有复元音，既有鼻化元音又有鼻韵尾。元音的丰富多样也是在其他民族语言的影响下形成的。普米语共有 32 个元音，其中有 12 个单元音、5 个鼻化元音、8 个复合元音、7 个带鼻韵尾的复合元音。另外还有的复元音只出现在汉语借词中。攀天阁纳西语有 31 个元音，而汉语方言有 38 个元音，其中 13 个带鼻韵尾。在 3 种语言中，普米语与汉语方言的差别最大，而与纳西语的元音系统差别较小（二者都有鼻化元音、单元音、复元音），所以这里主要讨论攀天阁汉语方言元音系统对普米语元音系统的影响。

随着大量出现的汉语借词，攀天阁普米语元音的变异主要体现在 3 个方面：元音的借贷；鼻化元音向鼻韵尾的转变；元音央化趋势。

1. 元音的借贷

语言接触引发的演变的直接后果是受语系统发生不同程度或不同方式的改变。特征的增加尤其是借词的增加，这是接触引发的演变最常见的后果。[①] 在汉语方言的影响下，普米语中的有些元音只出现在汉语借词中，而后这些音同汉语借词一起借入其语言中。突出的是 y 元音及由单元音 y 组成的复合元音 yn、yɛ、yan 主要出现在汉语借词中，虽然普米语中有极少数固有词也有 y 元音，但出现在汉语借词中的占绝大多数。例词如表 2-24：

表 2-24　带有 y 元音的汉语借词例词表

汉义	当地汉语	普米语
选举	ɕyãn^{53} ɕy^{53}	ɕyan^{55} ɕy^{55}
宣传	ɕyãn^{44} tʂ^{h}uãn^{31}	ɕyan^{55} tʂ^{h}uan^{31}

① 吴福祥：《关于语言接触引发的演变》，载《民族语文》，2007（2），3 ~ 13 页。

续表

汉义	当地汉语	普米语
党员	tãŋ^{53} yãn^{31}	taŋ^{55} yan^{33}
学生	ɕyɛ^{31} ʂə̃ŋ^{44}	ɕyɛ^{31} səŋ^{55}
侵略	tɕ^{h}ĩn^{31} lyɛ^{213}	tɕ^{h}in^{55} lyɛ^{35}

2. 鼻化元音向鼻韵尾的转变

变化与年龄相关的标准模型是：在最年长的一代人的话语中，出现少量的某一变式；在中间的一代人的话语中，该变式的出现频率有所增加；在最年轻的一代中，这一变式的出现频率最高。[①] 通过观察普米族老、中、青三代人的不同发音可以清晰地发现不同年龄阶段的语言差异，从而在描写普米语历时变化的同时总结出语言所受的影响。观察三代人的发音之后笔者发现，普米语的鼻化元音从老年人到青年人有三种变化方式，分别是：保持不变、脱落和演变为鼻韵尾。表 2-25 列出了三代人鼻韵尾的差异，包含所提到的三种情况。

表 2-25 三代人发音中的鼻韵尾差异对比表 [②]

汉义	老年人	中年人	青年人
天	xĩ^{55}	xĩ^{55}	xĩ^{55}
铁	ʂẽ^{55}	ʂẽ^{55}	ʂẽ^{55}
短	ts^{h}ũ^{55}	ts^{h}ũ^{55}	ts^{h}ũ^{55}
仓库（粮仓）	ndʐẽ^{33}	ndʐẽ^{33}	ndʐen^{55}
盐	ts^{h}ẽ^{13}	ts^{h}ẽ^{35}	ts^{h}en^{35}
肥料	ʐẽ^{13}	ʐẽ^{13}	ʐen^{13}
铺	tʂ^{h}ẽ^{13}	tʂ^{h}ẽ^{35}	tʂ^{h}en^{35}

① 徐大明：《语言变异与变化》，36 页，上海，上海教育出版社，2006。

② 发音人信息：老年人，熊兰芝，普米族，72 岁，不识字；中年人，熊永全，普米族，49 岁，小学文化程度；青年人，熊晓燕，普米族，20 岁，中专文化程度。在此对以上几位发音人表示感谢！

续表

汉义	老年人	中年人	青年人
小	kɛ^{31} tsã^{13}	kɛ^{31} tsã^{35}	kɛ^{31} tsan^{55}
冷（天气）	bũ^{13}	bũ^{13}	pu^{13}
下霜	po^{55} tɕʰũ^{55}	po^{55} tɕʰuŋ^{55}	po^{55} tɕʰuŋ^{55}
羊	ʐũ^{55}	ʐuŋ^{55}	ʐuŋ^{55}
土豆	sɛ^{31} lõ^{55}	sɛ^{31} luŋ^{55}	sɛ^{31} luŋ^{55}
含（含着）	a^{31} tɕõ^{13}	a^{31} tɕuŋ^{13}	a^{31} tɕuŋ^{13}
骑（骑马）	dzã^{35}	ʥan^{35}	tsan^{35}

由此表可知，鼻化元音演变为鼻韵尾的情况最常见。前文提到当地汉语方言的鼻韵尾要多于普米语和纳西语，并且普米语中许多鼻韵尾出现在汉语借词中的频率最高。在《汉藏语系语言鼻音韵尾的发展演变》一文中，作者分别分析了侗台语、苗瑶语、藏缅语和汉语鼻音韵尾的演变，最后总结出汉藏语系鼻音韵尾的发展演变过程，大致如下图所示①：

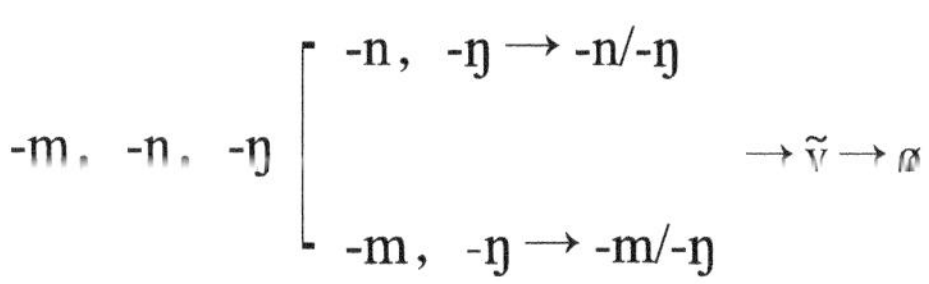

-n，-ŋ → -n/-ŋ

-m，-n，-ŋ　　　　→ ṽ → ø

-m，-ŋ → -m/-ŋ

图 2–1　汉藏语系鼻音韵尾发展演变图

由图中所知，鼻音尾的丢失由 3 个到 2 个、1 个，再到元音鼻化彻底脱落。虽然普米语鼻韵尾演变到只有鼻化元音的阶段（可从老一代普米族中观察出），但鼻韵尾仍然存在于语音系统中，与上图中鼻韵尾演化元音鼻化阶段时已经消失不相符，所以这只能从语言间相互影响的角度探讨，而不是语言内部因素的演

① 石林、黄勇：《汉藏语系语言鼻音韵尾的发展演变》，载《民族语文》，1996（6），22 ~ 28 页。

变。因此，这里得出的结论是，在汉语方言的影响下，鼻韵尾逐渐进入普米语语音系统与鼻化元音共存。

3. 元音央化趋势

对比老年人和中年人的发音不难发现，元音有央化趋势，后元音 ɯ 向央元音 ə 转化。语词中既有一部分词已经转化为央元音，也有一部分仍旧保留着后元音。表 2-26 和表 2-27 分别列出了元音央化的例词和元音未发生央化的例词。

表 2–26　元音央化例词表

汉义	老年人	中年人
前年	sɛ^{33} k^{h}ɯ^{31}	sɛ^{55} k^{h}ə^{31}
从前	zə̢^{33} pu^{33} lɯ^{55}	zə̢^{33} pu^{33} lə^{55}
大蒜	kɯ^{33}	kə^{55}
脚	k^{h}ɯ^{55}	k^{h}ə^{55}
筋	ŋgɯ^{55}	kə^{55}
胆	gɯ^{35}	gə^{35}
民歌	pe^{55} gɯ^{55}	pe^{55} kə^{55}
休息	k^{h}əŋ^{33} ɯ^{55}	k^{h}əŋ^{31} ə^{55}
搬	k^{h}ɯ^{31} zɛ̢^{55}	k^{h}ə^{31} zɛ̢^{55}
割	so^{55} kɯ^{55}	so^{55} kə^{55}
磨（米）	ɣɯ^{55}	ɣə^{55}

表 2–27　元音未发生央化例词表

汉义	老年人	中年人
早晨	nɔ^{55} ɬɯ^{31}	nɔ^{55} ɬɯ^{31}
猫	mu^{31} tsɯ^{35}	mu^{31} tsɯ^{35}
爪	dʐɯ^{33}	dʐɯ^{55}
秧子	ȵa^{33} tsɯ^{35}	na^{31} tsɯ^{35}
脊背	gɯ^{31} sɯ^{35}	gɯ^{31} sɯ^{35}
酒	p^{h}ɯ^{31}	p^{h}ɯ^{33}

续表

汉义	老年人	中年人
手镯	ʐə^{31} gɯ^{13}	ʐəu^{31} gɯ^{13}
镰刀	lɯ^{13}	lɯ^{13}
相信	ŋgɯ^{35}	ŋgɯ^{13}

（四）普米语辅音的生态特征

1. 鼻冠音

攀天阁普米语有 48 个单辅音声母，属于普米语南部方言。对比攀天阁普米语与其他方言土语，主要差别在于一组鼻冠音（5 个）和一组唇齿音（3 个、pf/pf^{h}/bv）。而当地纳西语有 39 个辅音，汉语方言有 23 个，只有纳西语有 1 组鼻冠音。因此，笔者推断在普米族与纳西族的语言接触过程中，普米语从纳西语借入鼻冠音，其最终融入普米语语音系统中。鼻冠音不仅存在于普米语的纳西语借词中，也存在于固有词中，从下列例词中可以得到证明。

例如，纳西语借词中的鼻冠音，见表 2-28：

表 2-28　纳西语借词中的鼻冠音例词表

汉义	纳西语	普米语
刀	ndɑ^{33} p^{h}iə^{31}	ndɑ^{33} p^{h}iə^{35}
飞	mbi^{31}	mbiɛ^{35}
吃	ndʑɯ^{33}	ndʑɯ^{55}
利息	mby^{35}	mby^{31}
相信	ŋgɯ^{35}	ŋgɯ^{33}

普米语固有词中的鼻冠音，见表 2-29：

表 2-29 普米语固有词中的鼻冠音例词表

汉义	普米语	汉义	普米语
牦牛	mba^{33}	过（桥）	ndʑɔ^{31} tuɛ^{55}
糖	mbɯ^{55}	啼（鸡）	ndzuŋ^{35}
尿	mbiɛ^{55}	安装	ndʑo^{31} kiɛ^{55}
毒药	ndua^{35}	茶	ndʐə^{35}
走	nduɛ^{55}	钻孔	ndʐuŋ^{55} tʂʰuŋ^{31}
保佑	nduŋ^{31} ʑɔ^{55}	赔偿	ndʐɯ^{33} tsʰue^{55}
拳头	lɑ^{31} tʂʰɔ^{55} ndʒɔ^{31}	九月	ŋguɛ^{31} mɛ^{35}
夸奖	ndʑa^{35} ʐuŋ^{35}	草	ŋguŋ^{35}
绣	ndv^{35}	推	ŋgə^{35}

2. 复辅音的残留

藏缅语族不同语支的语言有极其不同的复辅音系统。“从共时来看，声母部分有的语言有丰富的复辅音，不仅有前置辅音加基本辅音构成的复辅音，还有基本辅音加后置辅音构成的复辅音，部分语言还有三合复辅音，个别语言还有四合复辅音，相当多的一些语言已经没有复辅音。单辅音也有很大的差异，有的语言单辅音十分发达，有 50 个左右，有的语言单辅音系统十分简单，不足 20 个。”① 羌语支语言辅音系统尤为复杂，复辅音数目也居多。

普米语分南北 2 个方言、7 个方言土语。在 7 个方言土语中，兰坪普米语的复辅音最多。下面将 7 个方言土语的复辅音存在情况进行对比，见表 2-30：

① 孙宏开：《原始汉藏语的复辅音问题——关于原始汉藏语音节结构构拟的理论思考之一》，载《民族语文》，1999（6），1 ~ 8 页。

表 2–30　普米语 7 个方言土语复辅音对比表[①]

复辅音	箐花	鲁甸	新营盘	桃巴	拖七	左所	三岩龙
pʐ,pʰʐ,bʐ	有	有	有	有	有	有	有
mʐ	有	无	无	无	无	无	无
ʂʐ	无	无	有	无	无	无	无
kʐ,kʰʐ,gʐ	无	有	有	无	无	无	无
ɣʐ	无	有	无	无	无	无	无
pʒ,pʰʒ,bʒ	有	无	无	无	无	无	无
s 组成的复辅音	有	无	无	无	无	无	无

由以上内容可以看出，维西普米语本应也有少数复辅音。可是，复辅音只残存在几个词中并不成系统。如：

dra^{35} 菜板　　　　　　mʐɤ^{55} 疮疤

3. 浊辅音向清辅音的转变

浊音清化是藏缅语语音演变的重要现象，现代藏缅语言中不同语言清浊声母的对应，如彝语支浊声母和缅语支清声母的对应，体现了浊声母分化的不同结果。[②]除了进行不同语言、方言之间的对比进而考察清浊辅音的演变情况，不同年龄阶段的语词对比，也能帮助笔者清晰发现语音变化。普米语中虽然辅音成清浊整齐对立，但这种对立正在改变。老年人和中年人两代之间的对比可提供例证。例词见表 2-31：

① 陆绍尊：《普米语方言研究》，86 ~ 91 页，北京，民族出版社，2001。

② 徐世璇：《土家语语音的接触性演变》，载《民族语文》，2010（5），3 ~ 10 页。

表 2–31　辅音清浊的对比表

汉义	老年人	中年人
中间	gu^{31} ʑi^{55}	ku^{31} i^{55}
后天	k^{h}u^{31} dø^{55}	k^{h}u^{31} tø^{55}
初一	ty^{55} gø^{55}	tə^{55} kø^{55}
柿子	t^{h}ə^{31} dʐə^{13}	t^{h}a^{31} tʂə^{35}
高粱	du^{33} lu^{35}	tu^{33} lu^{35}
肚子	bø^{35}	pø^{35}
弟弟	guɛ^{13} guɛ^{13}	kuɛ^{13} kuɛ^{13}
咽	nɛ^{31} dʑɛ̃^{55}	nɛ^{31} tɕɛ^{55}
骑马	ʥã^{13}	tsan^{35}
跑	dɛ^{13}	tɛ^{13}

第四节　语言接触下的普米语词汇

一种语言的整个词汇系统是由许多个小的词汇系统组成的。按照词在词汇系统中不同的地位和作用划分，语言中的词可分为基本词汇和一般词汇；按词性划分，词汇可分为动词、名词、形容词、副词、数词、量词等；根据词的构成和组合方式可分为单纯词和合成词，其中单纯词又分为单音节、双音节和多音节词，合成词又分为复合式、附加式、重叠式。这些词汇小系统根据不同的生态特征组成大的词汇生态系统。由于长期的语言接触，普米语中的词汇除固有的本族词外，还有大量的纳西语借词和汉语借词。所以对整个词汇系统的描述不仅要分析普米语中固有词的构词理据，还要探讨外来词在普米语中的地位及其构词方式，以此来展开论述语言接触对普米语语言要素的影响。

一、普米语的构词方式

虽然普米语已经从汉语和纳西语借入了大量词汇，但其语言中的固有词依然处于支配地位，服务于人们生产、生活的各个方面。同其他普米语方言土语一样，词汇中多音节词较多，单音节词较少；多音节词中单纯词少，合成词多。所以普米语的词汇系统有单音节和多音节、单纯词和合成词之分。

（一）单音节词和多音节词

词的构成形式按照音节多少可分为单音节词和多音节词。

单音节词是由一个音节构成的词。普米语中单音节词主要出现在名词和量词中，也有少量分布在动词中，存在于动词中的单音节词与汉语音节对应，如果汉语为单音节，普米语也是单音节，汉语是多音节而普米语是单音节的情况非常少见。例如：

tɕɛ^{35} 云	tʂɯ^{55} 水	bu^{55} 虫	sɑ^{55} 水稻
mɛ^{55} 只	p^{h}i^{55} 件	kø^{31} 粒	p^{h}u^{55} 双
qa^{35} 啃	bo^{55} 喊	ʂə^{55} 伸	tɕi^{35} 量

多音节词是由两个或两个以上的音节构成的词。其中由两个音节构成的词称为双音节词或复音词。普米语中既有双音节词，也有三音节词和四音节词。例如：

ʐɯ^{55} mɛ^{31} 做梦	sɛ^{31} k^{h}ua^{55} 木碗
ʂẽ^{55} tɑ^{55} 铁桶	k^{h}ɑ^{33} tɑ^{35} 围裙
qɑ^{31} lɑ^{33} miə^{35} 扣子	dʑi^{33} ts^{h}ɛ^{31} k^{h}uŋ^{55} 蓑衣
miə^{55} tsɯ^{33} mɛ^{31} 睫毛	zɯ^{55} pɤn^{31} mɛ^{55} xĩ^{31} 连鬓胡
a^{55} po^{31} tuŋ^{55} tɔ^{55} 伯父	

（二）单纯词和合成词

单纯词和合成词是由语素的多少来划分的，单纯词由一个语素构成，由两个或两个以上的语素构成的词则是合成词。在普米语中，合成词占大多数，单纯词较少。

单纯词由一个语素构成，常见的单纯词有的由一个音节构成，有的由两个或两个以上的音节构成，分为单音节单纯词和多音节单纯词。例如：

ʂɔ^{35} 汉族	tʂʰɯ^{35} 儿媳	to^{31} 房顶
tɕi^{35} 秤	ʂə^{55} 肉	tʂɯ^{31} tsə^{55} 春
tʂʰo^{55} uɑ^{31} 蚂蚁	pʰɛ^{55} lɛ^{55} 蝴蝶	

合成词是由两个或两个以上的语素构成的词，主要有复合式、附加式、重叠式 3 种构词方式。

1. 复合式

复合式是由至少两个不相同的词根结合在一起构成的。从词根和词根之间的关系分析，有联合型、偏正型、宾动型、主谓型几种。

（1）联合型

由两个词义相同、相近、相关或相反的词根语素复合而成。例如：

kʰiɛ^{31} ʂo^{33} 赠送	lɤ^{33} pʰø^{55} gɔ^{35} nɔ^{31} 旁边
给　还	前　　后

（2）偏正型

由有修饰和被修饰关系的两个词根组合而成的词。这类合成词，前一词根修饰后一词根，以后一词根的意义为主。例如：

lu^{55} mɛ^{31} 鸡毛
鸡　毛

tɕ^{h}ɑ^{33} ʂə^{55} 猪肉
猪　肉

lu^{55} k^{h}uɛ^{55} 鸡心
鸡　心

ɣo^{55} ʐuŋ^{55} 虎穴
虎　穴

（3）宾动型

两个词根之间的关系是动作和对象的关系，前一词根表示动作支配的对象，后一词根则表示这种动作和行为。宾动型与汉语中的动作在前、宾语在后的动宾型构词方式相反。例如：

tʂʅ^{55} iɛ^{31} 灌溉
水　出

niɛ^{55} ʑə^{55} 生病
病　出现

miə^{55} mɛ^{31} 闭眼
眼　闭

xø^{55} ki^{31} 放牧
野兽 赶

（4）主谓型

两个词根之间的关系相当于主语和谓语的关系，前一词根作主体，是动作的发出者，后一词根是主体发出的动作。例如：

dɛ^{31} ly^{55} ly^{33} 地震
地　晃动

po^{55} tɕ^{h}uŋ^{55} 下霜
霜　出

miə^{33} ku^{35} 盲人
眼　瞎

gui^{55} tɕ^{h}uŋ^{55} 下雨
雨　出

2. 附加式

即在词根前或后添加前缀或后缀构成新词。在普米语词汇中，既有前加成分也有后加成分构成新词。

词根添加前缀，这种形式主要存在于亲属称谓中。例如：

a³³ gɯ⁵⁵ 岳父	a³³ n̥i⁵⁵ 岳母
a³³ lo⁵⁵ 祖父	a⁵⁵ pɑ³¹ 父亲

词根添加后缀 mi⁵⁵ 构成名词。例如：

bɛ⁵⁵ mi⁵⁵ 资本家	tsø⁵⁵ mi⁵⁵ 乞丐
钱	饭

动词添加后缀 mi³¹ 构成名词。例如：

xø⁵⁵ sã⁵⁵ mi³¹ 猎人	ʂẽ⁵⁵ tsa⁵⁵ mi³¹ 铁匠
动物 杀	铁 打

3. 重叠式

重叠式是由两个相同的词根相叠而成的词。例如：

tɑn⁵⁵ tɑn⁵⁵ 蚱蜢	mɛ³³ mɛ³³ 姐姐
kuɛ³³ kuɛ³³ 弟弟	xo⁵⁵ xo⁵⁵ 盒子

此外，语言中还有四音连绵词，主要有 3 种形式：

ABAC 式，例如：

maŋ³¹ ta³³ maŋ³¹ xan⁵⁵ 穷人　ua³¹ tʂʰɯ⁵⁵ ua³¹ lɔ³³ 吞

sɑ³³ ku³¹ sɑ³³ ly⁵⁵ 供品

ACBC 式，例如：

ʐə^{55} pu^{31} fə^{55} pu^{31} 从前　　ta^{31} tʂ^{h}ər^{55} ȵi^{31} tʂ^{h}ər^{55} 今生今世

ABCC 式，例如：

q^{h}ə^{55} lə^{33} tsan^{33} tsan^{33} 漱口　　kiɛ^{33} lu^{31} tu^{33} tu^{33} 腻

二、普米语中的外来词

族群之间经济、文化、政治等方面的交流与互动，不仅会引起人们生活中风俗习惯、生活方式的改变，也会对语言使用发生程度不等的影响，也就是说，语言与文化的接触会引起语言的变异与变化。托马森将接触引发的演变分为“借用”和“转用引发的干扰”两类。其中借用指的是外来成分被某种语言的使用者并入该语言社团的母语，最常见的借用干扰是词汇成分（非基本词特别是文化词）。[①] 阿错也引用“凸显理论”来解释，因为操不同语言的人互相接触的时候，相同的事物使用不同的词语（当然声音也完全不同）最为凸显，所以首先出现借词。[②] 攀天阁普米语中夹杂大量纳西语和汉语外来词，这里对这些词汇进行义类分析，以此来简要说明语言接触中哪些义类的词易受到影响。

（一）纳西语外来词

纳西语和普米语属藏缅语族不同语支，两者在词汇上不可

① 转引自吴福祥：《关于语言接触引发的演变》，载《民族语文》，2007(2)，3～13 页。

② 转引自胡明杨：《语言接触和语言之间的相互影响》，见薛才德主编：《语言接触与语言比较》，6 页，上海，学林出版社，2007。

避免地具有同源词，所以在描述普米语中的纳西语外来词时，需设定外来词的判定原则。在此，笔者主要依据不同语言的方言对比，即如果普米语中某个词与纳西语相似或相近，把这个词与丽江坝纳西语和兰坪普米语对比，如果该词与丽江坝纳西语相似而与兰坪普米语不同，则可判定该词是从纳西语借入，如表 2-32：

表 2–32　纳西语与普米语比对表

汉义	攀天阁普米语	攀天阁纳西语	丽江坝纳西语	兰坪普米语
雾	tɕi^{35} sɤ^{33}	tɕi^{55} sɯ^{33}	tɕʰi^{55} sɯ^{33}	sdə^{13} ʐue^{55}
沙子	lu^{33} ʂə^{35}	lu^{33} ʂə^{31}	sə^{31}	zy^{13} pε^{13}
指甲	la^{31} tʂɤ^{33} ku^{55}	lɑ^{33} tʂə^{31} kv^{55}	lɑ^{33} tsɯ^{31} kv^{55}	sdʒã^{13}
拳头	la^{33} tʂʰər^{55} tɕo^{31}	lɑ^{31} tʂʰuan^{33} tɕo^{31}	lɑ^{31} tʂʰər^{55} ndʑy^{31}	zə^{13} du^{13} du^{13}
喜鹊	tɕi^{55} kε^{33}	tɕi^{55} kε^{55}	tɕi^{55} sə^{33}	ʃe^{13} ʃɑ^{55}
瘦肉	ʂə^{55} na^{55}	ʂɯ^{55} nɑ^{55}	ʂɯ^{55} nɑ^{55}	ʂɤ^{55} dɤ^{13}

这里采用概念义对词汇进行义类划分。概念义的形成与事物是有直接关系的，它是人脑对客观事物认识的理性成果，具有高度的概括性和抽象性。由于人们认识事物时，采取的角度和视点的不同，概念义又可分为 3 种子类型：本体义；属性、性状义；行为、动作、变化义。[①] 根据这个分类标准，这里把纳西语借词分为 5 类：生产生活类、食品类、动植物类、动作行为类、性质状态类，但对词汇的划分同时也兼顾到词性。

1. 生产生活类

表 2–33　生产生活类例词表

汉义	普米语	纳西语
剪子	tsʰɯ^{33} tε^{55}	tsʰɯ^{33} tε^{31}
梯子	lε^{33} tɕi^{55}	lε^{33} ndʑi^{31}

---

① 孙维张、孙炜：《语义的分类及其类型》，载《语言文字应用》，1998（3），92 ~ 96 页。

续表

汉义	普米语	纳西语
耙	lɑ^{33} tʂə^{35}	lɑ^{33} tʂə^{31}
筛子	ʂɑ^{33} lɑ^{35}	ʂɑ^{33} lɑ^{31}
梁	ku^{55} lu^{31}	ku^{33} lu^{31}

2. 食品类

表 2–34　食品类例词表

汉义	普米语	纳西语
水果	sɤ^{33} ku^{33} sɤ^{33} ly^{55}	sə^{33} ku^{33} sə^{33} ly^{55}
瘦肉	ʂə^{55} na^{55}	ʂɯ^{55} nɑ^{55}
豌豆	tsʰɯ^{33} tsʰɯ^{55}	tsʰɯ^{33} tsʰɯ^{33}
板栗	tsʰɯ^{55} ɣɯ^{31}	tsʰɯ^{33} ɣɯ^{31}
鸡蛋	ku^{5}	ku^{55}

3. 动植物类

表 2–35　动植物类例词表

汉义	普米语	纳西语
喜鹊	tɕi^{55} kɛ^{33}	tɕi^{55} kɛ^{55}
豪猪	bɤ^{31} tɕi^{55}	bu^{31} tɕi^{33}
蝴蝶	pʰɛ^{55} lc^{55}	pʰc^{31} lc^{31}
叶子	sɛ^{31} pʰiə^{55}	sə^{31} pʰiə^{33}
柏树	la^{33} kʰa^{33} puŋ^{55}	lɑ^{33} kʰɑ^{55}

4. 动作行为类

顾名思义，动作行为类词汇属性主要针对动词，虽然刨、炒、染等也属于生产生活类的一部分，但由于其词性为动词，所以归为动作行为类。

表 2-36　动作行为类例词表

汉义	普米语	纳西语
刨	t^hi^{35}	t^hi^{31}
炒	$tʂ^ho^{33}$ $tʂ^ho^{55}$	$tʂ^hu^{33}$ $tʂ^hu^{33}$
染	$zã^{55}$	$zɑ^{55}$
相信	$gɯ^{35}$	$ŋgɯ^{35}$
浇	ko^{55}	ku^{55}
滚	$pɯ^{55}$ li^{55}	mbu^{55} li^{55}

5. 性质状态类

性质状态类的词主要是形容词。

表 2-37　性质状态类例词表

汉义	普米语	纳西语
蠢	do^{33} mo^{55}	do^{31} mo^{33}
懒	$laŋ^{55}$ $kiɛ^{55}$	$laŋ^{33}$ $kiɛ^{55}$
近	nu^{55} nu^{33}	nu^{33} nu^{31}
深	xo^{55}	xu^{55}
尖	ku^{55} $tɕ^hәu^{55}$	ku^{33} $tɕ^ho^{55}$

（二）汉语外来词

普米语从汉语借入了大量词汇。笔者所记录词汇中，汉语外来词约占总词汇的 20%。[①] 按类别归纳如下：

1. 生产类

生产类的外来词主要指进行某一生产活动的工具词汇。

① 笔者所记录的普米语约为 3000 词，其中汉语借词约有 600 个，约占总词汇的 20%。

表 2–38　生产工具类例词表

汉义	普米语	当地汉语
锅铲	kɔ^{33} tʂ^{h}an^{55}	ko^{44} tʂ^{h}ãn^{53}
钻子	tsuan^{35} t^{h}əu^{31}	tsuãn^{213} tsuãn^{44}
锤子	dᴀ^{33} tʂ^{h}ue^{31}	tʂ^{h}uei^{31} tsɿ^{53}
篾条	miɛ^{35} t^{h}iau^{33}	miɛ^{31} t^{h}iɑo^{31}

2. 生活类

生活类的外来词主要指一些日常生活用品词汇。

表 2–39　生活类例词表

汉义	普米语	当地汉语
坎肩	k^{h}an^{55} tɕian^{55}	k^{h}ãn^{53} tɕiẽn^{44}
火盆	xɔ^{55} p^{h}ɤn^{31}	xo^{53} p^{h}ə̃n^{31}
茶壶	tʂ^{h}a^{31} fv^{33}	tʂ^{h}ᴀ^{31} fu^{44}
盘子	p^{h}an^{31} tsɯ^{55}	p^{h}ãn^{31} tsɿ^{53}
杯子	pe^{55} tsɯ^{55}	pei^{44}pei^{44}
瓶子	p^{h}iŋ^{31} tsɿ^{55}	p^{h}ĩn^{31} tsɿ^{53}
沙发	ʂa^{55} fa^{31}	ʂᴀ^{44} fa^{44}
箱子	ɕiaŋ^{33} tsɿ^{55}	ɕiɑ̃ŋ^{44} tsɿ^{53}
灯	təŋ^{33}	tə̃n^{44}
刷子	ʂua^{33} tsɯ^{55}	ʂua^{31} tsɯ^{53}
抽屉	tʂ^{h}əu^{55} t^{h}i^{55}	tʂ^{h}əu^{44} ɕiɑ̃ŋ^{44}

3. 建筑类

表 2–40　建筑类例词表

汉义	普米语	当地汉语
堂屋	t^{h}aŋ^{31} v^{55}	t^{h}ɑo^{31} vu^{44}

续表

汉义	普米语	当地汉语
楼板	ti^{55} pan^{31}	ti^{213} pãn^{53}
石灰	ʂʅ^{31} xue^{55}	ʂʅ^{31} xuei^{44}
砖	tʂuan^{55}	tʂuãn^{44}
瓦	uɑ^{55}	uᴀ^{53}
门槛	mɤn^{31} kʰan^{55}	mə̃n^{31} kʰãn^{53}

4. 果蔬类

表 2-41　果蔬类例词表

汉义	普米语	当地汉语
花生	xua^{55} səŋ^{55}	xuᴀ^{44} sə̃n^{44}
葱	tsʰoŋ^{55}	tsʰõŋ^{44}
姜	tɕiaŋ^{55}	tɕiãŋ^{44}
辣椒	la^{31} tsɿ^{53}	lᴀ^{31} tsɿ^{53}
橙子	xuɑŋ^{31} ko^{55}	xuãŋ^{31} ko^{53}
苹果	pʰiŋ^{31} ko^{55}	pʰĩŋ^{31} ko^{53}
杏子	ɕiŋ^{31} tsɿ^{55}	ɕĩn^{213}
草果	tsʰau^{55} kɔ^{55}	tsʰɑo^{53} ko^{53}

5. 动植物类

表 2-42　动物类例词表

汉义	普米语	当地汉语
兔子	xu^{31} tsɿ^{35}	tʰu^{213} tsɿ^{53}
黄鳝	xuaŋ^{31} ʂan^{35}	xuãŋ^{31} ʂãn^{213}
螺蛳	lɔ^{31} sɿ^{55}	lo^{31} sɿ^{44}
虾	ɕia^{33}	ɕiᴀ^{44}
象	ɕiaŋ^{35}	ɕiãŋ^{213}
虱子	ʂʅ^{55}	se^{31} tsɿ^{53}

6. 动作行为类

表 2–43　动作行为类例词表

汉义	普米语	当地汉语
算	suan^{55}	suãn^{213}
钉	tiŋ^{55}	tin^{44}
点	tiɛn^{55}	tiɛ̃n^{53}
救	tɕəu^{35}	tɕiəu^{213}
刷	ʂuɑ^{31}	ʂuᴀ^{31}
研究	ʑan^{33} tɕəu^{35}	iɛn^{31} tɕiəu^{213}
总结	tsuŋ^{55} tɕiɛ^{31}	tsõŋ^{53} tɕiɛ^{31}

7. 性质状态类

表 2–44　性质状态类例词表

汉义	普米语	当地汉语
性格	ɕiŋ^{55} kɛ^{31}	ɕĩn^{213} ke^{31}
运气好	yn^{55} tɕʰi^{33} ɛ^{55} pʰo^{33} ʑɔ^{33}	yn^{213} tɕʰi^{213} xɑo^{53}
凉快	dʐɑ^{35} liaŋ^{33} kʰuai^{55}	liɑ̃ŋ^{31} kʰuai^{213}
老实	lɑu^{55} ʂʅ^{31}	lɑo^{53} ʂʅ^{31}
高兴	kau^{55} ɕĩ^{31}	kɑo^{44} ɕĩn^{213}
一定	ʑi^{33} tiŋ^{35}	i^{31} tĩn^{213}

8. 量词类

表 2–45　量词类例词表

汉义	普米语	当地汉语
分	fɤn^{33}	fə̃n^{44}
方	faŋ^{35}	fɑ̃ŋ^{44}
两	liaŋ^{55}	liɑ̃ŋ^{53}

续表

汉义	普米语	当地汉语
斤	$tɕi^{35}$	$tɕĩn^{44}$
角	$tɕio^{31}$	$tɕio^{31}$

9. 教育文化类

表 2–46 教育文化类例词表

汉义	普米语	当地汉语
学生	$ɕyɛ^{31}$ $səŋ^{55}$ mu^{55} $nɛ^{31}$	$ɕio^{31}$ $sə̃n^{44}$ $uᴀ^{31}$ $uᴀ^{44}$
教育	$tɕiə^{35}$ y^{31}	$tɕiɑo^{213}$ iu^{31}
考试	k^hau^{33} $ʂʅ^{31}$	$k^hɑo^{53}$ $ʂʅ^{213}$
学校	$ɕyɛ^{31}$ $ɕiɑu^{55}$	$ɕio^{31}ɕiɑo^{213}$
信	$ɕin^{35}$	$ɕĩn^{213}$
歌	$kuɔ^{55}$	ke^{44}
画	t^hu^{33} xua^{35}	$xuᴀ^{213}$

三、普米语外来词的借词方式

前文已论述普米语固有词汇的构词特征，虽然这些词汇特征构成普米语词汇系统的主要部分，笔者也有必要对在词汇中占很大比例的外来词进行特征分析，因为这一工作可以帮助笔者了解不同民族语言之间的影响程度。存在于纳西语和汉语中的外来词融入普米语中，有些词直接音译到普米语中，有些词运用普米语的构词法加上另一个普米语语素构成新词，也有些词采用意译的方式融入普米语中。依次分析如下：

（一）音译式

“任何一种语言在接收外族语言影响时，都要在原来外语词的基础上，再经过一番重新改造和创制的过程。”[①] 因此在民族语言相互影响和互动互融中，未经过任何改变的全借入词比较少，很多词都在原有词基础上进行或多或少的改变。在攀天阁汉语、纳西语、普米语共有的外来词中，其不同点主要体现在声调上。

1. 纳西语外来词

表 2–47　攀天阁纳西语外来词例词表

汉义	普米语	纳西语
梁	ku^{55} lu^{31}	ku^{33} lu^{31}
梯子	lɛ^{33} tɕi^{55}	lɛ^{33} dʑi^{31}
筛子	ʂɑ^{33} lɑ^{35}	ʂɑ^{33} lɑ^{31}
枪	lɑ^{33} tʂ^{h}ua^{55}	lɑ^{31} tʂ^{h}uɑ^{55}
深	xo^{55}	xo^{55}
尖	ku^{55} tɕ^{h}əu^{55}	ku^{55} tɕ^{h}o^{55}
炒	tʂ^{h}o^{33} tʂ^{h}o^{55}	tʂ^{h}u^{33} tʂ^{h}u^{55}

2. 汉语外来词

表 2–48　攀天阁汉语外来词例词表

汉义	普米语	当地汉语
黄鳝	xuaŋ^{31} ʂan^{35}	xuãŋ^{31} ʂãn^{213}
虾	ɕia^{33}	ɕiᴀ^{44}
象	ɕiaŋ^{35}	ɕiãŋ^{213}
麂子	tɕi^{55}	tɕi^{53} tɕi^{53}
葱	ts^{h}oŋ^{55}	ts^{h}oŋ^{44}
姜	tɕiaŋ^{55}	tɕiãŋ^{44}
辣椒	la^{31} tsɿ^{53}	lᴀ^{31} tsɿ^{53}
橙子	xuɑŋ^{31} ko^{55}	xuɑ̃ŋ^{31} ko^{53}
苹果	p^{h}iŋ^{31} ko^{55}	p^{h}ĩŋ^{31} ko^{53}
石灰	ʂɿ^{31} xue^{55}	ʂɿ^{31} xuei^{44}

① 葛本仪：《现代汉语词汇学》，10 页，济南，山东人民出版社，2001。

续表

汉义	普米语	当地汉语
算盘	suan³⁵ pʰan³¹	suãn²¹³ pʰãn³¹
门槛	mən³¹ kʰan⁵⁵	mən³¹ kʰãn⁵³
坟墓	fən³³ ti³⁵	fən³¹ ti²¹³
坎肩	kʰan⁵⁵ tɕian⁵⁵	kʰãn⁵³ tɕiẽn⁴⁴
草果	tsʰau⁵⁵ kɔ⁵⁵	tsʰao⁵³ ko⁵³
锅铲	kɔ³³ tʂʰan⁵⁵	ko⁴⁴ tsʰãn⁵³
火盆	xɔ⁵⁵ pʰən³¹	xo⁵³ pʰə̃n³¹
信	ɕin³⁵	ɕĩn²¹³
性格	ɕiŋ⁵⁵ kɛ³¹	ɕĩn²¹³ ke³¹
日子	ʐʅ³¹ tsɿ³³	ʐʅ³¹ tsɿ⁵³

（二）半借式

在普米语中，半借式构词一半是普米语语素，一半是纳西语语素或汉语语素，即由固有成分和外来成分结合而成。这些外来成分在词汇中既可充当限定成分，也可作主要意义的中心成分，举例如下：

1. 普米语语素和纳西语语素结合

tʂan⁵⁵ ＋ tan⁵⁵ tan³¹ —— tʂan⁵⁵ tan⁵⁵ tan³¹ 黏土

土（普）粘（纳）

pu⁵⁵ ＋ ȵi³¹ —— pu⁵⁵ ȵi³¹ 今天

今（普）天（纳）

lɑ⁵⁵ kʰɑ⁵⁵ ＋ puŋ³¹ —— lɑ⁵⁵ kʰɑ⁵⁵ puŋ³¹ 杨树

杨树（纳） 树（普）

xu³¹ tɑ⁵⁵ ＋ lo⁵⁵ pv³¹ —— xu³¹ tɑ⁵⁵ lo⁵⁵ pv³¹ 额头

额头（普）额头（纳）

dʑi³³ tsʰɛ³¹ ＋ kʰuŋ⁵⁵ —— dʑi³³ tsʰɛ³¹ kʰuŋ⁵⁵ 蓑衣

蓑衣（纳） 衣服（普）

lɯ^{31} ku^{55} ＋ mi^{31} —— lɯ^{31} ku^{55} mi^{31} 船夫

划船（纳） 人（普）

tʂɯ^{55} ＋ k^{h}ε^{55} —— tʂɯ^{55} k^{h}ε^{5} 水渠

水（普）沟（纳）

kɯ^{33} sɯ^{33} ＋ lɑ^{55} kɑ^{31} —— kɯ^{33} sɯ^{33} lɑ^{55} kɑ^{31} 脊椎骨

脊背（纳） 骨头（普）

2. 普米语语素和汉语语素结合

tau^{35} li^{55} ＋ ku^{55} tʂɯ^{31} —— tau^{35} li^{55} ku^{55} tʂɯ^{31} 讲道理

道理（汉）讲（普）

dʐɑ^{35} ＋ liaŋ^{33} k^{h}uai^{55} —— dʐɑ^{35} liaŋ^{33} k^{h}uai^{55} 凉快

很（普）凉快（汉）

kuε^{35} ＋ p^{h}i^{33} tɑi^{35} —— kuε^{35} p^{h}i^{33} tɑi^{35} 马肚带

马（普）皮带（汉）

uε^{55} kuɔ^{33} ＋ mi^{31} —— uε^{55} kuɔ^{33} mi^{31} 外国人

外国（汉） 人（普）

mɑ^{33} ＋ p^{h}iŋ^{35} —— mɑ^{33} p^{h}iŋ^{35} 不平

否定（普）平（汉）

dʐɑ^{35} ＋ p^{h}iŋ^{35} —— dʐɑ^{35} p^{h}iŋ^{35} 平坦

很（普）平（汉）

o^{31} ʂɯ^{35} ＋ ko^{55} —— o^{31} ʂɯ^{35} ko^{55} 过年

年（普） 过（汉）

mian^{31} xuɑ^{55} ＋ tsø^{35} —— mian^{31} xuɑ^{55} tsø^{35} 棉鞋

棉花（汉） 鞋（普）

la^{55} ma^{55} ＋ k^{h}uŋ^{31} —— la^{55} ma^{55} k^{h}uŋ^{31} 袈裟

喇嘛（汉）衣服（普）

（三）意译式

意译式构词就是用普米语自己的词汇成分组成新词，来表示所借用词汇的相同语义。随着新事物不断涌现，与汉族等的接触越来越广，但又为了保持本民族的固有语言，普米族就用固有词来组成新词，以此来扩大词汇系统，这也同时反映了普米族对新事物的认知方式。例词如下：

bɛ^{55} mi^{55} 富人	nɛ^{33} tʂa^{35} ʐuŋ^{35} 英雄
钱　人	你　很厉害
ts^{h}uŋ^{31} pu^{33} mi^{55} 商人	k^{h}va^{55} tɕi^{31} 枕头
做生意　　人	头　　摆（放）
luɛ^{33} tan^{55} 公路	nɛ^{35} so^{33} tu^{35} 计划
路　平	你　商量

四、语言和谐与竞争中的妥协

语言和谐是构建和谐社会的基础，是社会发展的基本条件，是语言自身进步的需要。[①] 在民族杂居区尤其要注重语言和谐。民族杂居区语言之间的共性有利于促进各民族之间的交往交流交融，减少语言隔阂，所以不同语言之间的共性可以说是维持语言和谐的前提条件之一。在当前的生活状态中，普米语与周边民族语言共同构成一个和谐的语言生态圈。不可避免地，其与汉语、纳西语也分享着共同的语言特征。普米语中具有的与汉语、纳西语的相同语素使普米语更易被外人理解，也使普米族在与其他民族人们交际时熟练地进行着语码转换。既没有形成交流障碍，也

---

① 冯广艺：《关于语言和谐的研究》，载《江汉大学学报》（人文科学版），2007（10），30 ~ 34 页。

没有出现语言冲突，顺利地实现并保持着语言的和谐共融。

总之，语言共性与个性的共存有利于民族杂居区维护语言生态平衡，促进语言和谐。

“语言竞争”是指语言功能不同所引起的语言矛盾，属于语言本身功能不同反映出的语言关系。不同的语言共存于一个社会中，相互间普遍存在着竞争的语言关系，可以说，语言竞争是语言关系的产物，是调整“语言协调与社会需要的手段”。[①]所以，使用功能强的语言，语言竞争力就优于其他语言，相反，功能弱的语言，语言竞争力就不及其他语言。影响语言功能的有很多因素，如使用人口、人们的态度、语言政策等。

从不同的使用场合看，相对于当地汉语方言和纳西语，普米语的语言竞争能力较弱。在家庭内部，中年人与老年人交流用普米语，而中年人与青年人交流则用纳西语的居多，且老年人与青年人交谈也用纳西语，这就说明，大多数青年人已经习得纳西语，纳西语的掌握情况要优于普米语。在与其他民族群众交流时，普米族很少甚至不会用普米语。如与汉族交谈用当地汉语方言，与纳西族交谈使用纳西语；至于其他场合如学校教育、乡镇会议、电视广播则不会用普米语。因此，攀天阁普米语与汉语、纳西语相比，处于使用上的弱势。

不同场合的需求也影响了语言传承。虽然在家庭内部，家中孩子在上学之前向父辈学习普米语，但是在接受学校教育之后，随着与学校老师、同学的交流逐渐增多，普米族学生逐渐放弃自己的母语转而学会汉语、纳西语。再回到家庭，由于孩子们的普米语使用能力慢慢减弱，长辈用纳西语与晚辈交流，而实际上当孩子不在家时，长辈之间仍然用普米语。

在迪姑村，普米族占绝大多数。村子周围的其他村庄如糯各洛村、皆菊村，纳西族或汉族人口较多，而距离较远的村庄如拖洛村、

① 戴庆厦：《语言竞争与语言和谐》，载《语言教学与研究》，2006（2），1～6页。

介子马村，傈僳族人口较多。据笔者调查，现在，迪姑村普米语的使用情况逐渐下滑。村中只有老年人、中年人对普米语较熟练掌握，而青年人大都已转用汉语或纳西语。另外，根据上文分析，普米语语音系统中，鼻化元音逐渐向鼻韵尾转化，浊辅音向清辅音转化，且 f 音位作为汉语的标志也逐渐固定于这一语言中。种种现象表明，处在民族杂居区的单一民族聚居区，攀天阁普米语处于濒危状态。

周国炎教授在《仡佬族母语生态研究》一书中将仡佬族母语的生态状况分为 A、B、C 三个级别，并对这三个级别进行了界定，然后绘出了对比图示[①]：

（1）A 级生态：多文化并存，多语现象，生态系统相对平衡。

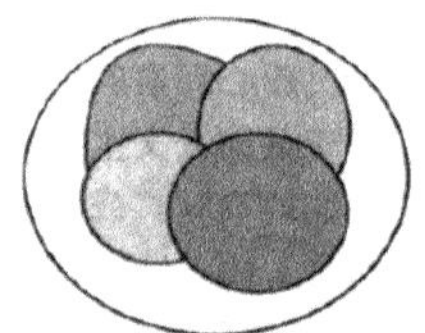

（2）B 级生态，多文化并存，生态体系出现平衡破缺。

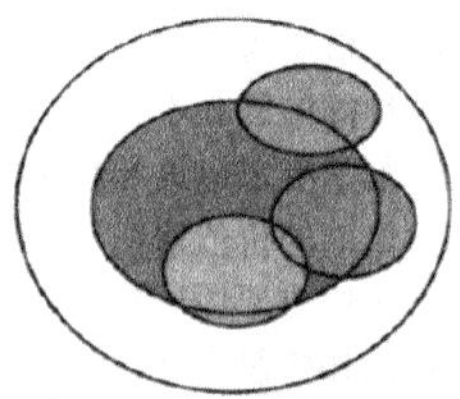

（3）C 级生态，多种文化包容于单一文化之中，生态系统严重失衡。

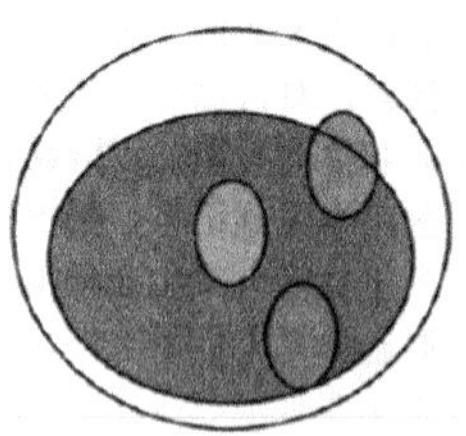

图 2-2 仡佬族母语生态状况分级图

① 周国炎：《仡佬族母语生态研究》，192 页，北京，民族出版社，2004。

A、B、C级分别体现了不同生态文化系统中语言文化的保存状态。这样的生态分级同样也适用于其他语言。处于A级状态的例子有很多，例如：盐源县的彝、蒙古、藏等少数民族，除了稳定使用自己的母语外，还能兼用汉语或其他少数民族的语言。部分汉族也能兼用少数民族语言。不同民族互相兼用语言，形成了多语并用、和谐互补的语言环境，[①]即多种语言文化共存于同一个平衡的生态系统中。对于C级生态来说，一般见于部分少数民族地区尤其是城市周边的少数民族聚居区。例如昆明市周边的彝族，老年人中会说彝语的就很少，更别说青年一代，风俗习惯也接近汉族。[②]

根据该书界定，笔者认为攀天阁普米语生态级别属于B级，即在特定范围内，母语的交际范围限于家庭内部或所在区域内部分本族成员之间，本民族传统文化得到一定程度的保存，但受汉族等周边民族文化的影响程度较深。针对各个级别的不同情况，该书也做出了不同的发展趋势预测。对于B级生态状况，周教授认为："语言已处于濒危状态，其消亡时间是可以预见的。"[③]

总之，在不同文化的影响下，普米族村寨的语言使用状况已呈现出"母语型人群极度萎缩，兼用型人群稳定发展，转用型人群大幅增加"的局面。一方面，普米族需要接受新事物、新文化，以与周边民族更便利地交往；另一方面，普米族文化在其他文化的冲击下无法自我调节和适应，最终普米语的发展趋势只能是在多重文化和语言的影响下消失，但族群语言意识的觉醒或许会缓解这种状态。

从语言内部原因看，普米语属于藏缅语族羌语支，分为南北2个方言、7个方言土语，方言之间差别较大，互相通话有一定

① 乔翔、余金枝：《论四川省盐源县各民族的语言和谐》，载《中央民族大学学报》（哲学社会科学版），2010（6），89～94页。

② 李兰兰、汪岚：《城市扩大背景下石咀彝村语言变迁研究》，载《学术理论与探索》，2013（3）。

③ 周国炎：《仡佬族母语生态研究》，196页，北京，民族出版社，2004。

困难，同一个方言在语音和词汇方面也有差别。[①] 羌语支语言在某些方面较多地保留了藏缅语族的早期面貌，比藏缅语族其他语言相对发展得要缓慢一些，在语音上有一些共有的特点。比如：羌语支语言都有复辅音；羌语支语言的单辅音是藏缅语族中最复杂的，并且单元音普遍多于藏缅语族中的其他语言等。[②] 这些特点都说明羌语支语言的语言系统较其他藏缅语族语言复杂。迪姑村普米语也不例外，通过对比可知，辅音方面，普米语有 51 个辅音，而汉语、纳西语分别有 23 个和 39 个，并且笔者等人现在所记的普米语有少量复辅音残留，这就说明之前同其他方言土语一样，普米语也有一套复辅音。语法系统更为复杂，前文已经说明，这里不再赘述。

复杂的语言系统必然对语言传承和语言交流造成障碍。就结构而言，语言之间是平等的，没有优劣之分，但语言结构之间的简单和复杂又是客观存在的。[③] 首先，就本民族来讲，学习普米语要难于学习其他语言，并且普米语只在家庭内部通用，对子女上学、外出务工等实际帮助意义不大。其次，就外族人而言，已会讲其民族语言，没必要再学另外一种语言。其他民族群众普遍反映普米族讲话听不懂，普米语太难学。这样明显的语言困难也打消了其他民族学习普米语的积极性。

本民族传承不佳，其他民族又不太可能学习普米语。内外压力下，普米族群众只能学会其他民族语言，才能与外界实现正常的语言交流。可见一个民族的语言系统会影响甚至制约语言功能的实现。

大的生态圈内，民族接触过程中就会产生文化间的相互影

① 陆绍尊：《普米语方言研究》，3 页，北京，民族出版社，2001。

② 孙宏开：《论藏缅语族中的羌语支语言》，载 *Language and Linguistics*，2001（2），157 ~ 181 页。

③ 周国炎：《仡佬族母语生态研究》，188 页，北京，民族出版社，2004。

响或碰撞。在这样的背景下，一个民族效仿学习另一个民族多数群体也是理所当然的。在攀天阁乡的普米族，从地理上讲，周边都是其他民族。在文化上，本民族文化的观念已逐渐淡薄。比如普米语特有的节日是吾昔节，但现在人们只庆祝春节。调查过程中，问及发音人及其邻居，有的已不能确定吾昔节具体是哪一天。另外，普米族也过彝族的火把节。值得注意的是，如果有人家里办喜事，大家晚上会围在篝火旁唱歌、跳舞。但舞蹈和歌曲多属于纳西族，普米族舞蹈只有村里参加表演比赛的少数人会跳。而普米语歌曲也只有中年人会唱，青年人现在没有特意学过普米语歌曲，只会唱汉语歌曲。

在语言文字方面，上文已经详细介绍了普米语语音词汇系统，这里重点讨论普米族的语言态度。戴庆厦教授在《论普米族的语言观念》一文中讲道："语言观念又称语言观或语言态度，是人们对某一具体语言的看法，是对这一语言的价值的认识和估价。"[①] 文化的变迁必然会影响人们的语言态度。迪姑村的普米族对普米语持保守态度。既希望本族人掌握普米语，提升民族骄傲和自豪感，又觉得学会普米语的实际意义比不上掌握汉语和纳西语。所以，为了下一代的未来发展，他们还是希望青年人说好汉语，并对外出上学或务工者丢失普米语或纳西语持开放接受态度。这样的保守语言观念及对汉语的重视显然不利于普米语的保护。再者，普米族没有文字，文化基础薄弱，这在一定程度上也不利于文化传承。

普米族语言和文化都深受汉族和纳西族影响，而普米族对这种现象抱有积极乐观的心态，更从另一方面加大了普米语接纳其他民族语言的可能性。而普米族的语言使用情况也由普米语单语使用到纳西语、普米语双语共存，最后到纳西语、汉语转变。

攀天阁所在的维西傈僳族自治县自元代至民国前期就一直

① 戴庆厦、陈卫东：《论普米族的语言观念》，载《云南民族学院学报》（社会科学版），1993（4），68～71页。

处于纳西土司的统治之下。在元代由土酋掌管县事。明代中后期，丽江木氏土知府委任其麾下弁目到县境各地作管军，纳西语称“莫寡”。清雍正五年（1727 年）改土归流之后，朝廷先后于旧头目中封赠了一批世袭土职，以之管理基层政权。沿至民国年间，土司势力衰微，但其制度依然保留。据清代余庆远《维西闻见录》记载：“巴苴，又名西番，亦无姓氏。元世祖取滇，渡自其宗，随从中流亡至此者，不知其为蒙古何部落也。”宋宝祐元年（1253 年）蒙古军进攻大理国时，一部分西番族头人和木里王子投靠忽必烈大军，随后留守在永宁、丽江及金沙江的各处要隘；而另一部分居住在雅砻江上游一带的“西番”则中途加入兀良合台率领的蒙古军队，越过旦当岭，渡自其宗而入维西。[①] 攀天阁普米族在元初迁入维西，此时正值纳西土司扩充其势力之际。据《维西傈僳族自治县志》所载，县内几家主要的土司只有一位是藏族，其余皆为纳西族。

普米族在纳西土司统治的几百年间，不得不学会纳西语从而进行沟通交流，维持日常的生产生活。了解了当地普米族和纳西族的历史来源，再观察普米村纳西语的通行程度也不足为奇了。

一个民族转用或兼用另一种语言往往会出于生活需求即经济需求。传统社会中，一个民族如果能够依靠自然资源自给自足，不用担心生存状况，大多不会主动跟外界有过多联系。现代社会，人口增多，自然资源逐渐变少，人们对生活质量的要求提高，不再只满足于单纯的温饱，特别是对子女教育的支持、对现代科技的需求、对城市的好奇等都促使人们与外界开展更多的交流。

攀天阁乡海拔最高 3768 米、最低 1700 米，是世界高海拔产稻区之一，特色水稻是“老黑谷”，县乡政府都很重视特色水稻产业的发展。迪姑村是黑谷水稻产区之一。每年都会有外地人

① 《普米族简史》编写组编写：《普米族简史》，修订本，12 ~ 17 页，北京，民族出版社，2009。

来收购黑谷水稻，村里也会组织各家各户销售水稻，只留下很少一部分供自家食用。渐渐地，水稻销量增多，也带动了当地旅游业的发展。有些游客专门来到迪姑村体验当地风俗、品尝地方美食。这样的变化驱使人们在更多的场合讲汉语。

在一定的区域内，不同语言的通行和使用程度往往同语言群体成员的人口数量有密切的关系。使用人数多的语言容易获得较强的使用功能；使用人数少的语言，由于使用人口和通行区域的局限性，其使用程度往往受到限制。①因此，通常情况下，人口越多的民族，语言地位越高，语言使用范围越广，对语言的保存越完善，呈现出良性循环；而人口少的民族，语言地位相对较低，语言也难以推广。

从维西县人口比例来看，2022 年末，普米族只占全县人口的 1.2%，而傈僳族和纳西族则各占 58% 和 12%。普米族在攀天阁乡的人口比例是 3%，傈僳族、纳西族、汉族分别占 55%、15%、21%。普米族人口数量较少，也导致普米语难以推广，其使用场合只能限于村中和家庭内部。

然而，随着族际通婚情况的增多，在家庭内部，民族成份不再单一，两个或三个以上的民族占多数。在迪姑村，如果家庭内嫁入其他民族媳妇，并不会要求她们学会普米语，因为普米族深知他们的语言较复杂，因而会折中自己的语言，通常采用双方共同熟知的纳西语或汉族方言进行交流。所以，族际通婚使得家庭内部的人口民族成份由单一民族向多民族转变，是语言深度接触的关键因素。②笔者整理的迪姑村 30 个家庭民族成份统计表可以清晰地反映出这种情况，见表 2-49：

① 徐世璇：《语言濒危原因探析——兼论语言转用的多种因素》，载《民族研究》，2002（4），56 ~ 64 页。

② 刘青：《云南山区多民族杂居村落的语言接触》，载《昆明学院学报》，2012（4），81 ~ 85 页。

表 2-49　迪姑村 30 个家庭的民族成份统计表

编号	家庭人口（人）	民族成份	民族数量（个）
1	4	汉、普米	2
2	2	普米	1
3	4	汉、普米	2
4	5	普米、纳西	2
5	4	汉、普米	2
6	5	普米	1
7	4	普米、纳西	2
8	4	普米、纳西	2
9	4	汉、普米	2
10	5	普米	1
11	4	普米	1
12	1	普米	1
13	4	普米	1
14	4	普米、纳西	2
15	3	普米	1
16	7	汉、普米	2
17	4	汉、普米、纳西	3
18	4	普米	1
19	3	汉	1
20	2	普米	1
21	4	普米、纳西	2
22	4	普米	1
23	4	普米	1
24	5	普米	1
25	4	普米	1
26	4	汉、纳西	2
27	5	普米	1

续表

编号	家庭人口（人）	民族成份	民族数量（个）
28	6	汉、纳西	2
29	4	普米、藏	2
30	4	汉、普米	2

由表 2-49 可知，家庭民族成份是普米族单一民族的有 15 户，含有两个或两个以上民族的有 15 户。这也意味着族际通婚打破了语言的完整保存。

第三章 语言底层与文化互动

语言底层指当一个民族的语言被另一个民族的语言所取代以后，原有的语言与文化因素就有可能保留下来作为底层成分。就语言来说，底层成分和借用成分都是由一个体系渗入另一个体系的成分，但底层成分更深入、更隐蔽，对语言的研究意义更大。底层语言与文化的产生必然有民族互动作为前提，也就是语言已转用的民族与使用其语言的民族一定是在一个地区生活，这种概念正符合多民族杂居区的生活现状。但随着底层理论与中国境内语言结合研究的深入，疑点和困惑也随之增多。因此，本章将以理论研究为基础，呈现大量田野调查资料，以求方家指正或作为进一步研究的依据。

第一节 远古部落与黑白族群

围绕以黑白色命名民族及颜色崇尚问题，学界曾经有过一段激烈的争论，争论焦点是诺苏、聂苏、纳西、怒苏等族称中的“诺、聂、纳西、怒”等是否为“黑”义。学者们引证广博而翔实，各抒己见，读之受益颇多。值得注意的是，争论各方都有悬而未解的难题：戴庆厦先生认为“诺”并非“黑”义，只是“我们的研究到现在还未能解释‘诺’的其他意思。因而只能认为

‘诺’就是族名，不是形容词‘黑’义，它是否有含义，是什么意思我们还有待进一步探讨”[①]。李永燧先生认为“诺苏人以黑为本族标志”，“但诺苏人是否尚黑，为何尚黑和如何尚黑，还需研究”。[②]前辈们客观坦诚的为学态度令笔者敬服，同时也为笔者提供了进一步思考的契机。笔者认为，前人的讨论忽视了与黑白族群相关的远古文化史料，也较少注意到各民族文献材料之间的关联。这里试从这两个方面加以补证，以求扩展视野，寻源溯流，或可为民族语言的研究提供一定启示。

黑白族群是一个引人关注的有趣话题，更重要的是，这个切入点可以帮助笔者对底层语言和文化的底层结构有一个更深层次的理解。

论及黑白族群，笔者首先想到的是五色帝部落以及部落的兼并及流徙等问题。五帝的传说由来已久，甲骨卜辞中有“帝五臣”的记载，可与传说中的五色帝相印证，如：

……桒侑于帝五臣，有大雨。(《合》30391)[③]

王有岁于帝五臣正，惟无雨。(《合》30391)

庚午贞，秋大𩀅……于帝五玉臣血……在祖乙宗卜。兹用。(《合》34148)

癸酉贞，帝五玉臣其三百四十宰。(《合》34149)

贞，其宁秋于帝五丰臣于曰，告。(《屯》930)[④]

陈梦家先生以为，卜辞的帝五臣和《左传·昭公十七年》所

① 戴庆厦、胡素华：《再论“诺苏”非“黑族”义》，载《中央民族大学学报》，1995(2)，71～74页。

② 李永燧：《再说诺苏——有感于戴等〈质疑〉》，载《中央民族大学学报》，1995(2)，75～79页。

③ 此号码为《甲骨文合集》片号。

④ 此号码为《小屯南地甲骨》片号。

述郯子一段有关。郯子曰："我高祖少皞挚之立也，凤鸟适至，故纪于鸟，为鸟师而鸟名。凤鸟氏，历正也……五雉为五工正。"五雉为五工正，发展而为《左传·昭公二十九年》晋大使蔡墨所说的五行之官。[①]四方、五官、五行是彼此相关的概念，这里的帝五臣应该与五色帝有关，是人间的帝王死后升天成为上帝的辅弼者。

《周礼·天官冢宰第一·大宰》："祀五帝，则掌百官之誓戒，与其具修。"明确表明大宰的职责之一就是祭祀五帝，掌管告诫百官（不要失礼），以及具备祭祀用品并把祭祀场所打扫干净。"五帝"谓五方帝，又称五色帝。因五帝分主天之东南西北中五方，故称五方帝。按照五行观念，五方又分别与青白赤黑黄五色相配，故五方帝又称五色帝。综合以上二称，五帝是指东方青（苍）帝，西方白帝，南方赤帝，北方黑帝，中央黄帝。[②]又《周礼·秋官司寇第五·小司寇》："凡禋祀五帝，实镬水。"即凡用禋祀祭祀五帝，负责给镬中添水。[③]其中唯"禋"字难解，《说文禋祀·示部》："禋，洁祀也。一曰精意以享为禋。"但何为"洁祀"，还是不得而知。据《古经解钩沉》卷十四《礼记·祭法》"埋少牢于秦昭祭时也"引《山堂考索前集》三十五引《义宗》云："禋有三义：一者烟，洁也，精也。燔柴升烟于天，以气闻达；洁取净洁以表无秽之理；精者，取祭者精懃之意。"又《周礼·春官·大宗伯》"以禋祀昊天五帝"，郑玄注云："禋之言烟；周人尚臭，禋，气之臭闻者。"孙诒让正义云："禋、烟声类同，故升烟以祭谓之禋祀。"《书·尧典》"禋于六宗"，刘逢禄今古文集解引段云："禋，魏碑作烟，梁时作垔，或作堙。书大传作湮。"[④]就是说所谓"洁祭"就是不用牺牲的祭祀，即"燔柴升烟"之

① 陈梦家：《殷虚卜辞综述》，572页，北京，中华书局，1988。

② 杨天宇：《周礼译注》，28页，上海，上海古籍出版社，2004。

③ 杨天宇：《周礼译注》，516页，上海，上海古籍出版社，2004。

④ 宗福邦、陈世铙、萧海波主编：《故训汇纂》，1609页，北京，商务印书馆，2003。

祭，这是对天神的祭祀之仪，也就是后世拜佛所用之香的起源。从田野调查可知，燔柴所用之柴是松柏类有香气的树木，维西玛丽玛萨人祭神和丧葬仪式所用之香就是松枝，当地人把柏树干叫作香；甘南与川西高山峡谷区的藏族用的香也是松枝。

五帝的名单在不同文献中略有出入。《左传·昭公十七年》："郯子曰：……昔者黄帝氏以云纪，故为云师而云名；炎帝氏以火纪，故为火师而火名；共工氏以水纪，故为水师而水名；太皞氏以龙纪，故为龙师而龙名。我高祖少皞挚之立也，凤鸟适至，故纪于鸟，为鸟师而鸟名。"五帝即黄帝、炎帝、共工、太皞、少皞。

《淮南子·时则训》记载的"五位"是："东方之极，自碣石山过朝鲜，贯大人之国，东至日出之次，榑木之地，青土树木之野，太皞、句芒之所司者，万二千里。""南方之极，自北户孙之外，贯颛顼之国，南至委火炎风之野，赤帝、祝融之所司者，万二千里。""中央之极，自昆仑东绝两恒山，日月之所道，江汉之所出，众民之野，五谷之所宜，龙门、河济相贯，以息壤湮洪水之州，东至于碣石，黄帝、后土之所司者，万二千里。""西方之极，自昆仑绝流沙、沈羽，西至三危之国，石城金室，饮气之民，不死之野，少皞、蓐收之所司者，万二千里。""北方之极，自九泽穷夏晦之极，北至令正之谷，有冻寒积冰、雪雹霜霰、漂润群水之野，颛顼、玄冥之所司者，万二千里。"这里明确指出五帝亦即五色帝，是五方的主宰：东方为太皞和句芒；南方为赤帝和祝融；中央为黄帝和后土；西方为少皞和蓐收；北方为颛顼和玄冥。

根据我国古代传说，大约在四五千年前，黄河流域、长江流域曾居住着许多部落和部落联盟。黄帝、炎帝等华夏部落居于黄河上游、中游，太皞、少皞等东夷部落居于黄河下游，南方的长江中游是苗蛮部落的根据地。这些部落之间有时和平共处，有时又不断发生战争。[1] 银雀山简《孙子》佚文云：

① 王玉哲：《中华远古史》，128页，上海，上海人民出版社，2004。

〔黄帝南伐〕赤帝战于反山（阪泉）

东伐〔青〕帝至于襄平，战于平□

北伐黑帝……至于武遂

西伐白帝，至于武刚。已胜四帝，大有天下，……天下四面归之

饶宗颐先生以为，这里言及黄帝平四方之帝，则似先有五色帝，继乃有炎、黄之争。饶先生接着引证大量材料，证明由五色帝简化为炎黄二帝，形成古史的二分法。① 笔者赞成饶先生的说法，并认为，五色帝是五个既彼此独立又紧密联系的部落联盟，其时代当在新时期时代的末期，与藏缅语跟汉语分化的时间大致相当。根据考古学研究成果，“中国新石器时代的末期，是由多元文化发展到以中原为中心的文化发展的关键时期，也是我国传统史学中传说时代的主体的时间范围……文化交流频繁是这时期的又一特点。如在中原地区、江汉地区发现了海岱地区大汶口文化晚期的遗存和太湖地区良渚文化的遗存，岭南地区也发现了良渚文化的遗存，在江汉地区、江淮东部地区及太湖地区发现了中原地区的文化遗存等。这种考古学上的文化交流现象，可能隐含着战争、迁移、联姻等社会集团活动的背景”②。这与五色帝的时代背景完全相符。生物遗传学的研究成果，也为族群间的联盟与融合提供了很好的证明。赵永斌博士曾对青海陶家寨东汉魏晋时期古代人群的线粒体 DNA 进行研究，认为陶家寨古代人群与现代北方汉族及藏缅人群具有较近的遗传关系。由于古代氐羌人群是藏缅语人群的主要母系来源之一，陶家寨又地处古代氐羌人

① 饶宗颐：《古史的二元说》，载《首都师范大学学报》（社会科学版），1999（4），18 ~ 23 页。

② 刘庆柱主编：《中国考古发现与研究（1949—2009）》，191 页，北京，人民出版社，2010。

群聚居地，该墓葬群属于同时期的汉文化，由此推测古代氐羌人群是汉族人群的一个母系基因贡献者。[①]董永利、杨智丽等对云南 18 个民族 Y 染色体双等位基因单倍型频率的主成分进行分析，认为世居云南的 18 个少数民族是由“羌”“濮”“越”3 大部落群体演化而来。藏缅语族群中只有土家族没有检测到 H9 的分布，通过 Y-STR 分子钟研究，认为这种分布是汉族和藏缅语族群在大约 5000—6000 年分开时导致的。[②]

五色帝的记载在古彝文文献中也零星可见。公元前 27 世纪至前 11 世纪，彝文古籍称为坤阴运年时代。据彝文古籍《坤阴运年史》记载，彝汉祖先是同源的，到公元前 2600 年左右，这个族群分为南、北二国，南国世系发展为彝族，北国世系建立了夏朝。[③]依照王士元先生测定，汉语与藏缅语的分化时间是约 6000 年前，Peyros 和 Starostin 提出的分化时间为 5000—6000 年前，[④]这与彝文的记载是如此的相符！正是在这个时代，人们以颜色来标志族群，据《六祖立国》说，尼苦姆之女苦姆舍楚，生道赤叩和道弭诺，道赤叩继国君位。道弭诺是六祖侯王的“荣根”。道弭诺建水星国，封九州九侯。其中三候绾青髻，披青甲，操青矛；三候绾红髻，披红甲，操红矛；三候绾黄髻，披黄甲，操黄矛。九侯各自治理自己的国家，教化臣民，传承奉祀。

赤阿索时，祖灵神像放在大岩洞里，祖灵的装饰很讲究，《弭诺赤氏族史》记载：“一对重青色装，一双重赤色饰，两个重黄色扮，一个重白色服，皆椎髻。”

---

① 赵永斌：《中国汉族北方母系起源的遗传学初探》，长春，吉林大学博士学位论文，2011。

② 董永利、杨智丽、石宏等：《云南 18 个民族 Y 染色体双等位基因单倍型频率的主成分分析》，载《遗传学报》，2004（10），1030 ~ 1036 页。

③ 王天玺、张鑫昌主编：《中国彝族通史》（第一卷），56 页，昆明，云南人民出版社，2012。

④ 王士元：《王士元语言学论文集》，64 页，北京，商务印书馆，2002。

据彝文古籍《新年节》记载，腊月三十日为元气告终而新年接替，称为“过年”。人们就餐前先在大门口和神龛前打醋炭驱邪，然后再行陈列供品，边奠献酒肉饭，边念天星地神和故祖名奉请至位同享盛宴。所奉请的神灵有天父弭古鲁、地母弥阿娜、天道策举主、地道恒堵府、东方青帝沽色尼弭主、南方赤帝诺色能弥府、西方白帝布色哪弭勾、北方黑帝额色吐弭塔、中央黄帝索舍乌构佐、寿神额偶吐等数以百计的福禄星神和自家的直系血亲先祖。[①]

上述事件，《中国彝族通史》全部放在坤阴运年时代，所依据的是彝族先民的八卦术数进制历法，较为可信。关键的是，彝文古籍的记载与汉古文献、出土文献以及遗传学、考古学的研究成果全都相符，五帝的时代应该是无疑了。

第二节　黑、白文化的互渗

黄帝与赤帝（炎帝）部落是古代传说中的两个北方部落，两者长期通婚，最后以战争而彻底融合；东方的青帝部落较早为炎黄联盟所灭，融入华夏民族；属于氐羌民族的黑、白部落虽历代为中原势力所攻伐，大部分融入中原民族，余部却顽强地繁衍生息，延续至今。从历代文献记载和考古文化研究中还可以看到黑、白部落的痕迹。陆耀遹《金石续编》记有蒲城苻秦时华山郑能进修鄧艾祠碑：“统和宁戎鄜城、洛川定阳五部，领屠各、上郡、夫（膚）施、黑羌、白羌、高凉西羌、盧水、白盧、支胡、

① 王天玺、张鑫昌主编：《中国彝族通史》（第一卷），57页、63页，昆明，云南人民出版社，2012。

栗特、甘水、杂户七千、夷类十二种。”[①]黑羌、白羌应该就是后来自称“黑”“白”的氐羌民族。今甘肃省灵台县之白草坡有黑河，1967年出土西周早期墓葬大量铜器和玉器300余件，其中就有“黑伯”铭文铜器。[②]“黑伯”即黑部落之首领，可见黑部落在西周时期尚存。

当今藏缅语群体支系繁多，得名的原因多种多样，其中有“黑”和“白”两个体系：诺苏、怒苏、纳西、纳木义等属“黑”的方面，普米、尔苏、吕苏等属“白”的方面，这是氐羌后裔较古的分支。[③]古文献一向氐羌并称，似可说明氐羌即“白”“黑”部族自五帝后的他称。黑白族群自古比邻而居，族源相类，地望相近，族群接触频繁。

蜀为氐羌民族南迁的必经之地。古蜀国亦祭五色帝，东晋常璩《华阳国志·蜀志》载：“九世有开明帝，始立宗庙。以酒曰醴，乐曰荆。人尚赤。帝称王。时蜀有五丁力士，能移山，举万钧。每王薨，辄立大石，长三丈，重千钧，为墓志。今石笋是也。号曰笋里。未有谥列，但以五色为主。故其庙称青赤黄白黑帝也。开明王自梦廓移，乃徙治成都。”开明九世是蜀国的极盛时期。开明氏王蜀凡十二世，此见于《华阳国志》诸文献。公元前316年，秦兵入蜀，一举覆灭开明王朝。[④]这段材料值得注意，说明祀五帝绝非自秦始。

蜀国与中原王朝有密切的渊源，《华阳国志·蜀志》云：“蜀

---

① ［清］陆耀遹：《金石续编》卷一，《续修四库全书》影印清同治十三年（1874年）毗陵陆氏双白燕堂刻本，3019页。

② 饶宗颐：《殷周金文卜辞所见夷方西北地理考——子氏妇好在西北西南活动之史迹》，见燕京研究院编：《燕京学报》（新二十二期），3页，北京，北京大学出版社，2007。

③ 李永燧：《再说诺苏——有感于戴等〈质疑〉》，载《中央民族大学学报》，1995（2），75～79页。

④ 罗开玉：《蜀王开明九世改革初论》，载《四川师范大学学报》（社会科学版），1992（6），84～90页。

之为国，肇于人皇，与巴同囿。至黄帝，为其子昌意娶蜀山氏之女，生子高阳，是为帝喾。封其支庶于蜀，世为侯伯。历夏、商、周。武王伐纣，蜀与焉。其地东接于巴，南接于越，北与秦分，西奄峨嶓。地称天府，原曰华阳。"蜀与中原王朝同源，同祭五色帝自然不足为怪。但值得注意的是，秦祀只有四帝，唯缺黑帝。《史记·孝武本纪》："上初至雍，郊见五畤。"张守节正义："畤音止。《括地志》云：汉五帝畤，在岐州雍县南。孟康云：畤者，神灵所止。……先是秦文公作鄜畤，祭白帝；秦宣公作密畤，祭青帝；秦灵公作吴阳上畤，祭黄帝；下畤，祭赤帝。汉高祖作北畤，祭黑帝。是五畤也。"秦灭开明王朝在秦惠文王时期，离公元前 221 年秦始皇建立秦王朝还有 100 多年。秦独不祭黑帝是否源于与蜀的纠纷，笔者不得而知。可以肯定的是，《华阳国志》虽然说蜀人尚赤，但黑帝族曾为蜀人的一部分却是可以肯定的。据《彝族史要》："《水经注·若水》：'若水出蜀郡旄牛徼外。'这个若水属较晚近的概念，指今雅砻江。'若'古读为'诺'，彝语'黑'之意。诺矣江（雅砻江）、泸水（金沙江、大渡河）、兰仓津（澜沧江）等几条大江，皆有黑水之意。都是因古代尚黑的彝族先民曾居住在旄牛徼外这几条江而得名。"[①] 居于旄牛徼外的彝族先民，"从汉籍记载看，应为居于蜀山的蜀人。起初，蜀人并不居于成都平原而是居于蜀山，盖蜀人之称因居蜀山为名也"[②]。又据《蜀志》，蜀王欲伐苴，"苴侯奔巴。巴为求救于秦。秦惠王方欲谋楚，与群臣议曰：'夫蜀，西僻之国，戎狄为邻，不如伐楚'"。蜀国统治者虽然与中原王朝有血缘关系，但其地位于今藏彝走廊，应是一个藏缅语族先民众多的国家。《蜀志》说蜀人尚赤，疑开明帝之时正是东周列国时期，据《礼记·檀弓》"夏后氏尚黑，殷人尚白，周人尚赤"，可知蜀人尚赤或与周有

① 易谋远：《彝族史要》，119 页，北京，社会科学文献出版社，2007。

② 易谋远：《彝族史要》，119 页，北京，社会科学文献出版社，2007。

关，但蜀境之内众多百姓未必都如此，尤其族称不会随意改变，正如斯大林所说："语言有巨大的稳定性和对强迫同化的极大抵抗力。"[①]三星堆考古文化研究，为古蜀国民族的多元性提供了佐证：李绍明先生根据三星堆的考古发现结合古文献及民族学资料，探究三星堆文化及古蜀文明中所反映出的种族与民族的关系，认为古氐羌系的民族与古濮越系的民族是创造三星堆文化的两个重要族群。[②]巴且日火先生提出，三星堆出土的青铜面具等文物，其主体文化象征与彝族先民文化有许多相似之处，认为三星堆文明与早期彝族先民有着渊源关系。[③]赵洋先生指出，岷江上游羌族巫师释比，传承着原始古老的大型祭祀"刮白尔"，其中最重要和最多用的是神树。羌族释比的神树与三星堆神树，在不少方面很相似。[④]任乃强先生以为，卜辞中有大量加系的字，"窃以为那是表示的卖丝的羌人。蚕丝是羌族所居温暖的河谷才能生产的，岷江上游河谷生产得最早。那些河谷地区的人，中原古代把他称作'氐人'。故从羌加系的字，实际是指的'氐人'，即羌族入居温暖河谷经营农蚕业的人"[⑤]。这些材料足以说明，氐羌支系的"黑""白"部族在古蜀国仍是毗邻而居，族群互动频繁。

纳西族是自称为"黑"的民族，然而纳西文化中明显有尚白恶黑的风俗，"纳"在东巴文中除"大"的意思外，更多的是"黑、毒、苦"等贬义。《董术战争》描写的是黑、白部落之间残酷争战。一开始，两个部落和平相处："最早，神出现长寿，鬼

① 中共中央马克思恩格斯列宁斯大林著作编译局编：《斯大林选集》(下卷)，517页，北京，人民出版社，1979。

② 李绍明：《三星堆文化与种族民族》，载《贵州民族研究》，2000(2)，64～68页。

③ 巴且日火：《论三星堆文明与彝族先民的渊源关系》，载《中华文化论坛》，2005(1)，136～142页。

④ 赵洋：《三星堆神树与岷江上游羌族释比神树的比较》，载《中华文化论坛》，2005(2)，12～14页。

⑤ [晋]常璩撰，任乃强校注：《华阳国志校补图注》，223页，上海，上海古籍出版社，1987。

也出现长寿的时候；董部族出现长寿，术部族也出现长寿的时候；董部族和术部族，还没有出现争执的时候；还没有出现战争和残杀的时候。”① 这正是早期远古部落之间的关系，然而这种和平很快被利益和贪欲所打破，“白色的神海里，长出一棵细如头发丝的神树。这棵奇异的神树，生长在神地与鬼域之间。想要争得这棵神树，神和鬼都来窥探它，董部族和术部族也都来窥探它。夜半三更里，术部族的头目商量要砍伐它；清晨，董部族的头目商量要培育它。这棵神奇的树，开着金花和银花、结着松石宝石果，为了得到这棵神树，董部族也来看守它，术部族也来看守它……董部族和术部族之间，开始了争花夺树的斗争，由此而出现了争执，出现了械斗和战火，出现了战亡和死后举行超度仪式，开始了部族之间战争的历史”②。这时以神话的形式再现的远古史、五帝部落的历史，正是沿着这种时序在发展。然而战争的结果却是黑部族被屠杀，白部族取胜：“美利董主割下仇人家的牦牛角，做胜利的号角；掏出仇人的心脏，供养胜利神；取出仇人的鲜血，为胜利神除秽。”③ 这种文化自身的激烈冲突，来源于尚白的苯教文化的影响。据《纳西族史》，东巴教产生于唐代吐蕃统治纳西族地区的时期，④“白”胜“黑”的故事是东巴经对苯教经典的移植，和建华《东巴教与苯教“卵生说”比较》、陶占琦《从神话经典及其所涉文化因素看东巴教与古苯教的关系》⑤、白庚胜《〈黑

① 云南省少数民族古籍整理规划办公室编:《纳西东巴古籍译著》(三)，11 ~ 14 页，昆明，云南民族出版社，1989。

② 云南省少数民族古籍整理规划办公室编:《纳西东巴古籍译著》(三)，11 ~ 14 页，昆明，云南民族出版社，1989。

③ 云南省少数民族古籍整理规划办公室编:《纳西东巴古籍译著》(三)，104 页，昆明，云南民族出版社，1989。

④ 郭大烈、和志武:《纳西族史》，223 页，成都，四川民族出版社，1999。

⑤ 引自才让太主编:《苯教研究论文选集》，725 ~ 737 页，北京，中国藏学出版社，2011。

白之战〉象征意义辨》[①]等文章已经有过详细研究，在此不再赘述。但纳西族文化中仍然不乏尚黑的底层，白庚胜先生曾经指出："黑"在纳西语中读"纳"。"纳"之引申义为"尊""贵""伟大"等，如暴雨叫"很纳"，大山叫"居纳"，大海叫"恨纳"。这几个词中的"纳"已经分别具有"猛烈""巍峨""浩瀚"的意思。又据元朝李京《云南志略》，明朝杨升庵《南诏野史》等文献记载，纳西族服饰也有尚黑的特点。[②]笔者认为纳西族源于黑部族，曾经有过尚黑的历史是可以肯定的。"白"文化也可以为"黑"文化所覆盖，本书第二章所述维西攀天阁乡普米族在生存压力下，不断吸收纳西族语言文化元素就是很好的例子。

第三节　白语文献中的底层语言

上述材料足以说明黑、白文化的久远性以及相互纠结的复杂性，这一方面最具代表性的恐怕要数白语，这里就从白语文献和田野调查两方面来窥视一下白语的底层问题。

第一章所述短曲残本传抄地是云龙宝丰一带，宝丰是旧时县府所在地[③]。又据《云龙县志》，云龙是一个多民族的山区县，有白、汉、彝、傈僳、阿昌、苗、傣、回8个世居民族，其中白族人口最多，约占72.27%。白族中民族融合较为明显，除了历史上部分汉族融入其中外，旧州、漕涧等地的白族中融合了部分当

① 白庚胜：《〈黑白之战〉象征意义辨》，载《民间文学论坛》，1987（6），11～17页。

② 白庚胜：《〈黑白之战〉象征意义辨》，载《民间文学论坛》，1987（6），11～17页。

③ 张锡禄、[日]甲斐胜二主编：《中国白族白文文献释读》（第一辑），桂林，广西师范大学出版社，2011。

地的阿昌族；表村地区的白族中融合了部分本地居民“浪速人”；石门、宝丰、检槽等乡的白族中融合了部分傈僳族；团结乡的白族中融合了部分彝族。[①]县府中各地人口都有，短曲残本中亦有各种民族语言融合的痕迹，这里面既有白语中的原藏缅语底层词，也有从后来融合进来的民族语言中吸收的一部分词语，如短曲残本：㸆 khv^{31}（窝）。

彝（南涧话）：khɯ^{55}ty^{55}　　傈僳：khɯ^{33}
纳西（丽江话）：khɯ^{31}　　纳西（永宁）：khv^{13}
基诺：a^{33}khɯ^{33}　　白（大理）：tso^{44}khv^{31}
白（剑川话）：khv^{31}

短曲残本：憂 jɯ^{44}（吃）。

藏文：za　　羌：ʤʅ^{33}
西夏：尼积　　木雅：nʥɯ^{35}
嘉绒：ka za　　门巴（错那）：za
门巴（墨脱）：zA　　彝（喜德）：ʥɯ^{33}
彝（大方）：ʥu^{33}　　彝（南涧）：du^{55}
纳西（丽江）：nʥɯ^{33}　　白（大理）：jɯ^{44}
白（剑川）：jɯ^{44}　　白（碧江）：ji^{55}

短曲残本：佷 ȵi^{21}（人）。

藏文：mi　　藏（拉萨）：mi^{13}
藏（德格）：ȵi^{33}　　门巴（错那）：mi^{13}
西夏：尼卒　　木雅：mɐ^{35}ni^{35}

① 云南省云龙县志编纂委员会编纂：《云龙县志》，114 ~ 115 页，北京，农业出版社，1992。

贵琼：mũ^{35}
纳西（丽江）：ɕi^{33}
纳西（永宁）：xĩ^{33}
白（大理）：jĩ^{21}ke^{ɹ35}
白（剑川）：jĩ^{21}kɛ̃^{35}
白（碧江）：ȵi^{21}qo^{55}
载瓦：pju^{51}
浪速：pju^{31}

短曲残本：偲 ŋɯ^{55}（我）。

藏文：ŋa
藏（拉萨、德格）：ŋa^{13}
门巴（错那）：ŋe^{13}
羌（桃坪）：ŋa^{55}
嘉绒：ŋa
尔龚：ŋɛ
木雅：ŋɯ^{55}
扎巴：ŋa^{35}
贵琼：ŋø^{35}
纳木义：ŋa^{55}
史兴：ŋɐ^{55}
彝（喜德、南华、弥勒）：ŋa^{33}
彝（大方、墨江）：ŋa^{21}
纳西（丽江）：ŋə^{31}
缅文：ŋa^{2}
缅：ŋa^{22}
浪速：ŋɔ^{31}
怒：ŋa^{55}

短曲残本：悈 mi^{33}（想）。

载瓦：mjit^{21}
浪速：mjik^{31}
独龙：mit^{55}
景颇：mjit^{31}
珞巴（博嘎尔）：mɯŋ
珞巴（苏龙）：mi^{33}

短曲残本：鞁 pe^{21}（皮）。

藏文：pags pa
藏（拉萨）：pak^{53}pa^{53}
藏（德格）：pa^{55}pa^{55}
门巴（错那）：phe^{55}khu^{53}
白（大理）：pe^{21}
白（剑川）：pe^{21}

短曲残本：阿朵 ˀa^{55}to^{21}（谁）。

载瓦：o^{55}, kha^{51}ji^{ʔ21}　　浪速：khă^{31}jauk^{55}, khak^{55}

彝（喜德）：kha^{44}di^{33}　　白（大理）：a^{31}to^{21}

景颇：khă^{31}tai^{33}

短曲残本：伲 nɯ^{31}（你）。

彝（喜德）：nɯ^{33}　　彝（大方）：na^{21}

傈僳：nu^{33}　　彝（墨江）：nʌ^{21}

纳西（丽江）：nv^{31}　　纳西（永宁）：no^{33}

拉祜：nɔ^{31}　　基诺：nɐ^{31}

缅文：maŋ^{3}, naŋ^{2}　　缅：mĩ^{55}, nĩ^{22}

白（大理、剑川）：no^{31}　　景颇：naŋ^{33}

短曲残本：衤衣 ji ^{55}khɔ^{55}（衣）。

藏（拉萨）：thuk^{13}lo^{ʔ53}　　藏（夏河）：kon ʥə

藏（泽库）：kon vɟjə　　门巴（墨脱）：khamuŋ

木雅：tsi^{55}ŋguɯ^{53}　　扎巴：tɕhɛ^{55}ku^{53}

纳木义：bɛ^{33}tshʅ^{55}　　彝（南涧）：pha^{55}tsʅ^{21}

哈尼（碧卡）：kɔ^{31}tshʅ^{31}　　白（大理）：ji^{35}khou^{55}

白（剑川）：ji^{55}pe^{42}　　独龙：ɟɔ̆^{ʔ55}, tem^{55}bɔ̆^{ʔ}

缅文：aŋ^{3}kji^{2}　　缅：ĩ^{55}tɕi^{22}

短曲残本：嚣 ko^{33}（两）。

有几种语言的“二”可与此词相对应，如：

羌：ɣnə	嘉绒：kə nᴇs
白（大理）：kou^{33}	白（剑川）：kõ^{33}, ne^{44}
白（碧江）：kv^{33}	僜（格曼）：kɯ^{33}jin^{53}
僜（达让）：ka^{31}n^{55}	珞巴（义都）：ka^{31}ni^{55}

短曲残本：票 pio^{55}（面貌）。

这里的 pio^{55} 应是“相貌漂亮”之义，这个音可与藏语支几种语言“美丽”一词相对应，如：

藏文：sn̥in rdze po	藏（拉萨）：n̥iŋ^{55}-tɕe^{13}po^{55}
藏（德格）：n̥in^{55}bo^{53}	门巴：hʌr^{55}po^{53} ①

短曲残本：蹐 tɕi^{35}（唱）。

藏（中甸）：ja^{55}thi^{55}（唱歌）②

白（大理）：tɕi^{21}kv^{44}（唱歌）

白（剑川）：tɕi^{21}khv^{44}（唱歌）

怒（柔若）：tɕi^{31}tɕā（唱歌）

怒（阿侬）：mo^{31}gua^{31}tɕhɐh^{31}ɕi^{33}（唱歌）

短曲残本：⿰牢皆⿸厂便 ke^{35}kɯ^{33}（结实）。

此词与阿昌语、景颇语、布朗语的“耐用”一词相对应，如：

---

① 以上材料引自《藏缅语语音和词汇》编写组：《藏缅语语音和词汇》，北京，中国社会科学出版社，1991。引用时均保留原格式。

② 以下材料引自云南省地方志编纂委员会总纂：《云南省志》卷五十九《少数民族语言文字志》，昆明，云南人民出版社，1998。下例同。引用时均保留原格式。

阿昌：$kham^{31}ka^{35}$　　景颇（景颇）：$kham^{31}$

布朗（布朗）：$kham^{35}$

与瓦语“牢固”一词相对应，如：

瓦（岩帅）：kaɯˀ　　瓦（马散）：khaŋ khɯh

从以上例子来看，很难明确区分这些对应成分究竟是藏缅语同源词，还是后来融合进来的民族带进云龙白语中底层词甚至从周边民族吸收进来的借词，笔者只能做一个大致的区别：如果一个词跟众多藏缅语对应，应该就是同源词；但如果只跟后来融进云龙白族的几种民族语言对应，应该就算作底层词。以此观察上述例子，“憂 $jɯ^{44}$（吃）”“佷 $ɳi^{21}$（人）”“偲 $ŋɯ^{55}$（我）”“能 $nɯ^{31}$（你）”“袯 ji $^{55}khɔ^{55}$（衣）”等应该是藏缅语同源词，而“窔 khv^{31}（窝）”仅与彝语支几种语言对应，可以确定是融入白语的彝语支民族的底层词；“� mi^{33}（想）”“阿朵 $ˀa^{55}to^{21}$（谁）”更多的是跟景颇语几种方言对应，很像是融入白族的景颇支系民族的底层词；“犗㕓 $ke^{35}kɯ^{33}$（结实）”也差不多可以确定为融入白语的阿昌等民族的底层词；“票 pio^{55}（面貌）”“蹐 $tɕi^{35}$（唱）”则更像是受藏文化影响而吸收的借词；“罟 ko^{33}（两）”与羌、嘉绒、珞巴、僜等几种语言的“二”对应，似乎暗示了白族共同体族群成分的复杂性和语言的多源性。

第四节 维西那玛话中的新藏缅语层

维西县的白族主要聚居在维登、永春、中路和白济汛乡的江边河谷冲积扇地带，这一区域一般海拔高度在1500—2000米，其中永春乡白族居住地海拔较高。维西县白族分属两个支系：一部分称“那玛”，自称“白尼”或“白子”，约占全县白族的62%；另一部分自称“民家”。[①] 白族分散而杂居，大多是被称为“那玛人”的白族支系。[②] 维西县的白族那玛支系多居住于维登乡，该乡辖维登、富川、新农、新化、箐头、妥洛、山加、小甸、北甸9个村民居委会，其中那玛支系居住的村有北甸、富川、箐头、妥洛等。本书调查了妥洛村与箐头村，最终所用的语料取自箐头行政村其期组。

箐头行政村全村辖10个村民小组，2010年统计数据显示，全村有农户263户，乡村人口990人，其中农业人口978人，劳动力682人，从事第一产业人数624人。[③] 2010年数据显示，箐头行政村其期组共32户121人，以白族为主，是白、傈僳汉族混居地，其中汉族3人、傈僳族23人、白族95人。[④] 人口百分比见表3-1：

① 《维西傈僳族自治县》概况编写组编写：《维西傈僳族自治县概况》，修订本，33页，北京，民族出版社，2008。

② 维西县人民政府公众信息网，http://www.weixi.gov.cn/Item/580.aspx。

③ 数据由笔者调研时获得。

④ 此处保留笔者调研时数据资料，不作更新。

表 3–1 箐头村其期组人口统计表

民族	人数（人）	百分比（%）
汉族	3	2.48
白族	95	77.51
傈僳族	23	19.01
合计	122	100

据历史文书和白族土司家族传说，怒江白族勒墨支系是在600多年前，即明洪武十七年（1384年）大理元右丞普颜笃（也写作“普颜栋”）据守洱源县佛光寨以反抗明军，白族头人和民众纷纷响应。率师湖广大军的平滇大将傅友德由贵州返师云南直趋大理平定叛乱。这些反抗的白族军民无力抗击，后在白族头人的带领下，从大理、洱源和剑川向北逃往丽江、维西和中甸地界，向西逃往澜沧江边的兰坪，后又从兰坪一带翻越雪邦山和碧罗雪山的怒江河谷躲入高山密林之中。[①] 而维西县内那玛人大多是由兰坪一带迁徙而来的。[②] 据20世纪80年代的田野调查资料，“兰坪县那马人的祖先，大多数是从外地迁入，少数是当地的土著民族。从外地迁入的说法中，又有两种传说：少部分人说他们的祖先来自南京应天府、江西吉安府等地；大部分人说他们的祖先是从云南大理、丽江、鹤庆、云龙、剑川等地先后迁入澜沧江地区的”。“以上各种传说中，‘来自南京应天府’的说法与大理地区部分白族的说法一致，这可能是当年确有被明王朝征调戍边的汉民，他们在同当地那马人长期交往和通婚过程中，变服

① 徐琳主编：《大理丛书·白语篇》（卷五），3193页，昆明，云南民族出版社，2008。

② 云南省维西傈僳族自治县志编纂委员会编：《维西傈僳族自治县志》，169页，昆明，云南民族出版社，1999。

从俗，逐渐融合在那马人中，成为那马人祖先的一部分。”[①]《云南通史》列举大量史实明确指出“南诏时期的民族融合，是云南历史上规模空前，汉文化备受推崇的民族融合”[②]。因南诏与中原战争以及不堪中原官僚统治压迫而流入洱海统治区域的人口不计其数，加上唐以前流入云南的汉人，南诏国的汉族人口占有相当的比例。因此语言底层的概念在应用到那玛话的研究时发生了纠结：总体上来说，白语中汉语词汇占绝大多数，应该是汉语覆盖藏缅语，底层是藏缅语；但就后来融入白族的汉族人口来说，又在白语中留下了汉语的底层，两种底层纠缠在一起，难分彼此。其实历史上不同的时期都有不同的民族包括汉族融入白族，留下语言的底层，因此这里只能用一个已经公认的观点来对待那玛话的底层：相对于汉语的绝对优势，藏缅语成分才是底层，但我们同样会遇到同源词和借词的问题，这里暂且借用前人的做法，把那玛话与傈僳语、纳西语对应的词都叫作关系词。

那玛话与非汉语之间的关系词，其构成类型的种类较少，不及那玛话与汉话间的关系词种类多。那玛话与非汉语之间的关系词，其构成类型主要有音译式关系词、半借式关系词。音译式关系词的构成方式为全音译式，其中全音译式的关系词所占比例较大。半借式关系词是指那玛话固有形式与借词作为构词成分共同构成的新词。那玛话与非汉语间半借式关系词构成方式只有合璧式。那玛话与非汉语之间的关系词主要是那玛话、傈僳语关系词以及那玛话、纳西语关系词，这类关系词除了相关语言二者间直接构成的关系词，还有因语言的媒介作用而间接构成的关系词。

---

① 云南省编辑组、《中国少数民族社会历史调查资料丛刊》修订编辑委员会编：《白族社会历史调查》（二），修订本，1 ~ 2 页，北京，民族出版社，2009。

② 何耀华总主编：《云南通史》，“绪论”，46 页，北京，中国社会科学出版社，2011。

一、那玛话、傈僳语①关系词构成类型

那玛话与傈僳语之间的关系词主要有两大类。一类为那玛话与傈僳语直接构成的关系，称为直接型那玛话、傈僳语关系词。另一类是那玛话与傈僳语通过汉语、纳西语的中介作用，间接构成的间接型那玛话、傈僳语关系词。这两类那玛话与傈僳语之间的关系词构成类型主要有全音译式关系词、音译加注式关系词以及合璧式关系词。

（一）那玛话、傈僳语关系词——直接型

由那玛话与傈僳语直接构成的关系词主要有全音译式关系词、音译加注式关系词、合璧式关系词 3 种。

1. 全音译式关系词

表 3–2　单音节音译关系词例词表

汉义	那玛话	傈僳语
房子	hɔ^{21}	hĩ^{33}
小米	lu^{42}	lu^{55}
抬	tɛ^{33}	tɛ^{35}
垫	k^{h}õ^{55}	k^{h}o^{33}
掉（眼泪）	tʂ^{h}ɚ^{55}	ts^{h}e^{55}
抖（灰）	qɔ^{42}	qɑ^{42}
舂	ta^{42}	ti^{55}
煮	tʂɯ^{42}	tʃɑ^{42}
烤（衣服）	gv^{42}	gu^{42}
剁（肉）	dɔ^{42}	t^{h}o^{33}
扎	tʂ^{h}a^{55}	tʃ^{h}ɯ^{35}

① 傈僳语语料来源于笔者在维西县维登乡所做的关于傈僳语的田野调查。

续表

汉义	那玛话	傈僳语
埋	tɔ^{55}	tu^{55}
还	tɕɛ^{35}	tse^{35}
赔	tɕɛ^{35}	tse^{35}
挠（痒）	tɕʰi^{55}	tʃʰʅ^{35}
驮（粮）	zʅ^{42}	ʤʅ^{35}
会	sɯ^{55}	sɯ^{33}
进	ȵi^{42}	li^{42}
变	tɕyẽ^{21}	tʃuɛ^{31}
低	tɕyi^{33}	tʃuɛ^{42}
软	ȵõ^{35}	ȵu^{42}
机灵	tʰɛ^{42}	tʰi^{42}
万	mɯ̃^{21}	mɯ̃^{33}
条（一条绳子）	tʂɯ^{55}	tʃɯ^{35}
碗（一碗饭）	qɑ^{42}	kɯ^{55}
件（一件衣服）	kʰõ^{55}	kʰe^{35}
驮（一驮）	zɯ^{42}	zɯ^{42}
袋（一袋烟）	nõ^{35}	no^{42}
次（去一次）	qʰã^{55}	qʰʊ^{35}
自己	ŋɔ^{42}	ŋɑ^{42}
过（桥）	na^{35}	lo^{35}
撑（伞）	tɔ^{42}	to^{35}
炖（肉）	tʂʅ^{42}	tʃɑ^{42}
泡（茶）	tsi^{35}	tsi^{35}
翘（尾巴）	tʂʰa^{55}	tʃʰʅ^{33}
认（字）	sʅ^{42}	so^{42}
晒（太阳）	gv^{42}	go^{42}
试	zɔ^{35}	zɑ^{35}

续表

汉义	那玛话	傈僳语
褪（色）	lɔ^{42}	lɑ^{33}
脱（臼）	tʂʅ^{55}	tʂʅ^{42}
（鱼）游	si^{42}	sɑ^{55}
榨（油）	tʂʅ^{33}	ʃʅ^{55}

表 3–3　双音节音译关系词例词表

汉义	那玛话	傈僳语
雾	mɯ̃^{35}qɔ^{42}	mu^{33}ku^{55}
夜里	ʂa^{55}k^{h}ɯ^{42}	sɑ^{55}k^{h}uɛ^{42}
现在	a^{33}qɯ^{55}	ɑ^{33}mɯ^{33}
打喷嚏	ẽ^{55}t^{h}ĩ^{55}	xɛ^{35}k^{h}i^{33}
田鸡	ŋo^{55}ma^{55}	o^{55}pɑ^{55}
高粱	dɔ^{33}lɔ^{42}	dɑ^{33}lɑ^{42}
眼泪	mi^{33}ji^{21}	ȵi^{44}ʒi^{33}
爸爸（面称）	a^{33}po^{21}	ɑ^{33}pɑ^{31}
妈妈（面称）	a^{33}mo^{21}	ɑ^{33}mɑ^{31}
墙壁	t^{h}õ^{42}mɔ^{42}	t^{h}õ^{33}nu^{42}
三脚架	ta^{42}qo^{33}	tɑ^{42}qo^{33}
剪刀	tɕ^{h}i^{55}tɛ^{33}	ts^{h}e^{33}tɛ^{42}
绸子	jɔ^{35}pu^{35}	ʒi^{33}po^{35}
蚱蜢	sa^{42}pɛ^{55}	ʧua^{44}pu^{44}
彝族	lɔ^{33}lɔ^{55}	la^{31}lo^{44}
傈僳族	li^{33}ɕi^{55}	li^{33}su^{44}
汉族	ha^{42}pau^{55}	xɯ^{31}p^{h}ɑ^{31}
妥洛	t^{h}o^{33}ȵõ^{35}	to^{33}lo^{42}
其期	tɕ^{h}i^{42}tɕ^{h}i^{42}	ts^{h}ʅ^{35}ts^{h}ʅ^{33}
发烧	xua^{33}ȵi^{33}	xuɑ^{33}nɛ^{33}tʃ^{h}u^{42}

表 3–4 多音节音译关系词例词表

汉义	那玛话	傈僳语
驴子	t^{h}ɔ^{55}lɔ^{33}ȵɔ^{35}	t^{h}o^{31}lɑ^{55}mũ^{33}
螳螂	la^{42}qɔ^{35}mɔ^{33}	a^{55}gu^{35}ma^{33}
一会儿	a^{21}pa^{35}tse^{33}	t^{h}i^{31}pɑ^{35}zɑ^{33}
故意	ta^{42}pu^{42}nɔ^{33}	tɑ^{31}pu^{55}nu^{33}

2. 音译加注式关系词

那玛话与傈僳语间音译加注式关系词的词尾都会附加音义对应的语素表示该词的类别属性，后边的附加成分起注释作用，如表 3-5：

表 3–5 音译加注式关系词例词表

汉义	那玛话	傈僳语
母牛	ŋɯ^{35}mɔ^{33}	ɑ^{55}ȵi^{33}mɑ^{42}
母鸡	qɛ^{r55}mɔ^{33}	ɑ^{55}ɣɑ^{55}mɑ^{42}
母马	ma^{33}mɔ^{42}	ɑ^{55}mɯ^{33}mɑ^{42}
母猪	tɛ^{42}mɔ^{33}	ɛ^{42}mɑ^{42}
巫婆 / 卦婆	tɕa^{33}mɔ^{42}	ȵi^{33}mɑ^{42}
湖	qɔ^{35}bu^{33}	ji^{33}bu^{42}
鱼塘	ŋɯ^{55}bu^{33}	ŋuɑ^{55}bu^{42}
手	ɕiɯ^{33}p^{h}ɔ^{55}	lɛ^{31}p^{h}ɛ^{35}
手腕	ɕiɯ^{33}k^{h}u^{42}	lɛ^{31}k^{h}uɑ^{55}
胳膊	ɕiɯ^{33}t^{h}õ^{55}	lɛ^{31}u^{33}t^{h}ɔ^{55}

由以上词汇可知，那玛话与傈僳语用以表示动物的雌性属性与女性性别特征的语素分别为“mɔ^{33}”“mɑ^{42}”，二者存在语音对应关系，此附加成分均起到注释作用。那玛话中的“bu^{33}”与傈僳语中的“bu^{42}”，表示了“湖”与“塘”的共同

类别属性。那玛话中的“p^{h}ɔ^{55}”“k^{h}u^{42}”“t^{h}õ^{55}”和傈僳语中的“p^{h}ɛ^{35}”“k^{h}uɑ^{55}”“t^{h}ɔ^{55}”一一对应分别表示了身体不同部位。

3. 合璧式关系词

那玛话与傈僳语合璧式的关系词是由固有语素与二者语言间近义或同义的关系语素结合构成的词语，如表 3-6：

表 3–6　合璧式关系词例词表

汉义	那玛话	傈僳语	关系语素	那玛话	傈僳语
荞麦粒	gv^{35}q^{h}ɔ^{33}	guɑ^{33}mɑ^{42}si^{33}	荞	gv^{35}	guɑ^{33}
手套	ɕiɯ^{42}tu^{33}	lɛ^{33}tv^{55}	套	tu^{33}	tv^{55}
奶	bo^{42}	a^{55}bu^{55}	奶	bo^{42}	bu^{55}
棚子	zɔ^{42}hɔ^{21}	hĩ^{33}ʧy^{42}	房	hɔ^{21}	hĩ^{33}
房顶	hɔ^{33}tiɯ^{35}nã^{33}	hĩ^{33}nɑ^{55}nu^{33}	房	hɔ^{33}	hĩ^{33}
楼房	liɯ^{35}hɔ^{21}	lɯ^{35}hĩ^{55}	房	hɔ^{21}	hĩ^{33}
茶壶	tɕɔ^{35}fv^{35}	ʤi^{33}t^{h}v^{55}	茶	tɕɔ^{35}	ʤi^{33}
碗	qɑ^{42}	sɿ^{55}kɑ^{55}	碗	qɑ^{42}	kɑ^{55}
大碗	dɔ^{42}qɑ^{42}	sɿ^{55}kɑ^{55}p^{h}ɑ^{33}	碗	qɑ^{42}	kɑ^{55}
木碗	mu^{35}qɑ^{42}	sɿ^{35}sɿ^{55}kɑ^{55}	碗	qɑ^{42}	kɑ^{55}
柜子	qɔ^{55}tsi^{33}pi^{35}	qɑ^{35}	柜	qɔ^{55}	qɑ^{35}
退	lɔ^{42}	lɑ^{33}lɑ^{42}	退	lɔ^{42}	lɑ^{42}
倒塌	pɔ^{55}jɔ^{55}	pu^{33}li^{42}	倒	pɔ^{55}	pu^{33}
变小	tɕyẽ^{21}sɛ^{42}	ɑ^{33}ti^{55}ʧuɛ^{31}	变	tɕyẽ^{21}	ʧuɛ^{31}
变黑	tɕyẽ^{21}xɚ^{42}	nɛ^{42}tɯ^{35}ʧuɛ^{31}	变	tɕyẽ^{21}	ʧuɛ^{31}
变大	tɕyẽ^{21}dɔ^{42}	ɑ^{33}bɯ^{35}ʧuɛ^{31}	变	tɕyẽ^{21}	ʧuɛ^{31}
湿	p^{h}a^{55}	p^{h}ɑ^{33}li^{42}	湿	p^{h}a^{55}	p^{h}ɑ^{33}
懂	sɿ^{55}	sɯ^{55}li^{33}	懂	sɿ^{55}	sɯ^{55}
娶老婆	za^{42}vɚ^{42}	zɑ^{33}mɯ̃^{55}k^{h}v^{42}	娶	za^{42}	zɑ^{33}
缺口	k^{h}u^{33}jɔ^{55}	k^{h}i^{33}	缺	k^{h}u^{33}	k^{h}i^{33}
瞄准	gv^{35}tue^{55}	tuɛ^{35}xɑ^{35}	准	tue^{55}	tuɛ^{35}

续表

汉义	那玛话	傈僳语	关系语素	那玛话	傈僳语
打哈欠	tɕʰi^{55}xɔ^{42}	sɛ^{33}xɑ^{42}	哈	xɔ^{42}	xɑ^{42}
受气	tɕʰi^{33}ɣa^{42}	ɣɑ^{42}fv^{42}	受	ɣɑ^{42}	ɣɑ^{42}
硌（脚）	tʰo^{55}sõ^{42}	tʰo^{55}	硌	tʰo^{55}	tʰo^{55}
散开	lɔ^{33}jɔ^{42}	lɑ^{33}ʑi^{21}	散	lɔ^{33}	lɑ^{33}

（二）那玛话、傈僳语关系词——间接型

除了前文列举的直接型关系词外，还有通过维西汉语方言、纳西语两种媒介语言间接建立构成的那玛话、傈僳语关系词。通过这两种语言的中介作用，间接型那玛话、傈僳语关系词，主要有全音译式关系词和合璧式关系词两种类型。

1. 全音译式关系词

表 3–7　单音节音译关系词例词表（以维西汉语方言为媒介）

汉义	当地汉语方言	那玛话	傈僳语
煤	meɪ^{31}	me^{42}	mei^{31}
葱	tsʰõ^{44}	tsʰõ^{55}	tsʰo^{44}
灯	tən^{44}	tɯ^{55}	tɯ^{55}
字	tsɿ^{213}	tsɯ^{42}	tsɿ^{42}
钟	tʂõ^{44}	tʂõ^{55}	tʃõ^{33}
算	suan^{213}	sua^{33}	suɑ^{33}
插（牌子）	tʂʰA^{31}	tʂʰa^{55}	tʃʰɯ^{35}
补	pu^{31}	pu^{33}	pu^{42}
打（人）	tA^{53}	ta^{55}	ti^{55}
赶	kan^{53}	kã^{42}	gɑ^{33}
笑	ɕiɑo^{213}	suɔ^{42}	sɛ^{42}
管	kuan^{53}	kua^{42}	kɑ^{33}

续表

汉义	当地汉语方言	那玛话	傈僳语
浮	fu^{31}	bu^{35}	bu^{33}
破	p^{h}o^{213}	p^{h}o^{42}	po^{42}
死	sɿ^{53}	ɕi^{42}	ʃʅ^{31}
薄	po^{31}	bo^{21}	bɑ^{42}
苦	k^{h}u^{53}	k^{h}v^{42}	k^{h}u^{31}
饱	pɑo^{53}	pu^{42}	bɔ^{42}
三	san^{44}	sã^{55}	sɑ^{42}
五	vu^{31}	ŋv^{33}	ŋuɑ^{33}
本（两本书）	pən^{53}	pẽ^{42}	pɯ^{42}
桶（一桶水）	t^{h}õ^{53}	t^{h}õ^{55}	t^{h}v^{33}
瓶（一瓶酒）	p^{h}in^{31}	p^{h}ĩ^{42}	p^{h}ĩ^{33}
两（一两）	liã^{53}	nõ^{42}	lo^{42}
锁（门）	so^{31}	suɔ^{42}	so^{44}
（路）通	t^{h}õ^{44}	t^{h}õ^{55}	t^{h}v^{31}

表 3-8　单音节音译关系词例词表（以纳西语为媒介）

汉义	那玛话	傈僳语	纳西语
苎麻	si^{33}	zɿ^{31}	sɑ^{55}
铺	k^{h}õ^{55}	q^{h}o^{33}	k^{h}u^{33}
摆（整齐）	tɕa^{42}	tʃɑ^{35}	tɕi^{33}
懂	sɿ^{55}	sɯ^{55}	sɿ^{33}
只（一只鞋）	p^{h}ɔ^{55}	p^{h}ɛ^{35}	p^{h}u^{55}
升（一升）	pɛ^{55}	p^{h}i^{33}	py^{33}
娶（老婆）	za^{42}	zɑ^{33}	zɿ^{21}
粪	tɕ^{h}i^{42}	k^{h}i^{31}	k^{h}i^{33}

表 3–9　双音节音译关系词例词表（以维西汉语方言为媒介）

汉义	当地汉语方言	那玛话	傈僳语
骡子	lo^{31}tsɿ^{53}	lɔ^{55}tsi^{42}	lo^{33}tsi^{42}
墨水	me^{31}tʂe^{31}	me^{42}ɕyi^{55}	mɛ^{31}ʃui^{33}
灶子	lu^{31}tsɑo^{53}	lɔ^{35}tsɔ^{42}	lɔ^{35}tso^{31}
刷子	ʂuA^{31}tsɿ^{53}	ʂua^{55}tsɿ^{33}	ʃua^{31}tsɿ^{44}
蚊帐	uən^{31}tʂaŋ^{213}	uẽ^{33}tʂã^{35}	we^{31}tʃa^{35}
草果	tsʰɑo^{53}ko^{53}	tsʰuɔ^{55}ko^{55}	tsʰo^{33}ko^{44}
辣椒	lA^{31}tsɿ^{53}	la^{35}tsɿ^{42}	lɑ^{35}tsɿ^{33}
茄子	tɕiɛ^{31}tsɿ^{53}	gɔ^{42}tsi^{33}	kɑ^{35}zɑ^{33}
甘蔗	kan^{44}tʂe^{31}	kã^{55}tʂʅ^{55}	ka^{55}tʃɿ^{55}
花生	xuA^{44}sən^{44}	xua^{55}sẽ^{55}	xua^{55}sɯ^{44}
清明节	tɕʰin^{44}min^{31}	tɕʰĩ^{55}mĩ^{33}	tsʰɿ^{33}mi^{33}ȵi^{42}

表 3–10　双音节音译关系词例词表（以纳西语为媒介）

汉义	那玛话	傈僳语	纳西语
猫	hɔ^{33}lɔ^{35}	xuɑ^{55}lɛ^{33}	xuɑ^{55}le^{21}
兔子	tʰɔ^{55}lɔ^{33}	to^{33}lɑ^{42}	tʰo^{33}le^{33}
梨	ʂu^{55}li^{55}	si^{33}li^{21}	si^{55}li^{21}
枪	li^{33}tɕʰi^{55}	lɑ^{31}tʃʰv^{55}	lɑ^{21}tʂʰɚ^{55}
认得	sa^{33}sɿ^{55}	siɯ^{55}li^{33}	sɿ^{33}sɿ^{21}

2. 合璧式关系词——以维西方言为媒介

间接型那玛话与傈僳语关系词中的一部分词共同借自维西汉语方言，由于汉语借词的媒介作用，间接形成了那玛话、傈僳语合璧式关系词，如表 3-11：

表 3-11　那玛话与傈僳语合璧式关系词例词表

汉义	那玛话	傈僳语	关系语素	当地汉语方言	那玛话	傈僳语
角儿	qo^{55}	i^{55}ku^{55}	角	ko^{31}	qo^{55}	ku^{55}
炮	pau^{35}	tɑ^{35}p^{h}o^{55}	炮	p^{h}ɑo^{213}	pau^{35}	p^{h}o^{55}
球	tɕ^{h}iɯ^{42}	p^{h}i^{31}tʃ^{h}o^{31}	球	tɕ^{h}iəu^{31}	tɕ^{h}iɯ^{42}	tʃ^{h}o^{31}
鼓	ku^{42}	da^{31}k^{h}u^{35}	鼓	ku^{31}	ku^{42}	k^{h}u^{35}
嫩	ȵi^{35}	nu^{33}li^{35}	嫩	nən^{213}	ȵi^{35}	nu^{33}
拍	dɔ^{33}p^{h}ɛ^{55}	p^{h}ɛ^{21}	拍	p^{h}e^{31}	p^{h}ɛ^{55}	p^{h}ɛ^{31}
笑话	suɔ^{42}tõ^{35}	sɛ^{42}nõ^{33}	笑	ɕiɑo^{213}	suɔ^{42}	sɛ^{42}
好笑	tɕ^{h}i^{55}suo^{42}	sɛ^{42}tɔ^{42}	笑	ɕiɑo^{213}	suɔ^{42}	sɛ^{42}
补丁	pu^{33}ji^{55}	pu^{42}tʃ^{h}ɛ^{42}	补	pu^{31}	pu^{33}	pu^{42}
十三	tʂə˞^{42}sã^{55}	ts^{h}ɿ^{55}sɑ^{42}	三	san^{44}	sã^{55}	sɑ^{42}
漂浮	bu^{35}k^{h}ɯ^{33}	bu^{33}xɑ^{35}	浮	fu^{31}	bu^{35}	bu^{33}
打中	ta^{55}tʂʅ^{55}	ti^{55}uɑ^{33}	打	tʌ^{53}	ta^{55}	ti^{55}
飞机	fə˞^{33}hɔ^{42}	fe^{44}tɕi^{33}	飞	feɪ^{44}	fə˞^{33}	fe^{44}
墨斗	me^{42}q^{h}ɔ^{42}	mɛ^{31}tɯ^{42}	墨	me^{31}	me^{42}	mɛ^{31}
四方、四角	ɕi^{33}qo^{21}	li^{55}ku^{31}	角	ko^{31}	qo^{21}	ku^{31}
五月	ŋv^{33}nuã^{42}	ŋuɑ^{31}hɑ^{33}	五	vu^{31}	ŋv^{33}	ŋuɑ^{33}
算命先生	sua^{42}ȵuã^{42}pɔ^{42}	ȵɛ^{33}suɑ^{33}so^{42}	算	suan^{213}	sua^{33}	suɑ^{33}
算命书	suã^{42}ȵuã^{422}sɿ^{55}	ȵɛ^{42}suɑ^{42}t^{h}o^{33}ɣɯ^{42}	算	suan^{213}	sua^{33}	suɑ^{33}
大麦	mɯ̃^{55}zɔ^{35}	mɯ^{33}tsɿ^{55}ʃʅ^{42}	麦	me^{31}	mɯ̃^{55}	mɯ^{33}

二、那玛话、纳西语①关系词构成类型

那玛话与纳西语之间的关系词主要有两大类。一种为那玛话

① 纳西语语料来源于黄布凡主编：《藏缅语族语言词汇》，北京，中央民族学院出版社，1992。

与纳西语构成的关系词，这里称之为直接型那玛话、纳西语关系词；另一种是那玛话与纳西语通过维西汉语方言的中介作用，构成的间接型那玛话、纳西语关系词。这两类那玛话与纳西语关系词构成类型主要有全音译式关系词、音译加注式关系词以及合璧式关系词 3 种类型。

（一）那玛话、纳西语关系词——直接型

直接型那玛话与纳西语关系词为全音译式关系词，主要有单音节音译关系词和双音节音译关系词。

表 3–12　单音节音译关系词例词表

汉义	那玛话	纳西语
苎麻	si^{33}	sɑ^{55}
铺	k^{h}õ^{55}	k^{h}u^{33}
摆（整齐）	tɕa^{42}	tɕi^{33}
懂	sʅ^{55}	sʅ^{33}
只（一只鞋）	p^{h}ɔ^{55}	p^{h}u^{55}
升（一升）	pɛ^{55}	py^{33}
我	ŋɔ^{42}	ŋə^{21}
你	nɔ^{42}	nv^{21}
娶（老婆）	za^{42}	zɿ^{21}
粪	tɕ^{h}i ^{42}	k^{h}i^{33}
沟（水渠）	q^{h}ɔ^{55}	k^{h}ə^{33}
饭	hɔ^{33}	xɑ^{33}
线	xɯ^{33}	k^{h}ɯ^{21}
推	mɛ^{42}	my^{55}
舂	tua^{42}	ty^{55}
贴	tɕ^{h}ɔ^{55}	tɕ^{h}iə^{55}
炒	tʂ^{h}v^{42}	tʂ^{h}u^{33}
要	ȵõ^{55}	ȵi^{33}
闭（口）	mĩ^{55}	mə^{55}

续表

汉义	那玛话	纳西语
爱	kɔ^{35}	ko^{21}
浅	pu^{35}	be^{33}
淡（盐）	po^{33}	be^{33}
大	dɔ^{42}	dɯ^{21}
直	tue^{55}	tv^{21}
坏	kuɛ^{42}	k^{h}uɑ^{21}
快	tʂ^{h}ɯ^{55}	tʂ^{h}u^{21}
对	hɔ^{42}	xo^{55}
揉（面）	nɛn^{55}	ȵiæ^{21}
上（楼）	dɔ^{35}	do^{33}
合适	hɔ^{55}	xo^{13}

表 3–13　双音节音译关系词例词表

汉义	那玛话	纳西语
猫	hɔ^{33}lɔ^{35}	xuɑ^{55}le^{21}
兔子	t^{h}ɔ^{55}lɔ^{33}	t^{h}o^{33}le^{33}
梨	ʂu^{55}li^{55}	si^{55}li^{21}
枪	li^{33}tɕ^{h}i^{55}	lɑ^{21}tʂ^{h}ɚ^{55}
认得	sa^{33}sɿ^{55}	sɿ^{33}sɿ^{21}
布谷鸟	qɔ^{55}pu^{42}	kə^{55}pu^{33}
跳蚤	k^{h}uã^{33}ʂv^{21}	k^{h}ɯ^{55}ʂu^{33}
核桃	ɣu^{42}du^{35}	gv^{33}dv^{21}
剪子	ts^{h}ɿ^{33}tɛ^{55}	ts^{h}ɿ^{33}te^{21}
东西	qɔ^{55}tɕɔ^{33}	gv^{33}tse^{21}
礼物	p^{h}ɔ^{55}pɔ^{35}	p^{h}ɔ^{33}bɑ^{21}
熟悉（认识）	ɒɑ^{55}ɒʅ^{55}	ɜʅ^{33}ɜʅ^{33}
找到	ʂɚ^{42}tiɯ^{55}	ʂu^{21}dɯ^{33}

（二）那玛话、纳西语关系词——间接型

除直接型那玛话与纳西语关系词外，还有通过维西汉语方言这一媒介语言建立构成的间接型那玛话与纳西语关系词。间接型关系词构成类型主要有全音译式与合璧式。

1. 全音译式关系词

间接型那玛话与纳西语关系词中有一部分词共同来自于汉语方言借词或借词语素。

表 3–14　单音节音译关系词例词表（以维西汉语方言为媒介）

汉义	汉话	那玛话	纳西语
煤	meɪ^{31}	me^{42}	me^{31}
角儿	ko^{31}	qo^{55}	ko^{33}
瓦	uᴀ^{53}	ua^{42}	uɑ^{33}
伞	san^{53}	sɛ̃^{42}	sɑ^{33}
毒	tu^{31}	tɯ^{33}	dv^{21}
锁	so^{31}	suɔ^{42}	sɑ^{33}
壶	fu^{31}	fv^{35}	xu^{21}
笔	pi^{31}	pi^{42}	pi^{31}
墨	me^{31}	me^{42}	mo^{13}
画	xuᴀ^{213}	xua^{35}	xuɑ^{55}
锉	ts^{h}o^{213}	ts^{h}o^{42}	ts^{h}o^{55}
插（牌子）	tʂ^{h}ᴀ^{31}	tʂ^{h}a^{55}	tʂ^{h}u^{55}
掺（水）	tʂ^{h}an^{44}	tʂ^{h}ã^{55}	ts^{h}ɑ^{33}
夹（菜）	tɕiᴀ^{31}	qa^{33}	gæ^{21}
管	kuan^{53}	kua^{42}	kuɑ^{33}
闲	ɕiɛn^{31}	ɕã^{55}	ɕiə^{21}
封（一封信）	fõ^{44}	fõ^{55}	fv^{21}
间（一间房）	tɕiɛn^{213}	qã^{55}	kæ^{33}

续表

汉义	汉话	那玛话	纳西语
包（一包东西）	pao^{44}	pɔ^{55}	po^{21}
斤（一斤）	tɕin^{44}	tɕiẽ^{33}	tɕi^{21}
钱（一钱）	tɕʰiɛn^{31}	tsʰã^{55}	tsʰiæ^{21}
里（一里）	li^{53}	li^{33}	li^{33}
尺（一尺）	tʂʰʅ^{53}	tʂʰʅ^{42}	tʂʰɿ^{13}
角（一角）	ko^{31}	qo^{55}	tɕo^{13}
亩（一亩）	mu^{53}	mu^{42}	mu^{33}
倍（一倍）	peɪ^{213}	pɑ^{42}	pe^{55}
棋	tɕʰi^{53}	tɕi^{42}	tɕi^{21}
渡（河）	tu^{213}	tv^{33}	dɚ^{21}

表 3–15　双音节音译关系词例词表

汉义	汉话	那玛话	纳西语
土豆	jaŋ^{33}jy^{35}	jã^{33}jy^{35}	iæ^{21}y^{55}
芝麻	tʂʅ^{44}mᴀ^{31}	tʂʅ^{33}ma^{33}	tʂɿ^{55}mɑ^{31}
辣椒	lᴀ^{31}tsɿ^{53}	tɕʰien^{55}pɔ^{33}	lɑ^{13}tsɿ^{21}
火筒	tʰõ^{31}	xua^{33}tʰõ^{55}	xo^{33}tʰo^{33}
第一	ti^{213}i^{31}	ti^{33}ji^{35}	ti^{55}i^{13}
扁担	piɛn^{53}tan^{213}	piã^{42}tã^{35}	piæ^{33}tæ^{55}
消化	ɕiɑo^{44}xua^{213}	ɕɔ^{35}xua^{33}	siɑ^{33}xuɑ^{55}
办法	pan^{213}fa^{53}	pan^{33}fa^{42}	pæ^{55} fɑ^{13}

2. 合璧式关系词

那玛话与纳西语合璧式关系词中的一部分词共同借自维西汉语方言，由于汉语借词的媒介作用，形成了部分间接型那玛话、纳西语关系词，如表 3-16：

表 3-16　当地共有词例词表一

汉义	那玛话	纳西语	关系语素	当地汉语方言	那玛话	纳西语
墨斗	mɔ^{42}q^{h}ɔ^{42}	mɯ^{55}nɑ^{21}gv^{33}	墨	me^{31}	mɔ^{42}	mɯ^{55}
笑话	suɔ^{42}tõ^{35}	sæ^{21}bv^{21}ʂə^{21}	笑	ɕiɑo^{213}	suɔ^{42}	sæ^{21}
鼓	ku^{42}	dɑ^{33}kv^{33}	鼓	kɯ^{31}	kɯ^{42}	kv^{33}
窄小	tsa^{55}qa^{33}	tse^{13}	窄	tse^{31}	tsa^{55}	tse^{13}
扁的	bu^{33}pɛ^{55}	piə^{21}piə^{33}	扁	piɛn^{53}	pɛ^{55}	piə^{21}
瓢	p^{h}iɔ^{55}	pɑ^{55}p^{h}iə^{21}	瓢	p^{h}iɑo^{31}	p^{h}iɔ^{55}	p^{h}iə^{21}
节日	tɕiɛ^{33}zʅ^{35}	tsie^{13}	节	tɕiɛ^{31}	tɕiɛ^{33}	tsie^{13}

那玛话与非汉语之间的关系词还有因部分拟声构成以及同属藏缅语族的共有关系词汇而产生的关系词，笔者未将其放入那玛话与非汉语关系词中分析其关系词构成类型，例词见表 3-17：

表 3-17　当地共有词例词表二

汉义	那玛话	傈僳语	纳西语
鸭子	ɔ^{55}	ɛ^{35}	ɑ^{55}
鹅	ŋo^{35}	ŋõ^{35}	o^{21}
我	ŋɔ^{42}	ŋɑ^{42}	ŋə^{21}
你	nɔ^{42}	nuo^{42}	nv^{21}
虎	lɔ^{35}	lɑ^{33}	lɑ^{33}
龙	lõ^{35}	lu^{31}	lv^{21}

以上词汇中，“鸭子”“鹅”属于拟声词，“我”“你”“虎”“龙”为藏缅语族共有关系词。其他藏缅语族语言“我”“你”“虎”“龙”读音见表 3-18：

表 3–18　不同语言共有词例词表

汉义	怒语（怒苏话）	拉祜语	彝语（喜德话）
我	ŋa^{33}	ŋɑ^{31}	ŋɑ^{33}
你	ȵu^{55}	nɔ^{31}	nɯ^{33}
虎	la^{55}	la^{55}q^{h}ɑ^{53}pɯ^{33}	lɑ^{55}
龙	liɯ^{33}	lɔ^{33}	lu^{33}

总之，那玛话与非汉语之间的关系词构成类型种类较少。笔者将那玛话与其他语言间的关系词做了统计，关系词总数为1006个，以这1006个关系词总数为基数，计算出不同语言间关系词所占的百分比，见表3-19：

表 3–19　语言间关系词比例表

关系词类别	汉语 关系词	傈僳语 关系词	纳西语 关系词
数量（个）	736	176	94
关系词百分比（%）	73.16	17.50	9.34

从上表可清楚看出，那玛话与汉语间的关系词远多于其与非汉语间的关系词。而那玛话与傈僳语、纳西语间的关系词中还有一部分是通过汉语的媒介作用建立构成的。笔者以非汉语关系词的数量为基数，将傈僳语与纳西语关系词中以汉语作为媒介的数量统计出来，求出以汉语为媒介构成的关系词所占非汉语关系词[①]的百分比，见表3-20：

表 3–20　关系词比例表

关系词类别	汉语媒介 关系词	汉语媒介纳西语 关系词	汉语媒介傈僳语 关系词
数量（个）	41	15	26
关系词百分比（%）	15.19	5.56	9.63

① 这里的“非汉语关系词”数量为表3-19中的“傈僳语关系词”+“纳西语关系词”，即176+94=270。

那玛话与非汉语间的关系词为 270 个，其占总关系词数量的 26.84%，而从表 3-20 可得知，非汉语关系词通过汉语为媒介作用的就占了 15.19%，那玛话与傈僳语、纳西语之间的关系词除了两两间共同构成的关系词外，还有因维西汉语方言的媒介作用间接构成的关系词。汉语不仅对白语产生了很大影响，还对傈僳语、纳西语产生了影响。这些数据均体现了汉语对少数民族语言的影响。

维西县的那玛人历史上便与纳西族、汉族有着频繁的接触，现在还与傈僳族长期杂居在一起，在这样多语接触的背景下，那玛话与傈僳语、纳西语、汉语 3 种语言存在大量的关系词，且绝大部分关系词来自汉语。这与关系词的产生背景有着密切联系。

三、那玛话与非汉语关系词产生背景

那玛话与非汉语间的关系词远少于那玛话与汉语间的关系词。这种现象产生的背景与民族历史、语言点民族构成以及语言使用情况有着密切联系。

（一）那玛话与傈僳语关系词产生背景

1. 民族历史

汉族与云南少数民族历史上的接触和融合关系，促进了那玛话与傈僳语间通过汉语方言构建起来的关系词的产生。从局部区域看，明代云南汉族移民区的形成与发展，移民有相对聚居的特点，但是从全局看，汉族移民呈现出在滇中、滇东、滇西和滇南等广大地区与当地民族杂居共存的态势。① 维西县维登乡，2004 年该乡傈僳族有 8539 人，占全乡总人口的 64.22%；白族

① 陆韧：《明朝统一云南、巩固西南边疆进程中对云南的军事移民》，载《中国边疆史地研究》，2005（4），68 ~ 76 页。

2721 人，占全乡人口的 20.46%；汉族 1907 人，占全乡总人口的 14.34%。维西县傈僳族、白族、汉族相对聚居和多民族杂居的分布格局，为民族交往交流交融奠定了地域基础，也为那玛话与傈僳语间以汉语作为媒介的关系的产生奠定了基础。

那玛话与傈僳语间通过纳西语构建起来的关系词与纳西族在该地的历史有着一定的关系。明代，维登一带曾是丽江木氏土司的领地。清初，傈僳族主要分布区是宁蒗、永胜、维西等地，他们与当时经济文化较发达的纳西族杂居在一起。历史上，白族、傈僳族与纳西族便存在接触，加之纳西土司的势力，促进了以纳西语为中介的那玛话与傈僳语间关系词的产生。

2. 语言调查点民族构成

维西县是傈僳族人口较多的多民族杂居区，是全国傈僳族人口比例最高、人口绝对数最大的县。维西县的白族那玛人多居住于维登乡。本书调查了维登乡妥洛村与箐头村。最终所用的语料取自箐头行政村其期组。箐头行政村全村辖 10 个村民小组，截至 2010 年，箐头行政村其期组共 32 户 121 人，其中汉族 3 人、傈僳族 23 人、白族 95 人。人口比例见表 3-21：

表 3–21　箐头行政村其期组人口比例表

民族	人数（人）	百分比（%）
白族	95	78.51
傈僳族	23	19.01
汉族	3	2.48
合计	121	100

综上可知，白族那玛人生活的区域是多民族杂居区，这里有较多的傈僳族，这为那玛话与傈僳语间关系词的产生提供了语言环境。

3. 语言使用状况

笔者通过发放问卷调查，统计出其期村不同语言使用情况，见表 3-22：

表 3-22　其期组不同语言使用情况表

使用情况	那玛话		傈僳语		汉语方言		普通话	
	人数（人）	百分比（%）	人数（人）	百分比（%）	人数（人）	百分比（%）	人数（人）	百分比（%）
熟练	70	59.32	27	22.88	118	100	19	16.10
略懂	25	21.19	59	50.00	0	0	31	26.27
不会	23	19.49	32	27.12	0	0	68	57.62

从其期组统计数据可以看出，绝大多数人会熟练说那玛话。很多其期村村民都是汉语方言与那玛话抑或是汉语方言与傈僳语的双语人，其中还存在部分会说那玛话、傈僳语以及汉语方言的多语人。调查中笔者还发现，汉语方言在其期村是通用语言，在某些特定的场合（如集市）人们喜欢用傈僳语交流，但这种情况不影响那玛话的使用。一般是在陌生人之间，为了便捷地传达信息，抑或是双方语言不通、无法流畅交流时，人们使用汉语方言交流。如果是在亲朋好友或认识的人之间，只说那玛话，而多语人则根据具体交际场合的情况来选择语言。白族那玛人与傈僳族长期生活在一起，那玛人中的多语人对于傈僳语言的选用，促进了那玛话与傈僳语间关系词的产生。

（二）那玛话与纳西语关系词产生背景

2024 年，维西县维登乡共有 2861 户 13181 人。其中傈僳族人口占 64%，白族人口占 21%，汉族人口占 13%。可以看出，整个乡境无纳西族，而那玛话与纳西语间却存在关系词，其中一部分是那玛话与纳西语直接构成的关系词，一部分是以汉语作为中介语言间接构成的关系词。二者间关系词的数量不多。这些关系词的产生与维西地区的民族历史有着密切联系。

1. 维西县内纳西族历史

维西县维登乡全部及中路乡一部分地方，历史上曾经先后归丽江、兰坪管辖，是那玛人的先民居住之所。[①]明代丽江府辖通安、宝山、巨津、兰州（兰坪）和临西（维西）。在整个明代，丽江土司木氏向明王朝中央输白金、助军饷、纳稻谷、劝人民认纳粮差，从而不断巩固和发展其统治势力，甚至明王朝中央也依之为滇西北的屏藩。丽江世袭的土司木氏的统治势力在明代得到很大发展。随着木氏势力的发展，部分摩些人迁徙到中甸、维西、德钦（迪庆）、巴塘、里塘和贡山一带，建寨戍守。木氏土司对于势力所及的地区，即"以内附上闻"，同时即"收其赋税"。在《丽江木氏宦谱》的记载里，木氏辖境内的力苏（傈僳）、峨昌（阿昌）以及西番（普米）等族都曾受木氏的统治，他们给纳西族土司纳贡。[②]明代，维登一带地方曾是丽江木氏土司的领地，那玛人也同当地其他民族一样受木氏统治，缴纳贡赋。[③]《维西见闻纪》称："那马、本民家，即白人也，浪沧、弓笼皆有之。地界兰州，民家流入，已莫能考其时代，亦多不能记其姓氏。么些谓之'那马'，遂以'那马'名之……受制于么些头人、土官。"自清初改土归流以来，大量的民族融合，即纳西族融合于其他民族，或其他民族融合于纳西族，变动很大。据1954年调查，在丽江地区纳西族居民有150318人，分布在丽江

① 云南省维西傈僳族自治县志编纂委员会编：《维西傈僳族自治县志》，169页，昆明，云南民族出版社，1999。

② 《纳西族简史》编写组编：《纳西族简史》，修订本，45～46页、51～52页，北京，民族出版社，2008。

③ 云南省维西傈僳族自治县志编纂委员会编：《维西傈僳族自治县志》，170页，昆明，云南民族出版社，1999。

及中甸、维西、剑川、德钦、福贡、贡山等地，还有一些纳西族居住在盐源、盐边、木里等地，共16万人。[①] 由此可见，那玛人在历史上便与纳西族接触融合，纳西族木氏土司对于那玛人的统治必然渗透到那玛人的语言中，这些促使了那玛话中出现了部分纳西语关系词。

2. 汉族土司制度

那玛话与纳西语间的关系词一部分通过汉语方言的媒介作用产生而来，这部分关系词与汉族在维西地区实行土司制度有关。施行土司制度的初期，由于与王朝和内地联系的加强，汉族先进的经济文化对于少数民族地区的社会发展曾经起过有益的作用。[②] 纳西族、白族在土司制度下都受到汉族文化的影响，语言受到文化的影响后，这样纳西语和那玛话便出现了以汉语为媒介产生的关系词。但不久，随着土司统治的强化，各级土官为了保持其半割据的政治地位，往往有意抵制汉文化影响，提倡保留落后习俗。[③] 这些进一步解释了那玛话与纳西语间关系词数量较少的现象。总的来看，改土归流“在客观方面，取消了土司的野蛮残酷统治，打破了土司领地的疆界隔绝，各族人民之间的往来增多，促进了各族特别是与汉族先进经济文化的交流”[④]，促进了那玛话、纳西语间以汉语为中介的关系词的产生。

维西县处于多民族杂居地区，维登乡的白族长期与傈僳族杂居生活，但田野调查结果显示，那玛话与傈僳语之间的关系词较之那玛话与汉语间的关系词数量较少。笔者语言调查点的汉族村民极少，即使在这样的环境下，那玛话中的关系词依旧大量来自汉语。且那玛话与非汉语间的关系词很多是通过汉语方言的媒

① 郭大烈编：《纳西族研究论文集》，22页，北京，民族出版社，1992。

② 龚荫：《明清土司通纂》，21页，北京，民族出版社，2008。

③ 龚荫：《明清土司通纂》，21页，北京，民族出版社，2008。

④ 龚荫：《关于明清云南土司制度的几个问题》，载《西南民族学院学报》（社会科学版），1986（3），25～32页。

介作用建立构成的。可见，在语言的接触中，一般是强势语言影响弱势语言。语言还反映民族共同的经济生活特征。物质生活对每一个民族都是最基本、最经常的活动内容，当人们长期过着同一的经济生活，接触的是相同的客观事物，就必然要在语言里留下某些特点。另一方面，共同的经济生活也得靠共同的语言来联系；没有共同的语言，就不能使共同的经济生活得到协调。[①]这些也许就是那玛话与汉语间关系词较多的主要原因。

四、关于底层语言的疑惑

再回到语言的底层问题。白族从一开始就是一个融合了汉族及昆明等古代先民族群而形成的民族共同体，涂良军先生曾经探讨过昆明一词的来源，认为昆明一词是个南亚语词，其本义是“人（人们、人民）”。昆明族当初应是一个南亚语民族，后来在汉藏语人南下的浪潮中，有的部分南迁，有的部分被同化，昆明族中的南亚语民族的成份渐渐淡化，汉藏语民族的成份越来越浓，最终成了汉藏语民族，但其族称仍然是南亚语的。孟-高棉语民族中孟族的族称“孟”、芒族的族称“芒”、莽人的族称“莽”等词，与“昆明”“吉蔑”“高棉”等词同源，而本义也是“人（人们、人民）”。[②]在白语的发展过程中，首先是汉藏语覆盖南亚语，那么白语中就有南亚语的底层，早期研究者如Lacouperie（1987）、Davies（1909）都曾提出白语与孟语有同源关系，而其后关于白语系属的研究基本是分成两派，一派认为白语与藏缅语有同源关系，一派认为藏缅语与汉语有同源关系。汪峰用还原比较法，排除一些晚期的汉语借词之后，发现汉白关系

---

① 马学良、戴庆厦：《语言和民族》，载《民族研究》，1983（1），6～14页。

② 涂良军：《“昆明”得名来源考》，载《云南师范大学学报》（哲学社会科学版），2009（6），124～131页。

语素的最早层次反映了同源遗传关系，而不是从汉语到白语的借贷关系，[①] 这个结论与历史学的研究结论完全相符。

白族形成以后，在不同的历史时期，又不断大量吸收汉族、藏缅语民族人口，不断与汉语和其他藏缅语接触。其中，白语与汉语接触研究较多，而白语与其他藏缅语接触的研究则很少。本书的调查与研究的主要贡献在于，为白语与其他藏缅语接触的研究提供了一些补充。由于战乱、饥荒等原因，白族人群在历史上经历了多次迁徙，如公元 746 年，20 万户白蛮被强行从滇池附近的平原迁到保山至大理之间的广大区域。从白族的历史记录和民间传说来看，或许可以确定自 746 年起，白族的一个大本营就是洱海地区（今大理白族自治州）。其他地方的白族大都是直接或者间接地源自这个摇篮。[②] 从目前白族人群的分布来看，基本上是与藏缅语人群杂居，笔者怀疑，白语中的藏缅语底层，是否源于历史上与藏缅语人群频繁的通婚与语言接触。目前笔者只能区分出时代较近、对应关系比较单一的藏缅语借词，而对于对应范围较广的词只能算作同源词。另外一个疑问是，所谓语言底层是否也如考古年代层一样，可以有不同的叠压层，诸如白语中的南亚语底层、楚语底层、藏缅语底层等，这一类问题必须在系统而详细的语料包括历史材料的基础上方能下定论，目前的调查远远不够。

底层理论的确为中国民族语言的研究带来了起色，但随着研究的深入，国内一些著名学者也敏锐地看到了其中的不足。戴庆厦先生曾经指出，语言学家对被确认为有底层的语言，大都缺少比较充分的科学论证。至今，笔者尚未看到一篇比较深入、系统

---

① 汪峰：《语言接触与语言比较——以白语为例》，2 页、150 页，北京，商务印书馆，2012。

② 汪峰：《语言接触与语言比较——以白语为例》，5 页，北京，商务印书馆，2012。

研究底层语言的论文，这与客观上的复杂性与底层理论缺乏深入研究有很大关系。中国民族语言学界在运用底层理论时，遇到一些棘手的问题。主要有：一是如何认定什么是带有底层成分的语言。二是怎样区分带有底层成分的语言与混合语的界限。三是怎样区分底层成分和转用成分。[①] 而对于白语的研究来说，这些问题都尚待解决，只能留作今后继续研究。

① 戴庆厦：《底层理论在中国民族语言研究中的运用》，见戴庆厦：《藏缅语族语言研究》（五），467～477页，昆明，云南民族出版社，2010。

第四章　金沙江流域地名与民族文化

地名的变化较之语言结构相对较慢，能够较好地保存文化史的某些本来面目。地名中有大量的民族文化信息，其中也不乏民族接触与碰撞的痕迹。金沙江流域是民族迁徙流动的交通要道，四处散落着百越与氐羌民族迁徙过往的遗迹。

第一节　百越民族迁徙的地名遗迹

金沙江流域内的民族，大致有两种主要来源：一是西北部氐羌民族迁徙而来，二是南部百越民族迁徙而来。早在春秋战国时期，由于匈奴和秦国日渐强大，北方的氐羌民族沿金沙江北部向下迁移。而南方的百越民族在石器时代就已开始迁入滇南、滇西南和滇中地区。但据文献资料记载，这一时期迁入金沙江流域的百越人口相对于南迁的氐羌民族来说数量较少。还有一些从四川等地迁至此的少数民族。

汉朝时期，金沙江流域迁徙总体情况大致如下：百越民族逐渐向南迁徙，至德宏、西双版纳一带；随着国家政策，由北向南迁徙至金沙江流域的汉族人口增多；由北南迁的氐羌民族数量逐渐减少。

唐朝至清朝时期，又出现了新的情况：唐宋时期汉族迁入此地人口相对减少，明清时期集中大批迁入；周秦时期，藏族、蒙古族先民通过金沙江河谷这一平台开始进入金沙江上游地区；回族、苗族等其他各民族先民也开始相继迁入。这段时间，流域内原有的各民族也在不断地流动。

历史上每个时期金沙江流域各地都有民族迁入和迁出，有的是因为政策，有的是因为战乱，还有一部分是从商需要，正是因为这些民族的迁徙，才成就了丰富的金沙江流域文化。

元谋县现居操壮侗语民族仅有傣族，且人口较少。自元朝吾必奎叛乱后，带出了一部分的傣族人口，县内仅剩的傣族人口为了逃避追杀，有的迁移到山中或河坝地带，有的融入汉族或彝族等少数民族，导致境内傣族人口数量急剧下降，但大量的地名体现了其在该地生活过的痕迹。

关于县内傣族的来源，众说纷纭。2018 年 4 月，正在云南民族大学就读研究生的袁晗与同学结伴从昆明沿着金沙江流域的永仁县、元谋县、武定县一路出发，当来到永仁县永兴傣族乡时，询问当地人为什么此处有傣族聚居、源头是哪儿，永兴乡文化站站长解释，傣族起源于中国东南部，一直沿着金沙江一带迁徙，但是由于一部分人跟随大部队向南迁徙的时候没跟上，只能在流域内定居。村中一位傣族老人说，当地的傣族大都来源于景东，由于战乱躲避到此处，第一部分继续向南迁。袁晗等人又来到元谋县，元谋县地名志办公室李老师介绍，现居元谋县内的傣族人口很少，但是大量的傣族地名见证了他们曾经生活在这片土地上，就如元谋就是一个傣语词，但是关于县内傣族人口的迁徙来源，他认为不只从景东迁徙过来这么简单，傣族等百越民族是元谋以及金沙江流域的世居民族，梁钊韬先生曾总结百越文化的共同特征，其中一点就是使用段石锛和双肩石斧，元谋、永仁等地出土的石器时代的肩石斧就是该民族世居此地最好的佐证。李老师还讲述了元朝元谋的民族格局以及元谋现在傣族人口少的原因，大多是战乱后迁出或改名换姓，并且随着彝族和汉族人口的增多，有的傣族慢慢融入其中。

经查阅当地史料，上述说法都有道理，史料中记载关于元谋傣族主要有 3 种说法："土著说""落伍说""迁徙说"。土著说即与李老师的观点相同，傣族世居于此；落伍说即在迁徙途中掉队不得已生活于此；迁徙说的说法也不一，从德宏、保山、四川米易县（多来自景东）、会理县（多来自景东）、景东、景谷、南京应天府等地迁入。

金沙江流域，唯元谋傣语地名最多。在元谋的第一次地名普查中，就有 500 多条傣语地名，据说元朝以后，傣族部落首领就在本地担任官职，一直持续到明朝末年，这是元谋傣族地名多的一个原因。有关傣语地名的内容分述如下。

一、元谋县傣语地名的特点

（一）傣语汉语混合地名较多

元谋县虽傣语地名颇多，但现今汉语人口最多，约占全县总人口的 70%，所以，在地名上必定会留下痕迹。傣族人口世居于此，后因战争迁出此地，但大量傣语地名留在了这里，随着汉族人口的不断增多，文化上不断融合和发展，许多汉语地名也随之出现，纯汉语地名以及傣语汉语混合地名（《元谋地名志》上仍把此类地名归为傣语地名）也不断增加。如元谋县、华竹北巷、腊甸大队、物茂公社等。

（二）以动植物命名的傣语地名较多

傣语地名以动植物命名的语词较为集中且数量多，其命名类型与傣族的生存环境、生存方式以及文化有密切关系。如丙洪

（大青树坪）、丁旧（花地）、丙间（青香树坪）、凹鲊（有清水竹子的地方）、卧天（芦苇寨）等。

（三）傣语地名所保留的历史文化遗迹

前文曾介绍，被替代的语言在胜利的语言中留下痕迹，被称为“底层”。“底层”体现在两个方面：一是被替代语言社团的一些特殊的发音习惯，二是表现在地名上。这也是元谋县傣族人口颇少但傣语地名众多的主要原因了。

傣族是元谋县世居民族，土司吾必奎时期士兵多为傣族，所以在迁徙的过程中留下许多该时期的地名。“班”“挨”就是这一时期典型的地名。“班”意为扎营地，“挨”意为哨口，许多傣语地名如“班果”“班庄”“班恺”“班皂利”“挨那望”“挨小”等都是这一时期文化的体现。

二、傣语地名的结构特征

傣语和其他壮侗语民族语言地名在语词结构上基本相同，与汉语地名相比却有较大差异。汉语地名一般是齐尾式，即通名在后、专名在前，语法意义上大多数都是修饰性意义，如元谋县的许多汉语地名：元东路、糖市巷、酸楂树、界牌箐、麻栎树大队、普岔箐、坟墓山、苦水箐、凉水井、新江大队、黑泥坡、长山坡、白土坎等。而傣语地名一般都是齐头式，即通名在前、专名在后，如：骂拉莫（水井田寨）、骂拉左（好田寨）、丙弄（大坪地）、鱼洗（石头寨）、雷弄（大山）、王告（旧村）、腊居（角落田）、雷宰（沙坡山）、洒拉木（构树多的寨子）、丙间（青香树坪）、东永（大青树坝子）、茂满（桑树塘）、领亥（小青树地）、班庄（庄房扎营地）、你莫（荷花寨）、点连（红土山梁）、勐连（寻找到坝子的地方）、南溪（忧愁河）、那达（梯田）等。在汉语地名中，偏正结构一般是修饰语在前、中心语在后，而傣语及壮侗语地名结构则相反，这一构词特点成为区分汉语地名以及壮侗语地名的一个重要标志。值得注意的是，元谋的傣语地名也有极少数是偏正结构，即“专名 + 通名”，如：元谋，元是“飞跃的”的意思，谋是名词“马”的意思，所以元谋即“飞腾的骏马”；帕郎，帕是“土岩”的意思，郎是“园子”的意思，帕郎即“土岩上的园子”；过拉，过是“奠基”的意思，拉是“田”的意思，过拉即“奠基之地”；户岭，户是“席草”的意思，岭是“坡”的意思，户岭即“席草坡”；波亨，波是“麻栎树”的意思，亨是“房子”的意思，波亨即“麻栎树房”；户郎，户是“席草”的意思，郎是“园子”的意思，户郎即“席草园”；茂易，茂是“新”的意思，易是“寨子”的意思，茂易即“新寨子”。这种结构还是少之又少的。

一个完整的傣语地名基本上都是由“通名 + 专名”构成，在语法结构上则属于正偏结构。通名可由名词、方位词等许多词类充当，如腊甸、骂拉莫、丙弄、那旧、雷弄、勐连中的“腊 na^{41}”“骂 ma:n^{31}”“丙 peŋ^{51}”“那 na^{41}”“雷 lɔi^{33}”“勐 məŋ^{55}”等，元谋傣语地名的通名基本上多由名词充当。专名则较为复杂，几乎所有的词类都可以充当专名。

三、傣语地名类别

从命名方式来看，傣语地名可以分为以下几类。

（一）描述性地名

以地理位置为命名依据：腊甸（龙川江的头坝田）、跨膀（山岩下的平地）、得大（下边的渡口）、罗茂勒（新水塘上边的寨子)、雷丁(山脚下的寨子)、勐令沟(陡坡下的山沟)、能禹(河边寨)、普登(下边那个村子)、那能(河边田)。

以地理形态特征为命名依据：法帕(雷击打过的地方)、练黄(像小箩箩凸起的地方)、回龙(大山凹地)、点连(红土山梁)、车良地(红土岩)、摩诃(村旁边有隆起小山形似帽，村以山形而名)、那达(梯田)、庄连(红土庄房)、丙戌(绿色坪子)、挨小(哨口被像披肩一样的树林盖着的)、勐连(红土地)、茂别(隐蔽的水井)。

以风物为命名依据：挨相(相指"宝石"，好地方)、那蚌(温泉田)、乌蚌(温泉塘)、马吼(荸荠果)、那化(螺蛳田)、朱布(河中有螃蟹的村子)、空连(草药凹地)、乐甫(上席草地)、广福(席草坡)、探考(栽稻谷的水塘)、苴那(竹笋山)。

以景色为命名依据：骂洒(清秀寨子)、班美(景色秀美的扎营地)。

以动植物为命名依据：那别(鸭子田)、丙洪(大青树)、丙间(青香树坪)、多乐(攀枝花树桩)、湾保(白蚂蚁山湾地)、领亥(小青树地)、茂满(桑树塘)、丙令(栎树坪)、你莫(荷花塘)。

(二)记叙性地名

以人名、官职为命名依据：挨昌(昌姓村哨口)、雷那应(山下的官田)、班皂利(官家扎营地)、法旦(土司管的凹地)、班法(土司的扎营地)。

以军事设施为命名依据：在元谋各个地名中，与军队驻扎有关的地名多为傣语和汉语，傣语地名如"班""挨"，其中以"班"最多，班果、班花村、班庄道、班兴、班恺、班者糯、挨小、挨相、挨冈、挨昌等都是此类。

以宗教、历史或奇闻逸事为命名依据：能道。

（三）寓托性地名

寓托性地名如把度（长久守卫之地）、班美（景色秀美的扎营地）。

四、傣语地名的更替

随着时光的流逝，一些傣语地名逐渐被汉语所代替，如：

大树村，原名“班卖”。班：扎营地，卖：新，意为新扎营地，后因村中以前的大树长成树林，故命名为“大树村”。

国兴，原名“那国治”。那：田，国：汇拢，治：竹子，意为竹子田坝两条小河汇合的地方。1955年改名“国兴”，寓意新中国兴旺发达。

河西，原名“班宰”。班：扎营地，宰：沙，意为沙坪子扎营地，后因村子坐落在龙川江河的西岸改名为“河西”。

牛街，原名“能海闹”。能：河，海：榕树，闹：赶摆，意为河边榕树赶摆（街）地，后因逢丑而市，故称“牛街”。

河东，原名“阿那勒”。阿：助词，那：田，勒：上，意为河上边的田，后因该村子坐落在龙川江东岸，故名“河东”。

老范村，原名“雷彪”。雷：山，彪：缺口，意为缺口山寨，后该村田地属范村，故名“老范村”。

小新村，原名“班羊小新村”。班：扎营地，羊：鸳鸯，意为有鸳鸯的扎营地，后简称“小新村”。

虎溪，原名“骂虐”。骂：寨子，虐：攀枝花，意为攀枝花寨。土地改革时村人误解“骂虐”有贬义，改名为“虎溪”，相传有虎跳过溪（村前蜻蛉河）。

凉山，原名“雷应山”。雷：山，应：凉，意为凉山。

大沟，原名“车良居”。车：排，良：红色，居：角，意为伸出去的红土地。

老康村，原名“帕罕”。帕：菜，罕：豌豆，意为豌豆菜地。因地处老康山脚，故改名“老康村”。

相树村，原名“相花”。相：宝石，花：粉红色，意为宝地，1951 年取相花、大树村各一字得名，该村较小，故名“相树小村”。

莲花，原名“班三闹”。班：扎营地，三闹：三脚架，意为用三脚架煮饭的扎营地，后以村后莲花山得名。

小西村，原名“罗额”。罗：水塘，额：龙，意为龙潭。中华人民共和国成立初期人们误认为“罗”与“倮”同音，有贬义，故改名“小西村”。

里长，原名“那拱得”。那：田，拱：坡，得：下，意为坡脚田。清末，该村富户轮流当里长，故名。

上库南，原名“南角帕”。南：河，角：拐弯，帕：岩子，意为河湾岩子。1954 年空弄与南角帕间修一水库，该村位于水库上方，故名。

下库南，原名“空弄”。空：坑，弄：水塘，意为水塘坑。该村位于水库下方，故名。

原居住于元谋的傣族在元朝时期就已陆续迁出，其中一部分后并为汉族、彝族等民族，所以地名志中留下的傣语地名基本都是音译过来的，因此在不断地修改和补充中会有许多不相似之处，这给调查带来了一定的难度。地名志中记载的傣语地名主要存在以下特点：①傣语地名记载都以音译为主，意译或者音译、意译混合地名基本没有。②地名不统一。许多表示同一意义的通名汉字书写不统一，如腊（田）、那（田），能（河）、南（河），茂（新）、卖（新），应（寨子）、英（寨子）、易（寨子）、云（寨子）；表示麻栎树、同一意义的专名音译成汉字不一样，如麻栎树、上、河等。由于地名书写不统一，一些地名已经不清楚其真正的意思了。

第二节　氐羌系民族过往的地名遗迹

一、德钦地名与民族交往

滇西北的高山峡谷位于川滇藏的交界地区，是明代纳西族木氏土司与西番长期争夺的区域，曾一度为木氏土司所控制，据倪蜕《滇云历年传》载："丽江土府，元明时俱资以障蔽蒙番，后日渐强盛，于金沙江外则中甸、里塘、巴塘等处，江内则喇普、处旧、阿敦子等处，直至江卡拉（盐井）、三巴、东卡皆其自用兵力所辟，蒙番畏而尊之曰：萨当汗。"又据《维西见闻纪》："万历间，丽江土知府木氏寖强，日率么些兵攻吐蕃地，吐蕃建碉楼数百以御之，维西之六村、喇普、其宗皆要害，据守尤固。木氏以巨木作碓，曳以吉碉，碉悉崩，遂取各要害地，屠其民，而徙么些戍焉。自奔子栏以北，番人惧，皆降。于是自维西及中甸，并现隶四川之巴塘、里塘，木氏皆有之，收其赋税，而以内附上闻。""明土知府木氏攻取吐蕃六村、康普、叶枝、其宗、喇普地，屠其民，徙么些戍之，后渐繁衍。"

据潘发生先生考证，《木氏宦普》所载叶枝乡以南的你那区地名诸如托普瓦、岩瓦、当瓦、刺何场、刺木瓦等均为纳西语地名，"瓦"为"寨"之意。而在叶枝乡以北，在元代属吐蕃竹罗界，明初称"你那"，地名如从仲、各娘、欠保、那胜和毛佉各等均为藏语地名，如"各娘"意为山梁低洼处，"欠保"意为铁矿上方等。这证明，在木氏土司扩充势力前，今维西县叶枝乡以南为纳西族世居地，以北为藏族世居地。[①]木氏统治结束后，在藏族聚居区生活的纳西族逐渐与当地其他民族融合，在如今的德钦，仍旧可以找到一些受藏族文化影响较深的纳西族村落。2012年和2013年的暑期，云南民族大学民族文化学院的阿错老师带领藏族学生在德钦做田野调查时发现，有的纳西族村落在1949年前每年会举行一个纪念性的活动，届时全村男人聚在一起，说一天纳西语，其余时间村民完全用藏语交流；有的纳西族村落正式场合使用藏语，日常生活仍用纳西语。根据藏语班斯那江初同学的叙述，德钦县佛山乡的一些村寨藏族和纳西族杂居，两个民族相互通婚，人们相互交流时都夹杂着对方的语言，难分彼此，纳西族的生活习惯等受当地藏族群众影响较深，日常生活还用自己的母语。

根据1987年的《德钦县地名志》，德钦县纳古乡和巴美乡都存在纳西族村或纳西族与藏族杂居村。纳古乡名来自于所在片村，“纳古”为黑色，因村前有一黑岩石。纳古乡基本都是藏族村，松丁是其中唯一的纳西族村寨，松丁是藏语，“松”为“守卫”，“丁”为“上”，合起来就是“哨卡上”。相传丽江木氏王曾在此设卡，故名。当时村里有28户121人，均为纳西族。

巴美乡有藏族、纳西族杂居村，如巴美、西鲁、甲卡。巴美为乡政府驻地。“巴美”是藏语，“巴”即“巴拉山”，“美”为“下”，含义为“巴拉山下”。村居巴拉山下，故名。西鲁村位于乡驻地的北方。“西鲁”是藏语，“西”为“低下”，“鲁”为“河谷”，含义为“低谷”，因居澜沧江边而名。另一个杂居村甲卡，“甲卡”也是藏语，“甲”为“鸟”，这里指布谷鸟，“卡”义为“口”，这里引申为“鸟鸣”，含义为布谷村。因布谷鸟来得早而名。[②]

① 潘发生：《丽江木氏土司向康藏扩充势力始末》，载《西藏研究》，1999（2），44～52页。

② 德钦县地名办公室编印：《德钦县地名志》，内部资料，45～47页，1987。

斯那江初还在巴美发现了一些纳西语地名和纳西语、藏语混合地名，如：

格玛拉麦：纳西语，放木水渠的地方。

拉果果：纳西语，“拉”为老虎，“拉果果”即老虎舔过的地方。

个火去尼：“个火”为纳西语，而“去尼”为藏语，是“泉眼”的意思。

个翁鲁茸：“个翁”为纳西语，“鲁茸”为藏族人名，“个翁鲁茸”即鲁茸盖房子的地方放羊。

德拉德古：纳西语，即会起龙卷风的地方。

测测卡：“测测”为纳西语，即“放羊”；“卡”为藏语，即“地方”。

陆霸交不卡：“陆霸交不”是纳西语，即“大石头”；“卡”是藏语，即“地方”。

八达台以及古：“八达”是当地很有名的家族，“台以及古”是纳西语，是煨桑地的意思。

如今的德钦，纳西、藏等多个民族和谐地生活在一起。

二、塔城地区的地名与民族的迁徙流动

笔者调查的另外两个纳西族、藏族杂居地是玉龙县的塔城乡和维西县的塔城镇。玉龙县塔城乡的洛固村是玉龙县藏族居民最多的村社之一，洛固地处深山，居民多为纳西族、藏族，东巴教和藏传佛教共存。藏传佛教噶玛噶举派十三大寺之一的达来寺，就位于洛固村洛北四组。“洛固”是纳西语，意为“山那边的角落”，说明这里最早居住的大多是纳西族。但就洛固村来说，似乎组建的历史并不很长。洛固村的和学礼老人是藏传佛教的存世高僧，1929 年生，他本人也是藏族，他说自己祖先迁到塔城已有 10 代，如果以一代 25 年推算，时间当有 200 多年。在洛固的纳

西族中，约有 80 户自称是“路鲁”，散居于各个自然村落中。相传他们是 4 个纳西古氏族梅、禾、束、尤中梅氏族的后裔，其祖先从南山（今丽江玉龙县黄山镇南溪一带）迁居塔城依陇，一部分多因躲兵等原因又从依陇迁到洛固。据调查，路鲁的祖先从南山迁到依陇已历 4 代，从依陇迁到洛固已历 3 代。依陇的纳西族和明老东巴清楚地述说了祖先迁徙的经历：祖先过来已经 200 多年。原住在四川和青海中间，后那里打仗，来到四川木里，从木里到云南宁蒗永宁，后到白沙，后纳西摩梭打仗，从白沙住到木老爷那里（木府大门下面的忠义市场）。和明这一支搬到丽江长水，后搬到泰安的木苏，住在木苏的那一代有 9 个儿子，1 个到盐津，1 个到德钦，1 个到贡山，1 个到中甸三坝，1 个到四川木里，1 个到鹤庆的西屯，1 个到拉市，2 个到南山。住在泰安的一家有 5 个儿子，2 个到拉市，1 个到丽江的南口，1 个来塔城的依陇，1 个住原地。过了几年，除了来这里的那一家，从泰安又来了 19 家，依陇有 10 家。这段断断续续迁徙的历史大概持续了 1000 年，目前能知道的是，纳西族、藏族在洛固至少共同生活了 200 年，纳西语、藏语在这里可以通用，居民们在交谈过程中一会儿用纳西语，一会儿用藏语。由于双语共用而变得双语混合，于是这里的语言与同一方言区的藏语和纳西语都产生了分歧。

在金沙江另一面的维西塔城，笔者等人调查了纳西族玛丽玛萨人，“玛丽玛萨”意为木里摩梭，本来是指从木里迁到维西塔城的纳西族摩梭人。因为长期与藏、傈僳等民族接触，“玛丽玛萨”又成了一个地域文化的代名词。在云南迪庆藏族自治州，还流传着“傈僳玛萨”“藏族玛萨”之类的称呼。玛丽玛萨人主要居住在云南省迪庆州维西县塔城镇腊普河畔海尼与柯那两个民族行政村，包括 14 个自然村落，其中海尼村 10 个、柯那村 4 个，共 2000 多人。有关玛丽玛萨人迁徙的时间，据 20 世纪 50 年代的民族识别调查，当时玛萨老人有个比较一致的说法，就是祖先是一个叫阿额黑的头人的奴娃，来维西有 7 代，也就是约 175

年。《维西县志》的记载则是：据世代相传，玛丽玛萨的祖先原住在“拉塔堆”（今四川省盐源左所），由于明代木氏土司连年征战，他们纷纷外逃避乱，陆续来到县境腊普河谷。[①] 虽然对迁徙的原因有不同的解释，但时间上差不多一致。笔者也就此问题请教过与玛萨人杂居的藏族发音人，他猜测他们在本地居住的时间可能是 200 多年。但藏族在维西县境居住的历史却要早得多。在史籍文献中，藏族常被称为“吐蕃”“古宗”，有时也称“西番”。唐初，县境为吐蕃铁桥节度使地，当时有较多藏族。明代木氏土知府与藏族农奴主在县境长期进行争夺战，最终虽然木氏取胜，但藏族人民群众依然大多居留了下来。清代设置的维西厅，曾是当时有名的藏族聚居区之一，藏族人口占居民的半数左右。而据 1957 年的统计，全县藏族共 27500 人，而 60% 以上都集中在塔城乡内。[②] 傈僳族在塔城居住的时间较早，据文献记载，唐代的铁桥城附近居住着施蛮、顺蛮部落，现代一些学者认为，施蛮、顺蛮是傈僳族的先民。[③] 铁桥就在塔城境内。藏族、傈僳族的居住时间早于玛萨人，从玛萨人关于语言的传说中也可以证实：古时候教语言，玛萨人迟到了，其他人已经散会，他们只好跟藏族学一点，跟傈僳族学一点。[④] 玛丽玛萨人居住的海尼村这个地名显示了早期的语言隔阂：“海尼”为纳西语，“海”是“耳朵”，“尼”是“扭”，含义为扭耳朵的地方。据传有纳西族、藏族二人因听不懂对方语言，互扭耳朵，遂名。[⑤]

① 云南省维西傈僳族自治县志编纂委员会编：《维西傈僳族自治县志》，163 页，昆明，云南民族出版社，1999。

② 云南省维西傈僳族自治县志编纂委员会编：《维西傈僳族自治县志》，175 ~ 176 页，昆明，云南民族出版社，1999。

③ 云南省维西傈僳族自治县志编纂委员会编：《维西傈僳族自治县志》，147 页，昆明，云南民族出版社，1999。

④ 刘青：《玛里玛萨人的宗教文化与民族接触》，载《西南民族大学学报》（人文社会科学版），2012（2），60 ~ 63 页。

⑤ 维西傈僳族自治县人民政府编：《维西傈僳族自治县地名志》，内部资料，51 页，1987。

根据文献记载，维西为木氏土司所占后，中间又有波折，最后为清廷所控制。《维西见闻录》云："维西滇徼外，属丽江通判治，《云南通志》但云，明时内附，本朝康熙年间为达赖喇嘛所据。雍正七年设流官。""本朝康熙十三年，吴三桂叛。其孙世璠败，乃割其宗以北地赂青海求援，维西复沦于吐蕃，后数年，旋收复，隶四川，以土官羁縻之。"又据《清圣祖实录》卷二八七〇："（康熙五十九年）二月甲子，议政大臣等议复，云南贵州总督蒋陈锡疏言，中甸地方原系云南丽江土府所属，吴逆背叛时割赂西藏，今巴塘、里塘虽经四川招抚，而中甸一带距实远，附滇最近，尚有钱粮向丽江完纳，非四川旧属也。兹据丽江土府木兴详报，中甸等处番目及喇嘛营官到丽江投诚，愿仍归云南管辖，应如所恳，将附近中甸地方及巴塘、里塘仍归丽江土府管辖。从之。"但仅过一个月，清朝廷即决定往丽江、中甸一带派兵驻守。《清圣祖实录》卷二八三〇："（康熙五十九年三月己丑）云南巡抚张谷贞请亲率官兵，于丽江、中甸适中之处，驻扎防守。从之。"正因为如此，维西一些以藏语命名的原藏族活动区域内，逐渐移入了纳西族或汉族等其他民族，如：

加木可，藏语，居民为纳西族。"加木可"是"加木仲"的音变，意为板栗沟。村旁板栗树多，故名。

欧母顶，藏语，居民为纳西族。"欧母"为神山，"顶"为上面，意为神山上面。因村建在神山旁，故名。

谷那统，藏语，居民为纳西族。"谷那"为野蒜，"统"为坝子，意为野蒜坝。建村地生长野蒜，故名。

瓦尼那，藏语，居民为纳西族。"瓦尼那"意为狐狸歇宿的地方。建村前该地常有狐狸出没，故名。

申它科，藏语，居民为纳西族。"申它科"意为野藤地。昔为生长野藤多的地方，故名。

些卡，藏语，居民为汉族。"些卡"意为下面，因村子坐落在响水河下侧，故名。

南租卡，藏语，居民为汉族。“南租卡”意为森林里面。因村建在森林里面，故名。

仲鲁，藏语，居民为藏族、汉族。“仲鲁”意为团村。

哥登，藏语，居民为汉族。“哥登”意为仲鲁上面，因村子坐落在仲鲁上方，故名。[①]

现在，当地汉族、傈僳族、纳西族等民族相互通婚，和谐相处，多民族杂居村落的人们通常都多语并用，语言不断地相互影响和融合。

① 维西傈僳族自治县人民政府编:《维西傈僳族自治县地名志》，内部资料，44 页、45 页、46 页、49 页、51 页、52 页，1987。

第五章　语言接触与生态文化

语言的生态环境包括自然生态与人文生态两个方面，下文将分别叙述。

第一节　生物多样性与语言多样性

生物多样性是生物及其与环境形成的生态复合体以及与此相关的各种生态过程的总和，它包括数以千百万计的动物、植物、微生物和它们所拥有的基因以及它们与生态环境形成的复杂的生态系统。生物多样性是维持基本生态过程和生命系统的物质基础。[①]语言的多样性基于族群的多样性，族群多样性则是基于生物的多样性。

穆夫温教授在《语言演化生态学》一书中把语言看作物种，把语言演变过程与生物进化演变过程相对比：语言是一个寄生物种，其生命和活力依赖于其宿主即说话者（的行为和安排）、他们所形成的社会以及他们所生活的文化。[②]现有的语言系统是语言长期演变的结果。语言不是一成不变的，而是在语言生态系统

① 李元主编：《环境生态学导论》，6页，北京，科学出版社，2009。

② ［美］萨利科科·S.穆夫温：《语言演化生态学》，郭嘉、胡蓉、阿错译，27页，北京，商务印书馆，2012。

的支配下进行着变异与变化，在内部因素和外部因素的影响下产生变异，在这个过程中，不同要素相互竞争，那些更有优势的变异会优先适应变化而成为语言系统的一分子。这种语言演化的过程就同自然生态系统中物种的进化一样，要遵循自然选择“优胜劣汰”的制约。当然语言演变与生物演变也有不同之处，最重要的不同就是语言有时候可以受言语者支配，掺入个人意愿，比如有意改变交谈方式，以表明自己身份。而生态物种中的自然选择与意愿无关。

语言与生物物种的相同之处还表现在生物多样性与语言多样性的作用上。例如，不同的生物共处于同一个生态圈中，生物的多样性有利于维护生态平衡，形成良性循环；而语言的多样性有利于保持人类丰富多彩的文化，确保人类在地球上健康生存和发展。因此生物多样性与语言多样性又具有对应关系。美国康涅狄格大学的科学家研究了全球数百个生态区的土著族群、传统民族的语言状况和生物生态状况，结果表明，生物多样性程度高的地区，语言多样化程度也高，二者存在地理相关性（Oviedo & Luisa，2000）。牛津大学人类语言学家 D. Nettle 对西非地区的语言分布进行了研究，发现越接近赤道地区，语言的数量就越多；雨季的长短与语言数量直接相关（Glausisz，1997）。E. A. Smith（1998）对墨西哥北部土著美洲族群的研究也证明，语言和文化的多样性与生物多样性存在一定的相关性。[①] 生物多样化的环境适合人类居住，具有丰富多彩的食物链，满足人们自给自足的生活方式。因此生物的多样化也为语言和文化的多样性提供了条件。

反之，若生态环境失去平衡，生物多样化程度被打破，语言的多样性也会减弱，甚至生物的濒危与灭绝也会导致语言的濒危

① 转引自范俊军：《生态语言学研究述评》，载《外语教学与研究》，2005（2），110～115页。

与消亡。因为人们赖以生存的环境失去平衡关系，人们只能扩大与外界的联系，如进行经济贸易，来满足日益扩大的生活需求，自给自足的生活方式就会被改变。而随着与外界联系的日益增多，语言也会或多或少地受到影响，从而影响到语言的多样性。

这里以怒江傈僳族自治州贡山县为例。贡山独龙族怒族自治县，位于云南省怒江州北端，东与本省迪庆州维西、德钦两县相连，南与本州福贡县相连，北与西藏察隅县接壤，西与缅甸联邦毗邻。县境内居住着独龙、怒、傈僳、藏、纳西、白、汉等15个民族。[①] 据《贡山独龙族怒族自治县志》，民国以前，贡山因村落零散，人口稀少，而且大都居于山顶山腰，调查困难，因此人口无史料可查。民国一年（1912年）经夏瑚调查过一次，也不尽翔实和准确。后经多次调查，才有一些文字记载：民国七年（1918年）时，贡山县有1653户，共计6516人。到民国三十六年（1947年），也不过2103户，总人口10404人。中华人民共和国成立后，贡山县人口有了较快增长，到1990年第四次人口普查时，贡山人口已增至33395人。[②] 又据2021年《云南省第七次全国人口普查主要数据公报》，贡山县人口为3.8万，而同在怒江州的泸水市为20万，福贡县为11万，兰坪县为19万。[③] 贡山县为云南省人口最少的县，从1990年到2021年31年间人口增长数量极微，这与其自然地理环境有着必然的关系。

贡山境内主要山脉有碧罗雪山、高黎贡山和担当力卡山，有大小山峰350座，其中60余座在海拔4000米以上。县境内有怒江和独龙江两大水系，有大小河流138条，其中主要河流55条，高山湖泊11个。高耸入云的雪山和滔滔不绝的江水决定了这里

① 贡山独龙族怒族自治县志编纂委员会编：《贡山独龙族怒族自治县志》，1页，北京，民族出版社，2006。

② 贡山独龙族怒族自治县志编纂委员会编：《贡山独龙族怒族自治县志》，58页，北京，民族出版社，2006。

③ 数据来源于怒江傈僳族自治州人民政府官网。

人烟相对偏少。

高山流水同时也为各种生物的繁衍生息提供了必要的条件。贡山境内降水丰富，适合各种动植物生长发育，因此形成了生物多样性的特征。贡山地区的植物异常丰富：海拔 3300 米以上的高山地区，分布着亚高山灌丛草甸带，生长着矮生杜鹃、箭竹和各类珍稀药材，包括红景天、虎耳草、雪莲等；上接亚高山灌丛针叶林带，有冷杉、云杉林和铁杉林，林下营养丰富的腐殖土里生长着各种野生菌类，有包菌、鸡枞等。据统计，高黎贡山和怒江峡谷地区有种子植物 210 科、1086 属、4303 种。2008 年，贡山县已知植物种子有 163 科、764 属、2686 种；哺乳动物有 8 目、25 科、74 属、192 种；有鸟类 269 种，昆虫 1690 种。其中国家一级保护野生植物有云南红豆杉、南方红豆杉、红花木莲、光叶珙桐 4 种；国家二级保护物种有胡黄连、冬虫夏草、树蕨、松茸、贡山三尖杉、福建柏、油麦吊云杉、云南榧木、台湾杉（秃杉）、领春木、凹叶厚朴、水青树、董棕、胡黄连等 15 种。国家级保护野生动物有扭角羚、赤斑羚、戴帽叶猴等 30 种。① 这样丰富的动植物资源无疑给人类的生存提供了保障。据艾怀森调查，高黎贡山两侧的居民主要从事传统的农业生产活动，生产力发展较低，通过采集植物、昆虫、菌类作食用、药物或对外交流，是经济生活的一个重要组成部分。调查结果表明，当地居民的采集涉及野生动植物约 600 种（含菌类），其中食用植物约 200 种，药用植物约 300 种，其他用途的采集涉及动植物 100 多种。②

贡山最早是独龙族和怒族居住于此，他们分别居住在独龙江流域和怒江流域。据《贡山独龙族怒族自治县志》记载，怒族早

① 朱文宇：《贡山县森林生态保护与财政转移支付》，昆明，昆明理工大学硕士学位论文，2008。

② 艾怀森：《高黎贡山地区的采集活动及其对生物多样性保护的影响研究》，载《云南地理环境研究》，2002（1），73 ~ 79 页。

在1000多年前就在贡山繁衍生息。贡山怒族与独龙族同属汉藏语系藏缅语族，语言和风俗习惯等方面有着极为密切的关系，不仅语言大都相通，词汇、语法也基本相同，习俗方面也有共同之处。[①] 傈僳族是怒江人口最多的民族。元、明时期，先后受丽江路军民府及丽江木氏土知府的统治，15世纪以后，傈僳族人民在首领括木必得率领下，翻过碧罗雪山进入怒江。清朝，又有几批傈僳族起义后进入怒江：清嘉庆八年（1803年）恒乍绷起义后大迁徙；清道光元年（1821年）唐贵起义后大迁徙；清光绪二十年（1894年）丁洪贵、古老四起义后大迁徙。除傈僳族外，贡山藏族和汉族人口也很多。藏族进入贡山是在清乾隆年间，维西康普土司为加强这一地区的统治，派喇嘛到这里建立普化寺以后，由维西、德钦逐步迁来的。[②] 中华人民共和国成立以前，贡山境内的汉族很少，贡山的大部分汉族是中华人民共和国成立后，为支援边疆建设落户这里的。在贡山境内，语言接触大致就是汉、怒、独龙、藏、傈僳几种语言间的相互影响，而生物多样性则为多语人群的生存提供了必需的条件。中国科学院植物研究所的工作人员曾对丙中洛乡怒族对植物的传统利用做过研究，调查发现，丙中洛怒族大多生活在依山傍水的河流冲积扇地带，除了种植水田、菜地、果树外，主要靠采集野生植物补足日常消费和调节饮食，包括水生、块茎和叶茎类食用植物，以及食用菌类、竹笋和野果等。采集所获的野生食用植物是怒族不可缺少的食物来源，仅有少数在集市销售，成为家庭的副业收入。[③] 据笔者观察，丙中洛各民族饮食生活习惯大致相类。现在，随着社会的发展和

---

① 贡山独龙族怒族自治县志编纂委员会编：《贡山独龙族怒族自治县志》，83页，北京，民族出版社，2006。

② 《怒江傈僳族自治州概况》编写组：《怒江傈僳族自治州概况》，26页，昆明，云南民族出版社，1986。

③ 刀志灵、龙春林、刘怡涛：《云南高黎贡山怒族对植物传统利用的初步研究》，载《生物多样性》，2003（3），231～239页。

互联网时代的到来，各地群众的交流越来越便捷，丙中洛街道上的游客和生意人也越来越多，逐渐打破了这里原有的语言生态平衡，汉语借词越来越多地渗透到民族语言中。除了工业生产的日常生活用品、科技类词、政治类词用汉语借词外，一些常用词也渐渐被汉语借词替代，如丙中洛怒语读“癣”为 $çyæ^{53}$，“血”为 $çi^{55}$，“羊”为 $jaŋ^{53}$，“绵羊”也为 $jaŋ^{53}$；藏语读“羊”为 $ʐɑ^{132}$；傈僳语读“骡子”为 $lo^{34}tsə^{31}$；这些都是汉语借词。

第二节　语言与天文地理环境

自然环境决定了语言中的词汇分布和语言的演变。以傈僳族为例，狩猎采集文化曾在傈僳族的经济文化中占有重要地位。明《景泰云南图经志书》卷四载：“有名栗粟者，亦罗罗之别种也，居山林，无室屋，不事产业，常带药箭弓弩，猎取禽兽，其妇人则掘取草木之根以给日食，岁输官者，唯皮张耳。”《南诏野史》载：“力些，即栗粟，……尤善弩，每令其妇负小木盾前行，自后射之，中盾而不伤妇。”傈僳族居住的高山峡谷区，过去漫山遍野都是茫茫森林，各种飞禽走兽出没林间，又有各种各样的野生植物，加上交通不便，生产工具简陋，生产力低下，生活水平不高，采集、狩猎是必不可少的生活来源，直到今天，在一些偏僻的傈僳族村落，传统的狩猎和采集生活仍占有重要的位置。因此傈僳语有大量的野外生物类词，以笔者所调查的维西塔城镇和贡山丙中洛乡傈僳语为例①，见表 5-1：

① 塔城傈僳语发音人为唐世光，62 岁。丙中洛傈僳语发音人有 2 位，分别为余秋英，61 岁，余志花，18 岁。在此表示感谢。

表 5–1　塔城傈僳语和丙中洛傈僳语野外生物类词汇对比表

汉语	塔城傈僳语	丙中洛傈僳语
野兽	li^{31} tʃʰiɛ^{31} xuɑ^{31}	xuɑ^{34}ʃɿ^{31}xuɑ^{34}tʃɿ^{31}
老虎	lɑ^{213} mɑ^{31}	lɑ^{34}mɑ^{55}
狮子	si^{33} dʒiɛ^{31}	ʃiɔ^{34}kʰɯ^{33}
龙	lu^{31}	pɯ^{34}lɑ^{55}
猴子	tsuɑ^{213}mi^{31}	tʃiɛ^{34}mi^{42}
象	tsʰo^{31}	mɯ^{34}kɯ^{42}
豹子	lɑ^{31} u^{33} dy^{31}	lo^{34}u^{55}du^{31}
熊	ɤ^{31}	u^{55}pʰɑ^{31}
野猪	ny^{33} læ^{31}	uæ^{34}ti^{55}
鹿	tsʰæ^{33}	tsʰe^{42}
麂子	tʂʰɿ^{33} næ^{31}	无
獐子	lɑ^{31}	无
麝香	lɑ^{31} xɤ^{31}	tsʰe^{31}ɑ^{34}pʰu^{42}
水獭	tʃɿ^{31} ʂo^{31}	ɑ^{55}tʃɿ^{42}hæ^{34}
豪猪	pø^{31}	无
刺猬	kɤ^{33}	无
老鼠	xæ^{213}	hæ^{34}pɯ^{31}
松鼠	xæ^{213} ni^{31}	hæ^{34}tʃʰɿ^{55}
黄鼠狼	xæ^{213} lɑ^{31}	sei^{55}fu^{42}
豺	ʒiɛ^{31} tʰo^{33}	u^{34}tʃʰɿ^{42}
狼	ɑ^{33} i^{33} pʰɑ^{31}	xei^{55}lɑ^{42}
狐狸	o^{33} dø^{31}	nɑ^{55}mɯ^{42}sɯ^{42}
鸟	niɑ^{13} ʐɑ^{31}	ȵiæ^{42}
鸟窝	niɑ^{13} ʐɑ^{31} i^{33} kɤ^{33}	ȵiæ^{42}kʰɯ^{55}
老鹰	kɑ^{33} bɑ^{33} niɑ^{31}	tsue^{55}
鹞子	无	tsue^{34}tʰɯ^{55}
雕	ɕiɑ^{13} go^{31}	uæ^{42}ȵiɔŋ^{34}tsue^{33}

续表

汉语	塔城傈僳语	丙中洛傈僳语
秃鹫	无	无
猫头鹰	gu^{13} gu^{31}	gu^{34}gu^{42}
燕子	ʂuɑ^{33} miɛ^{33} o^{31}	ʧiɑ^{55}miɛ^{42}
大雁	gɔ^{31}	ȵiɛ^{34}mə^{42}næ^{55}
白鹤	无	ȵiɛ^{34}pʰɯ^{55}pʰɯ^{42}
麻雀	miɛ^{13} ʂæ^{31} læ^{31}	ɑ^{55}gu^{42}
蝙蝠	bi^{13} bɑ^{31}	uɑ^{34}lɑ^{42}
喜鹊	ɑ^{33} niɛ^{33} tʂæ^{31} tʂæ^{31}	ȵiɛ^{34}ʧø^{42}
乌鸦	ɑ^{33} niɛ^{33}	ɑ^{55}ȵæ^{44}
野鸡	do^{33} go^{33} lø^{31}	tɑ^{55}kui^{44}løi^{55}
鹦鹉	ɑ^{33} dzʅ^{31}	ɑ^{34}ʧʅ^{42}
斑鸠	dy^{31} bɯ^{31}	无
啄木鸟	tɑ^{33} ŋæ^{33}	tuŋ^{34}ŋɑ^{55}
布谷鸟	kɑ^{33} bɯ^{31}	kʰɑ^{55}pø^{42}
孔雀	mɑ^{33} ʒɑ^{31}	ȵiɛ^{34}ʧy^{42}
乌龟	gɤ^{33}	无
蛇	hu^{31}	le^{34}fu^{42}
四脚蛇	lɑ^{31} dɑ^{31} zʅ^{31}	kʰu^{42}mɯ^{21}ʧʅ^{55}li^{44}
青蛙	o^{33} pɑ^{33}	o^{55}pɑ^{33}
蝌蚪	o^{33} pɑ^{33} i^{33} zɑ^{31}	o^{55}pɑ^{44}nə^{33}nə^{33}
鱼	wɑ^{33}	uɑ^{55}
虫	bi̱^{13} ti^{31}	bɯ^{34}di^{31}
臭虫	bi̱^{13} ti^{31} lɑ^{33} xɤ^{31}	pɯ^{34}ɕiɑ^{55}ȵioŋ^{42}
跳蚤	xɤ^{31} tə^{33}	xɯ^{55}tɯ^{42}
虱	xɤ^{31}	xɯ^{55}ȵæ^{42}
虮子	xɤ^{33} fv^{31}	xɯ^{55}fɯ^{44}
苍蝇	y^{31} mø^{31}	u^{34}pu^{55}

续表

汉语	塔城傈僳语	丙中洛傈僳语
蛆	həŋ^{31}	ʃʅ^{42}ma^{55}fu^{44}
蚊子	y^{31} bø^{33}	u^{34}pu^{55}ȵiɛ^{34}tsʅ^{55}
蜘蛛	niɑ^{31} mɑ^{31}	ȵiɛ^{34}mɑ^{55}fu^{34}
蜈蚣	bø^{33} ʂʅ^{31}	ʒʅ^{34}xɯ^{55}lɑ^{34}mɑ^{44}
蚯蚓	kɤ^{33} lər^{31} bi^{31} di^{31}	u^{55}pv^{42}
蚂蟥	bø^{33}	pu^{42}lo^{55}ɕi^{44}ɕi^{33}
蚂蚁	bo^{13} lo^{31}	pu^{42}lo^{55}
蚕	bɯ^{31} zæ^{31}	bʉ^{42}
蜜蜂	biɛ^{13} mɑ^{31}	ʧiɛ^{34}ʒɔ^{42}
蝗虫（蚂蚱）	tsuɑ^{13} bɯ^{31}	pɯ^{42}tɑ^{55}ȵi^{31}
蜻蜓	i^{33} ʧɛ^{33} tsæ^{33} du^{31}	ʧʰiɑ^{55}u^{42}
蝴蝶	ɑ^{33} ku^{31} pʰæ^{33} læ^{31}	kɑ^{55}lɑ^{42}pɔ^{31}
蜗牛	mbɑ^{33} kʰɤ^{31}	pɯ^{42}ʒɛ^{34}nə^{42}

从上表可以看出自然环境对于词汇的影响，“秃鹫”在丙中洛和塔城都极少见，因此发音人无从表达；除此以外，“鹞子”“白鹤”在维西塔城很少见，所以当地傈僳语里没有这两个词；“麂子”“獐子”“豪猪”“刺猬”“斑鸠”“乌龟”在贡山丙中洛亦不多见，发音人无法用母语表达出来。另一个有力的证据是：除丙中洛傈僳语外，丙中洛怒语、藏语里也没有“麂子”“獐子”“豪猪”“秃鹫”“乌龟”这几个词，“刺猬”藏语读 sɑʔ^{53}，怒语中未见，至少说明这一动物少见。在维西塔城的玛丽玛萨话中，同样也没有“秃鹫”“白鹤”两个词；“鹞子”一词玛丽玛萨话读 gɤ^{51}，当地藏语读 kʰə^{55} ɕi^{51}，读音类似，这一个词应该是玛萨话借自藏语。另一个值得注意的是，虽然前人认为各地傈僳语相差不大，但笔者发现这一类词有较大差异。比较两地傈僳语，读音

相似的词大致只有以下一些，见表 5-2：

表 5–2　塔城傈僳语和丙中洛傈僳语相似词汇比对表

汉语	塔城傈僳语	丙中洛傈僳语
野兽	li^{31} ʧ^{h}iɛ^{31} xuɑ^{31}	xuɑ^{34}ʃʅ^{31}xuɑ^{34}ʧʅ^{31}
老虎	lɑ^{213} mɑ^{31}	lɑ^{34}mɑ^{55}
猴子	tsuɑ^{213}mi^{31}	ʧiɛ^{34}mi^{42}
豹子	lɑ^{31} u^{33} dy^{31}	lo^{34}u^{55}du^{31}
熊	ɤ^{31}	u^{55}p^{h}ɑ^{31}
鹿	ts^{h}æ^{33}	ts^{h}e^{42}
老鼠	xæ^{213}	hæ^{34}pɯ^{31}
松鼠	xæ^{213} ni^{31}	hæ^{34}ʧ^{h}ʅ^{55}
鸟	niɑ^{13} ʐɑ^{31}	ȵiæ^{42}
鸟窝	niɑ^{13} ʐɑ^{31} i^{33} kɤ^{33}	ȵiæ^{42}k^{h}ɯ^{55}
猫头鹰	gu^{13} gu^{31}	gu^{34}gu^{42}
燕子	ʂuɑ^{33} miɛ^{33} o^{31}	ʧiɑ^{55}miɛ^{42}
喜鹊	ɑ^{33} niɛ^{33} tʂæ^{31} tʂæ^{31}	ȵiɛ^{34}ʧø^{42}
乌鸦	ɑ^{33} niɛ^{33}	ɑ^{55}ȵæ^{44}
野鸡	do^{33} go^{33} lø^{31}	tɑ^{55}kui^{44}løi^{55}
鹦鹉	ɑ^{33} dʐʅ^{31}	ɑ^{34}ʧʅ^{42}
啄木鸟	tɑ^{33} ŋæ^{33}	tuŋ^{34}ŋɑ^{55}
布谷鸟	kɑ^{33} bɯ^{31}	k^{h}ɑ^{55}pø^{42}
孔雀	mɑ^{33} ʒɑ^{31}	ȵiɛ^{34}ʧy^{42}
蛇	hu^{31}	le^{34}fu^{42}
青蛙	o^{33} pɑ^{33}	o^{55}pɑ^{33}
蝌蚪	o^{33} pɑ^{33} i^{33} ʐɑ^{31}	o^{55}pɑ^{44}nə^{33}nə^{33}
鱼	wɑ^{33}	uɑ^{55}
虫	bi̠^{13} ti^{31}	bɯ^{34}di^{31}
跳蚤	xɤ^{31} tə^{33}	xɯ^{55}tɯ^{42}
虱	xɤ^{31}	xɯ^{55}ȵæ^{42}

续表

汉语	塔城傈僳语	丙中洛傈僳语
虮子	xɤ^{33} fv^{31}	xɯ^{55}fɯ^{44}
蚊子	y^{31} bø^{33}	u^{34}pu^{55}ȵiɛ^{34}ʦɿ^{55}
蜘蛛	niɑ^{31} mɑ^{31}	ȵiɛ^{34}mɑ^{55}fu^{34}
蚂蟥	bø^{33}	pu^{42}lo^{55}ɕi^{44}ɕi^{33}
蚂蚁	bo^{13} lo^{31}	pu^{42}lo^{55}
蚕	bɯ^{31} zæ^{31}	bʉ^{42}
蝗虫（蚂蚱）	ʦuɑ^{13} bɯ^{31}	pɯ^{42}tɑ^{55}ȵi^{31}

可以看出，完全同音的字不多，除去一些人为的因素，相似情况下的差异可以归因为语言的自然演化。然而笔者考察了68个词，只有33个是相似或半相似的，这是最值得研究的问题。笔者认为，形成这种差异的原因是可以考证的，这个原因正是源自人文生态环境。

下面仍以傈僳语中的野外生物类词为例，比较贡山丙中洛傈僳语与维西塔城傈僳语中发音不同的词，进一步说明多民族杂居村落的形成对语言产生的影响，见表5-3：

表5–3　塔城傈僳语和丙中洛傈僳语异读词表

汉语	塔城傈僳语	丙中洛傈僳语
狮子	si^{33} dʒiɛ^{31}	ʃiɔ^{34}kʰɯ^{33}
龙	lu^{31}	pɯ^{34}lɑ^{55}
象	ʦʰo^{31}	mɯ^{34}kɯ^{42}
熊	ɤ^{31}	u^{55}pʰɑ^{31}
野猪	ny^{33} læ^{31}	uæ^{34}ti^{55}
麂子	tʂʰʅ^{33} næ^{31}	无
獐子	lɑ^{31}	无
麝香	lɑ^{31} xɤ^{31}	ʦʰe^{31}ɑ^{34}pʰu^{42}

续表

汉语	塔城傈僳语	丙中洛傈僳语
水獭	ʧʅ^{31} ʂo^{31}	ɑ^{55}ʧʅ^{42}hæ^{34}
豪猪	pø^{31}	无
刺猬	kɤ^{33}	无
老鼠	xæ^{213}	hæ^{34}pɯ^{31}
松鼠	xæ^{213} ni^{31}	hæ^{34}ʧʰʅ^{55}
黄鼠狼	xæ^{213} lɑ^{31}	sei^{55}fu^{42}
豺	ʒiɛ^{31} tʰo^{33}	u^{34}ʧʰʅ^{42}
狼	ɑ^{33} i^{33} pʰɑ^{31}	xei^{55}lɑ^{42}
狐狸	o^{33} dø^{31}	nɑ^{55}mɯ^{42}sɯ^{42}
鸟	niɑ^{13} ʐɑ^{31}	ȵiæ^{42}
老鹰	kɑ^{33} bɑ^{33} niɑ^{31}	tsue^{55}
鹞子	无	tsue^{34}tʰɯ^{55}
雕	ɕiɑ^{13} go^{31}	uæ^{42}ȵiɔŋ^{34}tsue^{33}
大雁	gɔ^{31}	ȵiɛ^{34}mə^{42}næ^{55}
白鹤	无	ȵiɛ^{34}pʰɯ^{55}pʰɯ^{42}
麻雀	miɛ^{13} ʂæ^{31} læ^{31}	ɑ^{55}gu^{42}
蝙蝠	bi^{13} bɑ^{31}	uɑ^{34}lɑ^{42}
斑鸠	dy^{31} bɯ^{31}	无
布谷鸟	kɑ^{33} bɯ^{31}	kʰɑ^{55}pø^{42}
孔雀	mɑ^{33} ʒɑ^{31}	ȵiɛ^{34}ʧy^{42}
乌龟	gɤ^{33}	无
蛇	lɯ^{31}	le^{34}ʃu^{42}
四脚蛇	lɑ^{31} dɑ^{31} ʐʅ^{31}	kʰu^{42}mɯ^{21}ʧʅ^{55}li^{44}
臭虫	bi̠^{13} ti^{31} lɑ^{33} xɤ^{31}	pɯ^{34}ɕiɑ^{55}ȵiɔŋ^{42}
苍蝇	y^{31} mø^{31}	u^{34}pu^{55}
蛆	həŋ^{31}	ʃʅ^{42}mɑ^{55}fu^{44}
蜈蚣	bø^{33} ʂʅ^{31}	ʒʅ^{34}xɯ^{55}lɑ^{34}mɑ^{44}

续表

汉语	塔城傈僳语	丙中洛傈僳语
蚯蚓	kɤ^{33} lər^{31} bi^{31} di^{31}	u^{55}pv^{42}
蜜蜂	biɛ^{13} mɑ^{31}	ʧiɛ^{34}ʒɔ^{42}
蝗虫（蚂蚱）	tsuɑ^{13} bɯ^{31}	pɯ^{42}tɑ^{55}ȵi^{31}
蜻蜓	i^{33} ʧɛ^{33} tsæ^{33} du^{31}	ʧ^{h}iɑ^{55}u^{42}
蝴蝶	ɑ^{33} ku^{31} p^{h}æ^{33} læ^{31}	kɑ^{55}lɑ^{42}pɔ^{31}
蜗牛	mbɑ^{33} k^{h}ɤ^{31}	pɯ^{42}ʒɛ^{34}nə^{42}

笔者比较了维西塔城地区的玛丽玛萨话，惊奇地发现，维西傈僳语与丙中洛傈僳语不同的地方，很多都与当地玛丽玛萨话奇特的相似，如表 5-4[①]：

表 5-4　塔城傈僳语与玛丽玛萨话共有词表

汉语	塔城傈僳语	塔城玛丽玛萨话
狮子	si^{33} dʒiɛ^{31}	sɿ^{33} gæ^{51}
龙	lu^{31}	lɯ^{51}
象	ts^{h}o^{31}	ʧ^{h}o^{31}
熊	ɤ^{31}	ɣo^{31}
麂子	tʂ^{h}ʅ^{33} næ^{31}	lo^{51}（黑）；ʧ^{h}ʅ^{51}（黄）
獐子	lɑ^{31}	læ^{31}
麝香	lɑ^{31} xɤ^{31}	læ^{33} gɤ^{51}
水獭	ʧʅ^{31} ʂo^{31}	ʂo^{51}
豪猪	pø^{31}	bo^{51}
刺猬	kɤ^{33}	gɤ^{33}
老鼠	xæ^{213}	xua^{33}
松鼠	xæ^{213} ni^{31}	xua^{33} ʐɤ^{51}
黄鼠狼	xæ^{213} lɑ^{31}	xua^{33} la^{51}

① 以下玛丽玛萨话发音人为和玉才，男，72 岁。在此表示感谢。

续表

汉语	塔城傈僳语	塔城玛丽玛萨话
狼	ɑ^{33} i^{33} p^{h}ɑ^{31}	a^{33}ʒy^{31} p^{h}a^{51}
大雁	gɔ^{31}	go^{51}
布谷鸟	kɑ^{33} bɯ^{31}	gɔ^{33} bɯ^{31}
孔雀	mɑ^{33} ʒɑ^{31}	mæ^{33} ʒɑ^{31}
蜈蚣	bø^{33} ʂʅ^{31}	dø^{33} ʂʅ^{51}
蚯蚓	kɤ^{33} lər^{31} bi^{31} di^{31}	ȵiə^{31} gə^{31} bĩ^{31} xən^{33}
蜜蜂	biɛ^{13} mɑ^{31}	bio^{33} mæ^{51}
蝴蝶	ɑ^{33} ku^{31} p^{h}æ^{33} læ^{31}	ɑ^{31} k^{h}ɔ^{31} p^{h}æ^{33} læ^{51}

维西傈僳语的发音人是塔城镇大村已经退休的小学教师唐世光老师和他的二儿子，父子俩曾建议笔者去记录腊普河上游村落的傈僳语，说那里的话更纯正一些——语言之间的接触母语人最清楚。

第三节 政治环境变迁与语言的演变

云南边境地区虽然自古以来民族众多，但多民族杂居村落的形成多在中华人民共和国成立以后，主要是因为生态移民和族际通婚。1950 年 5 月，第一部《中华人民共和国婚姻法》颁布。此后，又陆续出台了一些法律细则和解释性文件，对如何确定早婚、近亲、族际通婚等问题都作出了法律规定。20 世纪 50 年代以后，婚姻自主成为一种社会风气。西双版纳封建农奴制一直沿袭到 1956 年，婚姻限于寨内婚，不大与外界通婚，更不与其他民族通婚。1956 年以后，傣族通婚的范围逐渐扩大，尤其是改革开放以后，族际通婚的现象较为普遍。据调查，西双版纳景洪市曼飞龙村，1996年20多人与外村人结婚，村中又有多个姑娘与汉族人结婚，有的嫁到北京、上海。[①] 近些年，随着社会经济的发展、公路的畅通，外地人不断进入少数民族村寨，少数民族村寨的年轻人则纷纷外出务工、做生意，族际通婚成为常见现象。婚姻变迁直接影响到语言的传承，在外地生育、抚养的孩子很少说民族语，跨民族家庭的孩子可能会掌握多种民族语言。

除了族际通婚外，生态移民也是云南多民族杂居村落形成的关键因素，这里包括为躲避泥石流灾害、解决贫困问题、水电站建设而进行的移民等。笔者调查过贡山县丙中洛乡几个民族杂居村落，其傈僳族都是因为这个原因搬迁进来的。丙中洛村日当一组原来是个纯藏族村落，20世纪50年代，人民政府组织一部分傈僳族从山上搬下来，与藏族群众共同生活；甲生村委会形它组本来是怒族村，傈僳族迁入是近些年的事；沿着怒江大峡谷前行，江畔坡地上随处可见这种政府协助当地村民新建的村落。

怒江州生态环境脆弱，经济发展相对滞后，政府为解决当地群众贫困问题而进行的移民，也与生态环境密切相关。据统计，仅2008年上半年，怒江州境内因发生雨雪、泥石流、病虫、风雹等严重自然灾害就造成全州农作物受灾达10944.4公顷，绝收2768.9公顷，受灾人口14.24万人，因灾死亡大小牲畜2.23万头，倒塌房屋13473间，直接造成经济损失4.3亿元。[②] 自1996年怒江州异地开发扶贫搬迁进入实质性启动阶段以来，到2005年末，全州共完成异地开发安置31833人。[③] 据《2019年怒江州易地扶贫搬迁工作总结》，全州2016至2018年度建档立卡搬迁对

① 乔亨瑞：《云南少数民族婚姻家庭的变迁——以傣族、彝族、纳西族为例》，载《学术探索》，1999（4），81～85页。

② 资料来源于怒江政务网，www.nj.yn.gov.cn。

③ 冯芸、陈幼芳：《云南怒江傈僳族自治州实施异地开发与生态移民的障碍分析及对策研究》，载《经济问题探索》，2009（3），68～73页。

象 32856 人，规划建设 62 个集中安置点，2019 年底完成搬迁计划。① 此类人口迁徙形成的多民族杂居村落不在少数。多民族共同生活，自然形成多语兼用和多语混杂。

在贡山，傈僳语人口最多，傈僳语简单易学。傈僳族与其他民族杂居时间较短，因此很少受其他语言影响，在一定程度上，傈僳语对其他民族语言有一定影响。如丙中洛藏语“猴子”为 tʂʅ^{55}miɛ^{53}，傈僳语为 ʧiɛ^{34}mi^{42}；“猫头鹰”藏语为 gu^{35}gu^{53}，傈僳语为 gu^{34}gu^{42}，怒语为 gu^{34}gu^{53}；“蚂蚁”傈僳语为 pu^{42}lo^{55}，藏语为 pɑ^{35}ʐo^{53}。最有意思的是“树枝”，傈僳语为 sʅ^{34}læ^{34}kɑ^{55}，怒语为 ɕin^{34}dəŋ^{51}，藏语为 ɕin^{53}lɑ^{132}；藏语将怒语的 ɕin^{34} 和傈僳语的 læ^{34} 合成一个词。塔城傈僳语猴子为 ʦuɑ^{213}mi^{31}，猫头鹰为 gu^{13} gu^{31}，蚂蚁为 bo^{13} lo^{31}，树枝为 sʅ^{13} kɑ^{33} lɑ^{31}，大致与丙中洛一致。

第四节　语言变异的生物学解释

语言学作为一门科学，它在发展过程中的任何一次飞跃，都与当时的科学思潮或其他学科的进步紧密相联。1859 年，达尔文《物种起源》发表，以自然选择为基础的物种进化理论，受到语言学界的普遍关注。4 年后，德国语言学家施莱歇尔发表《达尔文理论与语言学》，首度将达尔文理论引入语言学，用进化论解释语言的产生、发展和变化。语言可比作自然有机体，其产生不以人类意志为转移；语言根据确定的规律成长起来，不断发展，逐渐衰老，最终走向死亡。语言与物种一样，也是长期演化的结果。正如一切自然有机体都源于单细胞，一切语言有机体也都源

① 数据来源于怒江傈僳族自治州人民政府官网。

自语言的细胞——词根。对语言又可以像对生物种群及其差异一样分类描述，生物学上属、种、亚种等一系列概念在语言学上均有平行的表达，如语系、语族、语言、方言、次方言、土语、个人言语等。现存的人类语言无一不是通过种群的逐渐分化和生存竞争而形成。语言因此是一门自然科学。[①]物种的发生和变异相当程度上决定于环境因素，语言也会因环境条件的差异而产生不同。正如在自然生物学的基础上产生人文生物学，在自然地理学的基础上又有人文地理学，生态语言学不过是依据语言演变的事实，在自然环境的基础上又加上了人文环境的因素，这也是语言演化过程中的关键因素。

跨境民族的语言由于受不同国家语言环境和语言政策的影响，语言活力和语言地位等级也有所不同。我国语言的地位规划等级如下：[②]

1 级：国语或国家官方语言，如汉语普通话；

2 级：省区语言，如蒙古语、藏语、维吾尔语；

3 级：广泛交际语言，如壮语；

4 级：用于母语教育的语言，如朝鲜语、哈萨克语、傣语；

5 级：非通用语言，如苗语、瑶语、哈尼语、汉语客家方言、汉语吴方言；

6a 级：保持一定活力的语言，如白语、布依语、布朗语、汉语赣方言、汉语徽州方言；

6b 级：受到威胁的语言，如白马语、毕苏语、东乡语、基诺语、仫佬语；

7 级：正在转用的语言，如阿昌语、波拉语、塔塔尔语、

① ［德］奥古斯特·施莱歇尔：《达尔文理论与语言学——致耶拿大学动物学教授、动物学博物馆馆长恩斯特·海克尔先生》，姚小平译，载《方言》，2008（4），373～383 页。

② 黄行、许峰：《我国与周边国家跨境语言的语言规划研究》，载《语言文字应用》，2014（2），9～17 页。

莫语；

8a 级：缺少活力的语言，如阿侬语、布央语、土家语、土尔克语；

8b 级：几近消失的语言，如仡佬语、东北柯尔克孜语、鄂伦春语、畲语；

10 级：已经消亡的语言，如女真语。

这只是就全国范围而言，但具体到某一个地区的方言土语使用，则情况有所不同。比如贡山丙中洛的藏语方言和维西塔城的玛丽玛萨话，其传承都令人担忧。云南边境地区处于濒危状态的语言大致都有一些普遍性的规律，笔者先从丙中洛藏语的使用现状，观察一下语言是如何走向濒危的，进而再引申到其他云南边境地区和邻边境地区的众多濒危语言。从生物遗传角度来说，人种遗传首先取决于婚姻，语言也是如此。家庭是社会的最小单位，家庭用语直接关系到语言传承。一种语言传承效果好，族群中绝大多数人口都是族内婚应该是一个重要因素。笔者从丙中洛村日当一组藏族家庭的民族成份来加以观察。[①]

表 5-5　丙中洛村日当一组藏族家族民族成份表

编号	家庭关系	辈分	出生年月	民族成份	婚姻形式
1	户主	第一代	1936.08	藏族	族内婚
	妻子		1936.02	藏族	
	长女	第二代	1967.11	藏族	族际婚
	女婿		1967.08	怒族	
	孙子	第三代	1992.03	怒族	

① 这里的“藏族家庭”指的是户口登记时有藏族成员的家庭。表格中未列入单人户家庭。有些家庭中成员户口未迁入或已迁出，看不出民族成份亦未统计；有的家庭中成员户口虽未在户，但可以从子女的民族成份判断出配偶的民族成份，仍列入表格中。表格中的“辈分”一栏只是为了分清楚每个家庭的长幼次序，并非按照年龄时段排列。

续表

编号	家庭关系	辈分	出生年月	民族成份	婚姻形式
2	户主	第一代	1966.06	藏族	族际婚
	妻子		1962.03	怒族	
	长子	第二代	1983.09	怒族	
	长女		1986.05	藏族	
	孙子	第三代	2000.07	藏族	
3	户主	第一代	1932.01	藏族	
	三子	第二代	1965.09	藏族	族内婚
	儿媳		1967.03	藏族	
	孙子	第三代	1989.02	藏族	
	孙女		1987.08	藏族	
4	户主	第一代	1951.06	藏族	族内婚
	长子	第二代	1984.11	藏族	
	长女		1987.11	藏族	
	次子		1990.03	藏族	
5	户主	第一代	1963.08	藏族	族际婚
	妻子		1961.02	傈僳族	
	长子	第二代	1984.06	藏族	
	三子		1988.11	藏族	
6	户主	第二代	1980.02	怒族	
	父亲	第一代	1950.02	怒族	族际婚
	母亲		1955.02	藏族	
	弟弟	第二代	1985.11	怒族	
	外孙	第三代	2008.07	藏族	
7	户主	第一代	1949.09	藏族	族内婚
	妻子		1950.06	藏族	
	二女	第二代	1981.08	藏族	

续表

编号	家庭关系	辈分	出生年月	民族成份	婚姻形式
8	户主	第一代	1988.10	藏族	
	妹妹	第一代	1989.09	藏族	族际婚
	侄子	第二代	2002.08	傈僳族	
9	户主	第一代	1939.08	藏族	族内婚
	妻子		1945.12	藏族	
	三子	第二代	1969.03	藏族	
	其他儿子		1980.09	藏族	
	其他儿子		1983.03	藏族	族际婚
	儿媳		1979.05	怒族	
	长孙	第三代	1991.02	藏族	
	次孙		1993.06	藏族	
10	户主	第一代	1966.11	藏族	族内婚
	妻子		1969.07	藏族	
	长子	第二代	1987.08	藏族	
11	户主	第一代	1928.12	藏族	族内婚
	次子	第二代	1960.06	藏族	
	三子		1963.02	藏族	
12	户主	第一代	1940.10	藏族	族际婚
	妻子		1944.02	怒族	
	长女	第二代	1979.12	藏族	族际婚
	女婿		1975.03	怒族	
	孙女	第三代	2002.01	藏族	
13	户主	第一代	1973.07	藏族	族际婚
	妻子		1977.02	怒族	
	长子	第二代	1997.01	藏族	
	长女		2002.10	藏族	

续表

编号	家庭关系	辈分	出生年月	民族成份	婚姻形式
14	户主	第一代	1971.12	藏族	族际婚
	妻子		1975.04	怒族	
	长女	第二代	2000.02	藏族	
	二女		2004.03	藏族	
15	户主	第一代	1988.10	藏族	族际婚
	妻子		1989.04	怒族	
	长子	第二代	2009.12	怒族	
16	户主	第一代	1977.02	傈僳族	族际婚
	妻子		1983.07	藏族	
	长子	第二代	2005.07	傈僳族	

从表 5-5 可以得到以下信息：

第一，在 20 世纪 50 年代，丙中洛藏族基本上是族内婚。笔者统计的 16 户人家中有 7 户存在本民族内通婚，其中当事人为 20 世纪 60 年代出生的只有 2 例（第 3、10 户），而族际通婚的当事人在 1949 年前出生的也只有 1 例（第 12 户）。

第二，族际通婚多数发生在藏族与怒族之间，16 户中族际通婚的有 12 例，其中 9 例为藏族与怒族通婚。笔者认为这与当地人们的宗教信仰有关。虽然丙中洛藏传佛教、基督教、天主教三大宗教并存，不同信仰的人们和谐相处，但这并不意味着人们在婚姻选择中完全漠视宗教信仰。

从进化论角度来看，群体发生变化并分化为不同的物种后，通常都是走向绝灭，这与语言分化与消失的规律完全一致。全球约有 6000 种语言，其中 95%的语言仅被全球 4%的人口使用；到 21 世纪末，约 90%的语言可能被强势语言取代；在全球化的今天，语言消失的速度为平均两月消失一种。一部由几代语言学家共同完成的国情调查报告《中国的语言》[1]，以2638页篇幅、约360万字的容量，首次揭示了中国语言的面貌，书中显示：中国56个民族，共有129种语言，一些民族同时使用两种或多种语言，有的地区还使用混合语。所使用的语言中，有相当一批语言已经濒危或者正在走向濒危。

边缘地理环境下多民族杂居村落常常多语兼用。多语兼用会大大增强语言的交际功能，随时可以进行的语言替换，使语言生活变得丰富多彩、乐趣横生。多语兼用的传承缺陷在于单一语言词汇储备量的大幅度减少，大量的词汇被另外的语种替换，但这并不意味着当事人精通了另一种语言，因为一般交际所用的只是一些常用词汇。这几年笔者在滇西北多民族杂居村落深入调查，经常遇到类似的情况，发音人认为自己精通多民族语言，但当笔者拿出词表要求详细记录时，发音人的语言掌握情况又不尽如人意了。词汇如此，语法就更不用说了。滇西北大多是藏缅语民族杂居村落，语言亲缘关系较近，彼此容易掌握，传承恐怕也难以为继。云南边境地区的少数民族大多没有文字维系自己的语言，“文字和书面语的缺失是一些没有文字的民族语言无法传承而趋向濒危的主要原因之一”[2]，“母语危机威胁着那些处于现代生活边缘的小语种。它们使用人口少、没有文字和文献，加之当地经济和文化比较封闭，因此在融入现代生活潮流之后，这些语言就有可能消亡”[3]。即使是有文字的民族，有些年轻人对本民族文字的掌握程度也比长辈要低，他们外出务工，受外界影响相对较大。在丙中洛，笔者等人有幸请到的藏语、怒语、傈僳语发音人都是祖孙二人，祖孙之间的默契合作，使记音质量大为提高，

① 孙宏开、胡增益、黄行主编：《中国的语言》，北京，商务印书馆，2007。

② 黄行、许峰：《我国与周边国家跨境语言的语言规划研究》，载《语言文字应用》，2014（2），9～17页。

③ 张公瑾：《语言的生态环境》，载《民族语文》，2001（2），1～5页。

同时笔者等人又观察到第一代和第三代人之间的语音变化。在丙中洛怒语、藏语、傈僳语里，祖孙之间语音上的差异通常都会有一些具有普遍规律性的演变，如奶奶口中的 g、k、h 到孙子那里变成了 j、q、x。这一特点在藏语中更为突出。在丙中洛藏语里，第一代发音人保留的古老而独特的 m 尾，到第三代那里全部转成了后鼻音尾，如 mam^{53}（天）变成 $\mathrm{maŋ}^{53}$，$\mathrm{ʧ^{h}ə}^{55}\mathrm{lam}^{42}$（沟）变成 $\mathrm{ʧ^{h}ə}^{55}\mathrm{laŋ}^{42}$，$\mathrm{ʧ^{h}am}^{53}$（街）变成 $\mathrm{ʧ^{h}aŋ}^{53}$。这时候奶奶通常都会哈哈大笑，说她们二人的口音不一样。从整个语言角度来说，祖孙两代的差异不仅为普通意义上的语音规律性演变，孙辈的年轻人词汇量通常极少，很多常用词都被替代，年轻人之间的对话经常是当地汉语方言。

云南边境地区部分民族的语言情况大抵如此。在今缅甸境内最大的民族缅族尚未形成之前，势力较强大的群体是骠人，所建立的国家称为骠国。古代文献有关于骠国的记载，唐玄宗时期，骠人曾献乐唐王朝，许多文人赋诗以记，白居易《骠国乐》有以下几句："玉螺一吹椎髻耸，铜鼓千击文身踊。珠缨炫转星宿摇，花鬘斗薮龙蛇动。"关于骠人的族属学者曾有详细研究，大多数学者认为其为藏缅语族，如缅甸著名学者吴佩貌丁指出："骠语是一种无辅音韵尾，约有 8 个声调的藏缅语，与缅语相似。"①《缅甸大百科全书》亦云："骠人所操的语言是藏缅语之一。"② 美国著名语言学家本尼迪克特、我国学者计莲芳等也有过大致类似的论断。③ 公元 832 年，南诏攻伐骠国，掳掠 3000 民众徙往拓东城，骠国从此衰落，后为蒲甘王朝所取代，骠人去向成

① 转引自计莲芳:《骠缅语文关系浅析》，载《民族语文》，1996（6），44 ~ 49 页。

② 转引自李谋、李晨阳:《骠人族属探源》，载《北京大学学报》(哲学社会科学版)，1997（3），122 ~ 129 页。

③ 参见［美］本尼迪克特:《汉藏语概论》，罗美珍、乐赛月译，7 ~ 8 页，北京，中国社会科学院民族研究所语言室，内部资料，1984。计莲芳:《骠缅语文关系浅析》，载《民族语文》，1996（6），44 ~ 49 页。

为历史之谜。

近些年，我国学者发现云南边境地区的普标语与古骠语有关。罗美珍、杨璧菀在《试析普标语、标语、古骠国三者的关系》中认为："9世纪末，南诏击败了骠国，统治了骠人和掸人。一部分骠人往哀牢山东南方的中越接壤地区逃避，成了后来的普标人、布标人。由于他们长期和操标语的人分离，彼此又和不同的群体有过密切接触，受到不同程度的影响，因此语言也就分化为壮侗语族的不同语言。"① 云南边境的普标语已经濒危。

另一种与普标语有关的语言是布央语，分布在邻越边境的富宁县。据梁敏先生研究，布央语与壮侗语族语言和仡佬、拉基、普标等语言都有相同之处。布央人族群内部用的是布央语，与外界交流则用汉语和壮语。仔细观察就可以发现，由于长期与壮族接触，这种语言与壮语一样有塞音p、t、k尾，有长短音的区别，这种语言亦处于濒危状态。戴庆厦先生论及造成语言濒危的因素时说："造成语言濒危的因素是多方面的，既有语言外部的因素，如使用人口少、分布杂居、族群分化、民族融合、社会转型等，又有语言本身的因素，如语言表达和语言功能不能适应社会需要、没有书面文字等。"② 笔者所观察的案例虽然有其个性特征，但基本规律完全与此相符。

① 罗美珍、杨璧菀：《试析普标语、标语、古骠国三者的关系》，中国民族语言学会第10届学术讨论会摘要集，会议论文，2010。

② 戴庆厦主编：《中国濒危语言个案研究》，6页，北京，民族出版社，2004。

第六章 对于古代语言文化研究的启示

多民族杂居村落的生态环境与上古时期多有类似，可以以此观察上古汉语，了解汉语的形成。

第一节 古代生物多样性与语言多样性

据研究，3000年前的黄河流域同今日长江流域一样，温暖潮湿，动植物种类繁多。在河南省安阳殷墟遗址，有丰富的亚化石动物，这里既发现了同半坡遗址一样的水麞和竹鼠，还有貘、水牛和野猪等如今只见于热带或亚热带的动物。甲骨刻辞中有打猎时获象的记载，河南省原称为豫州，“豫”字就是一个人牵了大象的标志。当时安阳人种稻，如同现在的南方。《左传》还提到，山东鲁国过冬，冰房得不到冰，足见当时气候之暖。此外，竹子、梅树一类亚热带植物，在《左传》和《诗经》中也常被提到。[①]

与生物多样性相对应的是族群的多样性。自古以来，中国各民族成份都不单一，殷商是一个多民族组成的国家。甲骨文中记载的商代方国有50多个，基本都分布在商朝四土与外层周边地区，其中有附属国也有敌国，它们均与商王朝发生着各种关系。

① 参见竺可桢：《中国近五千年来气候变迁的初步研究》，载《中国科学》，1973（2），168～189页。

这些方国部族繁多，可以由此推想当时语言的多样性特征。商王朝与方国之间的交往方式之一就是通婚，商朝的开国君主成汤，就有过此类政治婚姻，《天问》记载："成汤东巡，有莘爰极。何乞彼小臣，而吉妃是得？水滨之木，得彼小子，夫何恶之，媵有莘之妇？"旧注云："汤东巡狩，至有莘国，以为婚姻，"殷商王朝与异族方国间的政治婚姻，甲骨文中时有所见，也可知当时语言接触之频繁。

根据我国古代传说，大约在四五千年前，在黄河流域、长江流域曾居住着许多部落和部落联盟。黄帝、炎帝等华夏部落居于黄河上游、中游，太皞、少皞等东夷部落居于黄河下游，南方的长江中游是三苗部落的聚居地。这些部落之间有时和平共处，有时又发生战争。[①] 前文在"语言底层与文化互动"部分有详述，此不再重复。

第二节　从多民族语言间的相互影响看上古汉语的多元性

甲骨卜辞的基本语序是宾语在动词后，修辞语在中心语前，但也有为数众多的异序现象，这种现象在字的构形以及词法、句法中都广泛存在。对于甲骨卜辞构词中的异序现象，前人提及较多，但却很少有人结合语言各个层面，并从语言接触的角度对甲骨文语序中的异序并存现象进行系统的讨论，就此笔者主要结合文献记载、考古学以及前人有关方面的研究成果，略陈鄙陋之见，以就教于同行学者。

---

① 王玉哲：《中华远古史》，128页，上海，上海人民出版社，2004。

一、甲骨文语序中的异序并存现象

沈培先生早在1991年《殷墟甲骨卜辞语序研究》一书中已经注意到卜辞中“数名”和“名数”两种语序混用的现象。同一条卜辞中，有“数名”和“名数”混合使用的，如：

贞：……年于王亥，[illegible]犬一、羊一、豖一，燎三小宰，卯九牛、三殻、三羌。(《合》378正)

丁未卜，㱿贞：酒升伐十、十宰。(《合》903正)

……卜，争贞：燎曹百羊、百牛、白豖、殻五十。(《合》40507)

也有同版的两条选贞卜辞，一条用“数名”格式，一条用“名数”格式，如：

癸酉卜，又燎于于(衍刻)六云五豖，卯五羊。

癸酉卜，又燎于六云六豖，卯羊六。(《合》33273)

甲午贞：又升伐自祖乙羌五，岁三牢。

甲午贞：又升伐自祖乙三羌，……牢……牛。兹用。(《屯》1091)

其他内容的卜辞、命辞一般也是既使用“名数”格式，又使用“数名”格式，如：

贞：勿登人五千。(《合》6541)

乙未卜，㱿贞：王登三千人呼伐[illegible]方，捷。(《合》6639)

贞：勿登人三千。(《合》7344)

……寅卜，[illegible]贞：登三千人伐……(《合》7345)[①]

① 沈培：《殷墟甲骨卜辞语序研究》，200～201页，台北，文津出版社，1992。

这种“名数”与“数名”格式在祭祀卜辞中混用的情况，究竟是任意的，还是有一定意义的，前人从卜辞材料本身未能得出较确切的结论。其实在甲骨卜辞中，这种异序共存的现象还有很多，尤其是宾语，既可以在动词前，又可以在动词后。例如：

贞：燎东西南，卯黄牛。（《合》14315）

试比较：辛巳卜：上甲燎，大乙大丁大甲先……屯。（《合》1042）

以上为单宾语。双宾语亦如此，可以均在动词后，如：

辛酉卜：卯犬子庚。（《合》22295）

试比较：癸丑卜：奚祖乙卯。（《合》19765）

再如：庚寅卜，王贞：用豕母庚，今日。（《合》20706 反）

比较：甲寅卜：黍母庚用。（《怀》78）

如果说，名词宾语前置还可以勉强用焦点理论来解释，那么否定句中，代词宾语可前置也可以不前置则很难说出哪一种语序是在强调焦点。试比较：

大丁不我卷。14003/ 贞，多祖亡卷我。（《合》2095）

贞，王亥不我祟。7352/ 贞，惟不祟我。（《合》16969 ）

词法与句法一脉相承，所以在词法层面上，也时常可以看到异序共存的现象，仅举甲骨卜辞中关于贵族妇女的称呼为例：对于在世的王公贵族妇女，卜辞既可以称“妇某”，又可以称“某妇”，如“妇先”（《合》6349）又称“先妇”（《合》21870）；“妇鼓”（《合》21787）又称“壴”妇（《合》13943）；“妇𡛷”（《合》21368）又称“才妇”（《合》21731）；“妇姪”（《续》4·28·2）

又称“至妇”(《合》22226)；“妇姘”(《合》17506)又称“姘妇”(《遗》1324)；“妇奏”(13517)又称“奏妇”(《合》16022)；“妇嫡”又称“商妇”(《殷文存》上9)；等等。与商王武丁之后妇好一起东征北伐的两位将军望乘与沚戈之妻，一个称“望乘妇”(《合》32896)，一个称“妇沚戈”(《合》32048)。对于受祭的女性祖先，既可称“妣某”，如“妣丹”(《合》1632正)、“妣井”(《合》2510)、“妣石”(《合》21050)、“妣戊姘”(《屯南》4023)、“妣戊娅”(《合》22301)；又可称“某妣”，如“自妣”(《合》20712)、“亚妣”(《合》947)、“雀妣”(《合》20173)、“良妣庚”(《安明》2880)、“周妣庚”(《合》22246)等。祭祀庙号排列在后，既可称“后某”，如“后妇好”(《合》2672)、“后尹”(《合》19207)；又可称“某后”，如“庞后”(《合》17393)、“豖后”(《合》19209)；等等。对于贵族子弟的称呼亦是如此，既可称“子某”，又可称“某子”。据宋镇豪先生统计，甲骨金文中称“子某”者有156名，称“某子”者有29名。[①]在妇、子之称中，所谓“倒序”占有绝对优势。

文字的构形亦是如此，正写、反写通常与词义无关。如“好”作（一期卜181），亦作（一期天88）；“听”作（一期乙5347），亦作（一期前6·54·6）；“祝”作（一期乙2214），亦作（一期佚574）。[②]同一个时期，正写、反写无别，字法与词法、句法相互贯通。

这种现象是如何产生的？这就涉及原始汉语的语序问题。关于原始汉语的语序，现在一般古汉语教科书和古汉语语法著作都认为原始汉语和现代汉语一样，都是SVO型语言，SOV型不过是一种特殊句式。但是这种观点对甲骨卜辞语言各个层面的

① 宋镇豪：《夏商社会生活史》，185页，北京，中国社会科学出版社，1994。

② 徐中舒主编：《甲骨文字典》，24页、1288页、1312页，成都，四川辞书出版社，1989。

异序并存现象难以给出合理的解释。另一种观点则认为宾语前置是原始汉语的正常语序，原始汉语本来就是SOV型语言。章太炎先生和其后的俞敏先生皆主此说。[①] 钱宗武先生在全面研究了今文《尚书》的语序后也认为，倘若原始汉语是SVO型的语言，“那么今文《尚书》和先秦文献中出现的大量不规则宾语前置现象则难以理解。今文《尚书》和先秦文献中非常见形式的宾语前置现象为原始汉语的SOV式语序说提供了证据”[②]。倘若原始汉语真是SOV式语言，后来转变为SVO式，如同现代白语，那么是否可以从白语中找到类似的特征呢？王峰曾对白语的基本语序做过研究，认为白语和大多数藏缅语不同，它兼有主—谓—宾（SVO）、主—宾—谓（SOV）、宾—主—谓（OSV）3种语序，其中SVO语序较占优势。语序的选用主要取决于句子所强调的中心成分。此外，动词、否定词的特点对句子的语序也有影响。3种语序之间的转化受一定条件的限制。[③] 赵燕珍、李云兵则认为SOV、OSV是句法结构受事性论元话题化的表现形式，是话题结构，现代白语的语序是SVO。[④] 这种探讨与关于原始汉语的探讨极相似。关于白族的族源现在学术界已经得到共识：白族源自“僰人”，由于融合了一部分楚人，又称“庄蹻之遗种也”。庄蹻“以其众王滇，变服从其俗以长之”，而滇国的主体族是“僰人”，又称“滇僰”，故二说在实际上是一样的。关于僰人的族系，一般认为属氐羌系统。《史记·主父偃传》及《淮南衡山列传》《汉书·扬雄列传》载《长杨赋》都称作“羌僰”；《盐

① 参见章太炎：《章氏丛书·检论卷五·正名杂议》，上海古书流通处影印浙江图书馆刊本，1924；俞敏：《倒句探源》，载《语言研究》，1981（1），78～82页。

② 钱宗武：《今文尚书语法研究》，437页，北京，商务印书馆，2004。

③ 王锋：《试论白语的三种基本语序》，见戴庆厦主编：《中国民族语言文学研究论集》（四），北京，民族出版社，2004。

④ 赵燕珍、李云兵：《论白语的话题结构与基本语序类型》，载《民族语文》，2005（6），10～22页。

铁论·备胡篇》《后汉书·杜笃传》则称“氐僰”，晋徐广《史记·司马相如传》集解说是“羌之别种也”。总之，白语的最初形式属于藏缅语。而白族在形成发展过程中融合了多元文化的因素：10—13世纪，以白族为主体在云南建立了大理国。大理国的文化继承和发展了唐代的南诏文化，南诏文化主要源于晋、南北朝的爨文化，爨文化则继承着滇文化，滇文化则是受到周秦时期楚、蜀文化的一定影响。爨本为姓氏，后变为族名。关于爨姓的族属，众说纷纭，或以为是汉人，或以为是夷人；或认为是夷化了的汉人，或是汉化了的夷人，抑或兼而有之。[①]无论怎么说，爨文化都兼有夷、汉两种文化特征，其中不仅有藏缅语的成分，恐怕还夹有苗瑶、壮侗语的成分。李星星认为，僰可能是新石器时代从西北经岷江和川西平原边缘南迁而来的古藏缅语族群一支。这支人在川、滇、黔交界一带与长江以南的古壮侗语族群相遇，并发生了族群和文化的交融，从而形成在今四川即川滇黔交界地区实行稻作农业较早的历史族群。[②]由此看来，白语的原始语序是SOV型，后因受南方民族语言尤其是后来汉语的强大影响，逐渐变为SVO语序。如果这一推论是可靠的，那么根据历史语言学的原则，白语中应该有原始藏缅语的遗留。事实也正是如此，刘丹青以语序类型学理论为依据，结合整个汉藏语明确指出白语兼有SVO和SOV语序，其他方面的语序表现也较符合SOV语言的常见特点。[③]

当然白语与上古汉语也有一些表面类似但其实却有区别的特征。如傅京起、徐丹曾就先秦汉语与白语的宾语提前现象进行分析，提出古汉语宾语前置有表示焦点和旧信息两种情况，白语的

① 《白族简史》修订本编写组编写：《白族简史》，修订本，2页、3页、8页、17～18页，北京，民族出版社，2008。

② 李星星：《李星星论藏彝走廊》，177页，北京，民族出版社，2008。

③ 刘丹青：《汉藏语言的若干语序类型学课题》，载《民族语文》，2002(5)，1～11页。

宾语前置是旧信息提前，和古汉语有所不同。[①] 白语与上古汉语修饰语的语序也不同，上古汉语修饰语多在前，白语则多在后。白语与先秦汉语有同有异的原因是很清楚的：它们虽然都有古藏缅语的成分，但它们所处的历史层次不同，语言接触的对象不同。

二、商朝语言与古藏缅语及阿尔泰语的关系

潘其凤先生曾从考古学的角度对中国古代人种和族属问题做过研究，认为“综合祭祀坑和王陵区以外氏族墓地这两类墓葬出土颅骨的形态特征，大致可区分为三个蒙古人种的亚种：1. 东亚蒙古人种类型，2. 具有北亚蒙古人种和东亚蒙古人种相混合的类型，3. 接近南亚蒙古人种的类型。其中以属东亚蒙古人种类型的数量最多，‘古东北类型’次之，接近南亚蒙古人种类型的数量最少。以此推测，生活在商代后期政治中心地区的居民来自四面八方，而占优势的是东亚蒙古人种类型的群体，他们可能是当地的原住居民。来自南方的人为数较少”[②]。这就是说，殷商时代的语言接触主要还是北方各民族语言之间的接触。从文献记载传说中的历史来看，古华夏语与古藏缅语是同源的。《国语・晋语》：“昔少典娶于有蟜氏，生黄帝、炎帝。黄帝以姬水成，炎帝以姜水成。成而异德。故黄帝为‘姬’，炎帝为‘姜’。”夏商周三代都是延伸于此一血统，据《史记・夏本纪》记载，夏禹系“黄帝之玄孙而帝颛顼之孙也”。商周的共同祖先则是帝喾，《史记・五帝本纪》：“帝喾高辛者，黄帝之曾孙也。”《殷本纪》：“殷契，母曰简狄，有娀氏之女，为帝喾次妃。”《周本纪》：“周后稷，名弃。其母有邰氏女，曰姜原。姜原为帝喾元妃。”无论传说是否

① 傅京起、徐丹：《SVO 语言里的宾语前置》，载《民族语文》，2009(3)，3 ~ 15 页。

② 潘其凤：《关于中国古代人种和族属的考古学研究》，见侯仁之、周一良主编：《燕京学报》(新九期)，北京，北京大学出版社，2000。

真实，夏商周承袭于同一语言文字系统毋庸置疑，至少商周出土文献完全如此。卜辞中有姜妇（《三代》7·11·6）的记录，说明商朝王族与姜氏族有过通婚的历史。周朝则从始祖弃开始，姬羌两姓辈辈通婚。周统一天下后，同姓像周、鲁、郑、晋贵族，总是娶齐国姜姓的女儿。[①]周武王伐纣时，是以姜姓的姜尚为师，联合羌部族及其他部落集团取得灭商目的的。武王伐纣后大封姬姜两姓的功臣到各地当诸侯，在这两姓的基础上又融合其他部族血液慢慢形成了华夏族——这段材料也是汉藏语假说得以成立的文献基础。

姜族留在西北过着游牧生活的一支部族叫作"羌"。"姜"与"羌"，一声之差，前者声母不送气，后者送气；而汉字的结构同谐声系列，都为"羊"声，所以，它们可能只是一个以"羊"为图腾的部族的两个分支，说的语言大概也只是方言的差别。[②]古羌语与华夏语言有着同源兼接触关系：《史记·六国年表》："禹生于西羌。"《太平御览》引皇甫谧《帝王世纪》："伯禹夏后氏，姒姓也，生于石纽……长于西羌，西羌夷（人）也。"著名历史学家徐中舒先生指出："夏王朝的主要部族是羌，根据由汉至晋五百年间长期流传的羌族传说，我们没有理由再说夏不是羌。"[③]殷取代夏，国内人口中自然就有大量羌人血统的前朝遗民。殷商王朝的统治中心就有不少氐羌人：商周王朝的统治中心就有不少氐羌人：商王武丁王朝的核心人物如王后兼大将妇好、将军望乘、沚䤾等均属西北或西南夷氐族的后裔。[④]武丁时期还有羌可、羌立

① 俞敏：《汉藏两族人和话同源探索》，见俞敏：《俞敏语言学论文集》，204页，北京，商务印书馆，1999。

② 徐通锵：《历史语言学》，36～37页，北京，商务印书馆，1996。

③ 徐中舒：《中国古代的父系家庭及其亲属称谓》，载《四川大学学报》（哲学社会科学版），1980（1），110～112页。

④ 饶宗颐：《殷周金文卜辞所见夷方西北地理考》，见侯仁之主编：《燕京学报》（新二十二期），北京，北京大学出版社，2007。

作王朝的祭祀官。[①] 又《诗经·商颂》：“昔有成汤，自彼氐羌，莫敢不来享，莫敢不来王。”描述了氐羌部落归附殷商的情景。上述这些事实为原始汉语的 SOV 语序提供了佐证。甲骨卜辞与藏缅语还有一些共同的特征，商周文献中所见的名词直接用作量词的形式诸如甲骨文“羌百羌 32042”，西周金文“田十田《集成》15·9456”等还保留在彝缅语大多数语言中，例如拉祜语：一座桥 tɕu^{31}te^{53} tɕu^{31}（桥一桥），一座山 qhɔ^{33}te^{53}qhɔ^{33}（山一山），一条河 lɔ^{31}te^{53}lɔ^{31}（河一河）[②]。纳西语：四个山谷 lo^{31}lu^{33}lo^{31}（谷四谷），两座山 ndʑy^{31}ȵi^{33} ndʑy^{31}（山两山），三幢房子 dʑi^{31}sɪ^{33} dʑi^{31}（房三房）。[③]

这种形式的量词在白语中只保留在以“一”为数词的短语中，而“一”通常被省略，如：一条河 ko^{21}ko^{21}，一首民歌 khv^{44} khv^{44}，一亩田 tɕi^{31} tɕi^{31}。[④]

那么，甲骨卜辞中一些迥异于藏缅语的特征又是如何形成的呢？这里回到《史记》“殷契母曰简狄，有娀氏之女”这句话。“有娀氏”即戎氏，殷商王朝宫廷贵妇的名字都是其来源的氏族名加女旁，有时女旁也可不加，如妇好来自于子氏族，妇好又写作妇子。氐、羌为藏缅语民族的祖先毋庸置疑，但戎族却值得考证。殷契母亲是名为狄的戎族女子，这一描述本身就值得深思。古代文献中氐与羌相连，而与戎相连的多为狄字，如《诗·鲁颂·閟宫》：“戎狄是膺。”《史记·周本纪》：“奔戎狄之间。”《国语·周语上》：“我先王不窋，用失其官，而自窜于戎翟（狄）之间，不敢怠业。”说明氐羌与戎狄是两个种族。氐羌居地在西北，

① 冉光荣、李绍明、周锡银：《羌族史》，27 页，成都，四川民族出版社，1985。

② 张雨江：《拉祜语量词研究》，载《云南民族大学学报》（哲学社会科学版），2010（3），65 ~ 69 页。

③ 木仕华：《论纳西语名词短语的语序》，见戴庆厦主编：《中国民族语言文学研究论集》（四），北京，民族出版社，2004。

④ 徐琳、赵衍荪编著：《白语简志》，30 页，北京，民族出版社，1984。

而戎狄一部分却在东北方。《淮南子·地形训》云："有娀氏在不周之北，长女简翟，次女建疵。"又说："玄耀、不周、申池在海嵎。"可知有娀地望在东北部靠近海嵎的地方，与商族早期的活动地域接近。[①]那么戎狄应是当今北方少数民族哪一个语族的祖先呢？徐中舒先生曾指出："狄之异文为翟，其异译有丁宁、丁灵、丁令、丁零、狄历、敕勒、铁勒、特勒、林胡、儋林、襜褴、投鹿、橐离、狄鞮诸称。铜器中之句镭，《国语》谓之丁宁，《说文》谓之令丁。东晋时自康居入居中国之狄，即以翟为姓，而称其族为丁令，此可证古之读狄正为端系与来泥母之复辅音。"[②]朱彦民指出戎狄活跃于燕山南北及辽宁西南部的一支是山戎。古代就有学者称山戎为后世的少数民族鲜卑族，如《国语》韦注："令支、孤竹二国，山戎所居，山戎今之鲜卑。"《史记》集解引服虔曰："山戎北狄，盖今鲜卑也。"[③]可以确定，戎狄就是今阿尔泰语民族的祖先。俞伟超提出商族与狄族之间的联盟是早期中国四大联盟集团之一，"有娀氏之女既称简狄，当为狄人，故商、狄曾是互为姻娅的联盟集团。在已有的发现中，却也可看到商文化和北狄遗存之中，有许多文化联系紧密甚至互为渗透的现象……商人集团似乎在很长时间内是以广阔的狄人活动区为其可靠的后方，所以在商汤之时，曾放心向南征服葛伯、韦、顾而灭夏。商、狄联盟，应当是建立商王朝之能够成功的重要原因"[④]。家族后代教育的责任通常由母亲承担，所以母亲一方的语言对于整个部族自然有着不容忽视的影响。事实也正是如此，甲

① 对于商族的起源一向众说纷纭，朱彦民对诸说加以辨析，并引商族以东北为尊位的事实，认为商族起源于东北方，笔者认为此说可信。参见朱彦民：《商族的起源、迁徙与发展》，第一章，北京，商务印书馆，2007。

② 徐中舒：《北狄在前殷文化上之贡献——论殷墟青铜器与两轮大车之由来》，载《中华文史论丛》，2001（1），31～50页。

③ 朱彦民：《商族的起源、迁徙与发展》，113～114页，北京，商务印书馆，2007。

④ 俞伟超：《古史的考古学探索》，133～134页，北京，文物出版社，2002。

骨卜辞中不同于藏缅语的部分，与阿尔泰语却有一些微妙的契合。甲骨卜辞在处理修饰语与被修饰语的关系时，绝大多数与阿尔泰语一致：都是形容词在前、名词在后，数词在前、量词在后，数量结构在前、名词（结构）在后，副词在前、动词在后，状语在前、谓语在后。刘丹青说，汉语有些方面的语序表现甚至比藏缅语更像日语、朝鲜语等 SOV 型语言，如形容词定语一律在前，而多数藏缅语的形容词定语以后置于核心词为主，与 SVO 的壮侗语一样。[①] 其实这种格局在甲骨卜辞时代就已如此，其原因正在于与古阿尔泰语的接触，汉语与阿尔泰语的接触并不是从中古才开始的，远在上古就已经广泛存在。

三、关于甲骨卜辞中的 SVO 语序

承认原始汉语的语序为 SOV 型，就不得不对甲骨卜辞中大量存在的宾语后置现象做出解释。这种现象本身已经表明，远在殷商之前，宾语就已经从动词前往动词后移动，正如从甲骨文的成熟程度来看，文字远在商代以前就已产生一样。王士元先生曾采用同源进化系统的方法进行语言分类的初步试验，结果判定藏缅语跟汉语的最初分化时间是在 6000 年前，这一结论得到了考古学家们构建起来的史前概貌的间接支持。[②] 李星星综合文献记载以及考古学及民族志资料得出结论：先秦时期长江上游众多历史民族或族群，北面的可以概括为氐、羌、夷 3 大类，主要属于操古藏缅语族语言的氐羌系民族。南面的多有属濮越系的民族，其中有操古壮侗语族语言的民族，还可能有操南亚语系语言的民族。但据现有的考古资料来看，大约距今 7000 年以后，属于新

① 刘丹青：《汉藏语言的若干语序类型学课题》，载《民族语文》，2002(5)，1 ~ 11 页。

② 王士元：《王士元语言学论文集》，65 页，北京，商务印书馆，2002。

石器时代晚期的农业族群才从其他区域陆续进入长江上游地区。[①]这就是说，长江上游族群的语言接触也只能在距今7000年再往后，这与王士元先生的判定大致相符。

藏缅语与阿尔泰语都是宾语在动词前，它们的古代形式估计不会有太多差异，如果说上古汉语宾语后置源自语言的接触，那也只能是与古苗瑶、壮侗语之类接触。在古史传说中，夏代由大禹开国。夏部落联盟的首领，本来约定由夷、夏两大部落轮流担任。代表夏部落的禹死后，应当推选东夷部落首领伯益继位，但权力却为禹的儿子启所世袭。启死后，又爆发了东夷族首领与夏朝争夺政权的斗争。与此段历史相关的内容在《孟子·万章上》《楚辞·天问》以及《左传·襄公四年》等文献中都有记载。邢公畹先生认为侗台语即源自古夷语，[②]如果真是如此，那么夏朝时期宾语当有一次较大规模的后移。夏部落原先活动在黄河中下游一带，同有扈氏、斟鄩氏等近亲部落结成联盟。它的四周，东临莱夷，南接有苗，西连畎夷，北与熏育接壤，同其他部落形成犬牙交错的局面。[③]这种格局至少可以证明夏语与古壮侗、苗瑶语有过接触。云南省文山壮族苗族自治州的白苗安葬死人原系横埋，头朝太阳升起的方向，让亡人看着东方回到自己祖先最早生活的洞庭湖、黄河一带。[④]这一习俗暗示苗族祖先有过在黄河流域繁衍生息的经历。流传于贵州关岭布依族苗族自治州一带的《蚩尤神话》主要讲述蚩尤与黄龙公、赤龙公多次交战，蚩尤最后被打败，苗族渡过黄河（苗语为浑水河）南迁。主要人物为蚩

---

① 李星星：《李星星论藏彝走廊》，157页、184页，北京，民族出版社，2008。

② 参见邢公畹：《汉藏语系研究和中国考古学》，载《民族语文》，1996（4），18～28页。

③ 《中国古代历史地图册》编辑组：《中国古代历史地图册》（上册），第10页“说明”，沈阳，辽宁人民出版社，1980。

④ 云南省编辑组、《中国少数民族社会历史调查资料丛刊》修订编辑委员会编：《云南少数民族社会历史调查资料汇编》（三），修订本，180页，北京，民族出版社，2009。

尤、黄龙公和赤龙公，次要人物还有黄龙公的妹妹垂耳妖婆、协助黄、赤二人的雷公之子雷老五以及蚩尤的师傅等人，与汉文古籍中关于涿鹿之战的诸多记载基本一致。[①] 邢先生指出苗族自被黄帝战败以后，退回洞庭、鄱阳两湖之间，但有一部分没有退，聚居于今三门峡市一带，称为“髳”。商朝末年，髳曾参加周武王伐纣的战斗。[②] 由此可以推知，古壮侗、苗瑶语族亦如古藏缅、阿尔泰语族一样，与华夏政权有过既联合又冲突的历史。

古汉语最终完成宾语的大规模后置是在秦汉时期。究其原因主要还是南北方语言之间的频繁接触，文献留下了这方面的记录。例如《史记·邹阳列传》：“是以秦用戎人由余而霸中国，齐用越人蒙而强威、宣。”《盐铁论·相刺》：“越人夷吾、戎人由余，待译而后通，而并显齐、秦。”虽然要翻译，但必定有语言之间的相互影响。《孟子·滕文公下》的一段记载透露了齐楚语之间的接触：“有楚大夫于此，欲其子之齐语也。”在先秦两汉时期，齐语和楚语一直在不断地接触渗透，以至楚地留下了齐语的影子，在齐地也留下了楚语的影子。[③] 秦汉时期，语言各方面都发生了重大变化，其中自然也有语言内部的原因。前人就宾语后移的问题做过讨论，多半提及的都是语言内部的原因。如有些学者认为原始汉语的 SOV 语序反映了人类的原始思维心态，文献语言中“宾语 + 动词谓语”的语序和“宾语 + 介词”的语序正合“由实到虚”的原始思维规律。[④] 美国宾夕法尼亚大学的冯利先生在研究汉语宾语后置的形成机制时认为 SOV 转变为 SVO 是

① 吴晓东：《苗族图腾与神话》，234 页，北京，社会科学文献出版社，2002。

② 邢公畹：《汉藏语系研究和中国考古学》，载《民族语文》，1996(4)，18 ~ 28 页。

③ 汪启明：《先秦两汉齐语研究》，56 页，成都，巴蜀书社，1998。

④ 苏宝荣：《古汉语特殊词序与原始思维心态》，载《古汉语研究》，1990（3），33 ~ 37 页。

汉语重音转移的结果。[①] 笔者认为，讨论语序变化的内部原因，还应考虑字形的发展变化。

关于字与汉语语法之间的关系，徐通锵先生曾经多次著文加以论述，认为“字是语言中有理据性的最小结构单位，制约着汉人的思维方式和汉语的结构”[②]。《说文解字》所研究的既是造字的规则，也是汉语基本结构单位的构造规则，二者在字中合而为一，应该将它归属于语法。引用林语堂的定义就是：“文法的研究只是对于词字形体用法之变换作精密有系统的观察。”这一论断貌似“离奇”，但实际上完全符合语言的共性结构原理，从不同语言结构的“异”中看到实际上的“同”，其核心是抓住了两种语言结构的“神”，即语言基本结构单位的构造规则。[③] 既然词与句只是在字的基础上逐层扩展的结果，作为汉人思维的共同产物，它们的构造规则自然也会体现一些共同的特征。这种异序并存的现象在秦以后慢慢消失，而统归于修辞语在中心语前、宾语在动词后的语序。秦汉时期，除去反映古代文化的历史名词之外，小名与大名组合时一律采用小名冠大名的语序，口语中残留的大名冠小名结构也都获得了泛指的意义。[④] 先秦典籍中最常见的否定句中的前置宾语代词，在东汉的注文里都发生了后移。[⑤] 笔者认为语序的这种演变与汉字的发展同样不无关系。著名历史学家吕思勉曾经指出：“秦汉之世，为我国文字变迁最烈之时，综其事：则字形变迁最多，一也。字数一面增加，一面淘汰，二

① 冯利：《论上古汉语的重音转移与宾语后置》，载《语言研究》，1994（1），79 ~ 93 页。

② 徐通锵：《“字”和汉语语义句法的生成机制》，载《语言文字应用》，1999（1），24 ~ 34 页。

③ 徐通锵：《字的重新分析和汉语语义语法的研究》，载《语言研究》，2005（3），3 ~ 11 页。

④ 孟蓬生：《上古汉语的大名冠小名语序》，载《中国语文》，1993（4），183 ~ 195 页。

⑤ 孙良明：《古代汉语语法变化研究》，106 页，北京，语文出版社，1994。

也。文字之学，成于是时，三也。”[①] 首先是秦始皇颁布“车同轨，书同文”的法令，实行文字规范化政策。汉世继之，《汉书·艺文志》提到西汉时“太史太傅试学童，能讽书九千字以上，乃得为史。又以六体试之。课最者以为尚书御史史书令史。吏民上书，字或不正，则举劾”。《说文解字》“序”亦云：“《尉律》：学僮十七以上始试，讽书九千字，乃得为史，又以八体试之。郡移太史太傅并课。最者以为上书史。书或不正，则举劾。”一方面采取文字规范化政策；另一方面，由于社会发展，新字大量增加，而新增字通常又为形声字。据统计，殷商甲骨文形声字为 27.24% 强；至汉代小篆，形声字已占 81.24% 弱。[②] 形声字大多是采用“左形右声”的结构形式，虽然从声符求字义的“右文说”是北宋王圣美提出的，但古人意识到声符的重要性却早在此之前，东汉许慎把有曲义的“拘”“笱”“钩”归于“句”部，晋杨泉《物理论》论臤字“在金曰坚、在草木曰紧、在人曰贤”[③] 即可为证。秦汉时代，字的重心右移与宾语右移是一脉相承的，字法与句法的演变又呈现了微妙的一致性，这也与冯利先生关于重音转移的理论殊途同归。总之，语序大转移的最终完成，应是内因与外因共同作用的结果。

① 吕思勉：《秦汉史》，438 页，北京，新世界出版社，2009。

② 李孝定：《汉字史话》，41 页，台北，联经出版事业公司，1977。

③ 转引自胡奇光：《中国小学史》，191 页，上海，上海人民出版社，2005。

附　录[1]

附录一：维西塔城海尼村调查日记

2010 年 7 月 30 日

早晨 5 点钟起床，5 点 30 分出门，在门口打了个电话，同行的小强打着车已经来了，8 点 15 分的飞机，我们 6 点就到了机场。飞机按时起飞，快到迪庆时，飞机飞到峡谷中，远处是大雪山，形状很像卡瓦格博，在阳光下分外耀眼。飞机开始下降，我闭上眼，突然“噔”的一下，原来已经着陆了。飞机停稳后，出来在传送带上取行李，老同学阿黄已在远处招手了。有了老同学，中甸立刻变成了一个温馨的地方，他先把我们送到金格大酒店，说这儿不错，果然，安静敞亮，设备一应俱全，门口大厅里的两大盘兰花正盛开着绿色的大花朵。和小强出去各吃了一碗饵丝，就在街上闲逛，路两旁都是面貌一新的藏式建筑，路上行人很少，就像是我们自己的马路。阿黄去忙单位的事，我们回酒店等了一会儿，他就来了，说他妻子知道我们来了很高兴，他开车带我们去了一家房屋和设施都比较旧的饭店，说是这家生意特别好。两个年龄三四十岁的女子老远笑着站在一张圆桌旁，是两个漂亮的藏族女子，一个是阿黄的妻子，一个是他妻子的同事兼好朋友，后来这位好朋友又叫来了自己的儿子，是民族文化学院藏语班的学生。中午吃的是土菜，有铁板菜烧汤、新鲜松茸，还有一种小蘑菇，一大桌菜。那一阵太阳很辣，阿黄安排我们去休息，说太阳落了带我们去草原。

回到酒店后开着窗很舒服地睡了一会儿，4 点钟又叫小强，

① 附录中调查日记为笔者在进行田野调查时所做记录，收入本书时有所删改。

图附 -1 香格里拉的草原

他正在熟悉语音，然后我们就开始折腾充电、录音之类的事，5 点 30 多，外面传来阿黄的声音，他在给别人打电话，他说要带我们去一家藏式餐厅，这家餐厅的房屋和家具全用的是结实的原木，非常干净，老板是个帅气的藏族青年，是阿黄的兄弟。阿黄说他这段时间正在折腾用片页岩改造藏式屋顶的事儿，他指着近处的一个小房子，岩石拼凑出鱼鳞一样的形状，非常漂亮，这儿的片页岩质量极好，打洞用螺丝即可固定，没有丝毫污染。晚饭是各式牦牛肉，有牦牛肉干、红烧牦牛肉、炒牦牛肉末，还有油炸排骨等，味道好极了，另外还有蜂蜜蘸荞麦饼、水蒸烧饼等。吃完饭，阿黄开车绕到郊外，带我们到他经常散步的草原。这是真正的大草原，草原的一边是村庄，一边是青山。草原上真正的青草很少，都是长满了各种草药，开着白色、黄色、紫色的花朵，狼毒多半都极低矮，说是前段时间没下雨的缘故，这是真正梦中的草原呀！阿黄说是他的草原，他很少带人来，草原的尽头种着一大片青稞，已经抽出黑色的麦穗。天色暗了下来，远处的天光一闪一闪，一群青年人开着车来感受初夜的草原，车旁响起了嘹亮的歌声……

2010 年 7 月 31 日

昨晚告别时，阿黄安排我们 9 点起床，11 点出发，因为道路中午 12 点才开通。可是不到 10 点，我们还在外面吃早点他就打来电话了，说是早点走吧。我们匆匆赶回酒店，他妻子已经等在那里，等了一会儿，阿黄也来了，说是我们先绕路走走看，他开了一辆皮卡车，烧柴油的，说是这样我就不会晕车了，他们让我坐在驾驶室旁。我们沿着纳木湖绕了一大圈，先是一大片辽阔的草原，牛儿吃着青草，草原上开着紫色、黄色的花朵，不过这片草原更像是一片沼泽地，有一湾一湾的水，阿黄说这就是纳木湖了。又走了一段，才看到远处的湖水，开始我以为湖中可以划船，可是走近了才看到湖中还有水草，阿黄说枯水季节湖中是没有水的。沿着纳木湖左边的山峰再往上走就是关卡了，已经挡了几辆车，车堵得不长，说明他们是阶段性放行的，刚刚就有几辆越野车与我们迎面而过。路旁有一块告示牌，说明了施工时期道路开放的时间，我们就吃着瓜子等着。过了一会儿，果然放行了，可是过了不一会儿，一辆大铲车就挡住了道路，远处看司机是一个很年轻的男孩，阿黄说他一定是个学徒工，趁着师傅歇息，赶忙开机器练练。铲车旁有一堆石头，驾驶员的操作技术果然有些笨拙。等了一会儿，卡车终于铲满了，石头也差不多完了，阿黄妻子说，他在帮我们开路呢。我们路过大铲车时，那个男孩从驾驶室伸出头很满足地笑着，他有着当地很常见的深色皮肤、漂亮的黑眼睛和高鼻子，还有一点毛茸茸的小胡子，非常年轻。我们在施工道路上行驶，车子颠得像拍皮球，他们一直说要到吴井去吃午饭，180 千米的路，本来以为 3 个小时就能到，可是 3 个小时连一半的路都没到，到吴井已经 14 点 30 分了，阿黄说这里每天都杀一头猪，肉很新鲜。阿黄经常过这条路，他曾在维西种了 3 年花，现在花园让给侄子种了，也就刚刚收支平衡。午饭照样吃得很好，阿黄也照样不要我付钱，说是在迪庆归他管，在昆明归我管。吃完饭开不多远，又是另一个施工路段，一个人把衣服顶在头上挡太阳，站在路中间拦住了路，又是一辆铲车在铲石头，等它铲完刚开过去，却迎面开来一辆大卡车，我们只好不停地往后退，一直退到那辆车从我们旁边插身而过，这狭窄坎坷的道路！我们一路也不知让了多少辆车，好在没下雨，不然泥泞的道路加上可能的泥石流，还不知要发生什么事故呢。已经 16 点 30 分了，我们离目的地还有一大段路，阿黄还要原路返回呢，他要回去换车，明天接专家去矿山，完成办铜矿的最后一道程序。阿黄说他有妻子陪伴，他的妻子真是一个好女人，她怕阿黄一个人回去危险，就跟着来了，我则越来越愧疚，他说他不需要我报答，只要让世界的人知道维西这个地方。

终于到了维西塔城的海尼村，老支书远远地迎过来，他是 1944 年生人，年轻时的英俊仍隐隐可见。车子爬上半山腰才到老支书家，他家就挨着村公所，我们就在村公所的旧阁楼里住，楼下原来是村里小学的教室，现在已经人去屋空。现在孩子很少，到了学龄被集中到塔城镇上学了。

2010 年 8 月 1 日

我们被安排在阁楼上，阿佬（老支书）的大儿子在楼上装电灯，小儿子则陪我们聊天，他是生意人（开了个商铺专给铺路工地卖沙），能说会道，非常灵活。我忍不住拿出材料请他发音，照着材料对了声母例字，到了 21 点钟，他累了，就说下班，我和小强回屋对了一阵录音材料。阿黄他们将近 18 点才往回赶的，他们一走，天就下雨了，路上起码要过 140 千米的施工工地，也不知道走得怎样，真叫人担心。阿黄的父亲跟阿佬认识，算是老交情了，阿黄这回来给老人家带了一大堆酒肉瓜果蔬菜，他可真是太厚道了。睡觉前先给他打了个电话，得知他正在半路上，说还得 2 小时（那时已经 22 点了），说是到了中甸一定来电话，所以我一直不敢关手机。灯一关，绿而黑亮的金龟子和飞蛾就往头上脸上碰，枕头很低，怎么也睡不着，刚朦胧过去，阿黄的电话就来了，说已经到了，叫放心，一看表，已经24点了。这时虫子们也安静了，拿电筒一照，都被蚊香熏地翻在地上。还是睡不着，只好想问题，觉得当地自称玛莎的还是纳西族，玛莎跟摩梭音近，他们应该与金沙江对面丽江塔城的部分纳西族一样，是从泸沽湖迁过来的，只是语言文化发生了变异，玛莎话应该是一种混合语，所以才会他们说的人家听不懂，人家说的他们听得懂，这也印证了老人说的祖上传下的故事：学说话时去晚了，所以跟藏族学一点，跟傈僳族学一点，学的结果就只能是混合语。

一夜难眠，腊普河的波涛声在静夜里分外明显，很久没住过人的屋子里有股发霉的味道，刚眯着就做梦，早晨起来很难受。

将近9点，阿佬上楼叫我们吃早饭，有花卷、蜂蜜和菜。吃完后记了1小时的音，阿佬叫我们去看葬礼（住在山下的某位老人刚刚过世）。回来时已经过了11点30了，我们去村政府找村里人民族成份的材料，阿佬打电话联系了，让我们吃完饭再去。中午吃的是面条，面条泡在清水里，又重新打了汤，汤里有西红柿和火腿肠，大概就是阿黄送来的，他说过他妻子怕我们饿着，买了几筒火腿。吃完饭就出发去村公所，公路沿着腊普河正在修建，就是我们来的那条路，腊普河就是在村子的山脚下波涛滚滚的那条河。到村公所有3千米路，一路都是风景，知了们在树上一声不歇地合奏，海尼村有17个村民小组，所以我们路上会走过纳西族或傈僳族村庄。我观察到，腊普河的水是黄色的，但从傈僳族村庄里流出的一条大河却很清澈。

村公所里只有一个书记，姓王，是昆明医学院毕业的，曾在维西县城里工作了十多年，已经来这里一年多了。他的办公室里有一台手提电脑和打印机，他对电脑、相机的操作比我们

图附 -2 腊普河边正在修的路

熟练，只是不多说话，帮我们拍了一些村民民族成份的资料，又转存到电脑上，临走时说如果遗忘了什么资料，可以打电话找他，他再传给我。阿佬还把和老师也找来了，和老师父子三人都是这一代的中小学教师。和老师50多岁，是云南师范大学的函授生，曾听过云南师大老校长吴积才和夫人毛玉玲的课。和老师说他曾经收过一篇玛莎老东巴给他写的字，等搬家整理东西时给我。

回阿佬家时仍是走路，路上不时有运货的车甚至大铲车停下来请我们上去，可我昨夜没睡好加上感冒，只想走走，于是就一路采着野果边吃边走，阿佬还弄了几条腊普河的鱼，说是金沙江游过来的，晚上做给我们尝尝。晚餐时，阿佬很热情地给我夹鱼。晚饭后依然是阿佬的小儿子陪我们，今天实在干不了事，就天南海北地聊天，阿佬小儿子虽然39岁了，看起来还像20多岁，长相如此，激情也是，祝愿他实现自己的梦想。阿奶端来一些青梅，很酸，我吃了3颗，觉得咽喉清凉了许多，上楼又吃了1片感康、1片牛黄解毒片，关灯就睡。睡前小强把他的软床垫换给了我，他说自己睡惯了硬床，睡软床睡不好，但愿是真的。

我则一有软床垫就睡着了，一觉睡到天亮，好像有几年都没睡过这么好的觉了。

图附 -3　海尼绿色的蝉

2010 年 8 月 2 日

昨夜没有听到腊普河的水声，也没有金龟子和飞蛾来撞我，一睁眼又是一片蝉鸣。洗漱完毕，正在讨论语音，阿佬在底下院子里叫吃早饭，已经 9 点多钟了，早饭是油炸米果和面果，米果是白的，面果是黄的，真好吃，也有炒花菜和蜂蜜。我吃了 1 个米果、1 个面果就不再吃了，阿佬说我还没有小猫吃得多。吃完饭，阿佬和小儿媳妇带我们去看葬礼。到目的地后，小儿媳妇拉了一条凳子跟我们坐在一起，时不时给我解释几句。男人们抬着棺材也抬着锅走了，要到山上吃顿饭，女人们则在死者家里吃饭，我不想留下来就走了。我们早饭前已经把教室里的一张桌子和板凳抬出来冲刷了一顿，现在差不多干了，就抬到楼上听着蝉鸣写日记，可真舒服。到了 13 点多，阿佬的小儿媳妇在逝者家里吃过饭回来了，她给我们做了一顿简单的午饭。我们吃过饭，阿佬也回来了，便问他死者抬到火葬场后的情况，阿佬详详细细地告诉我们，我尽量记了下来。然后阿佬又说起成年礼以及以前过年时的各种礼节仪式，越说越高兴。15 点才开始记音，因为基本掌握了规律，记音顺利多了，一直记到 19 点。吃完晚饭，阿佬让他的小儿媳妇做我们傈僳语的发音人，但他小儿媳妇很少说话，都是他的小儿子在抢着说。交流中我们逐渐明白：在海尼村，玛莎人人口较多，语言占绝对优势，同一杂居村落的傈僳语、藏语中也都掺杂了玛莎话，这样就形成了阿黄所说的傈僳玛莎和藏族玛莎。现在，婚恋自由，各族相互通婚，本来只有玛莎人的海尼村也有了藏、傈僳、纳西、白、汉等各族人口，语言也随之有所变化。所以这一带玛莎人说的纳西语外地纳西族听不懂，这一地区的傈僳语、藏语，外地傈僳族、藏族也听不懂，这是语言混合的结果。

2010 年 8 月 3 日

昨夜下了一夜的雨，空气很潮湿，耳边又不时传来腊普河汹涌的涛声，蚊香的味道也格外刺鼻，起床时脑袋晕沉沉的，干什么都拖拉。我们去买了个电插板，可以在木楼里用电脑录音了，所以就搬到楼上的走廊上记音，这样不至于被屋子里浑浊的空气弄得昏头涨脑。不妙的是，从昨天开始，大雨昼夜不停，哗哗的雨声盖过了人声，录音效果很差，阿佬说我记音时老盯着他的嘴，弄得他怪不好意思的。晚上将近 20 点才吃饭，我们磨磨蹭蹭，阿佬的小孙女、阿佬、阿奶都来叫过我们，我们赶快赶过去，今晚的饭菜真丰富，阿佬的小儿子弄来了虎掌菌，还杀了鸡，虎掌菌好吃极了，他们拿出新鲜的来给我看，果然像一只巨大的虎掌。这里山上有很多种珍贵的蘑菇，价格便宜，这种虎掌菌才 3.5 元 1 斤，走的时候真想带点回去。吃完饭照旧是跟阿佬的小儿子聊天，我坐的地方漏雨，后背都淋湿了．这间厨房虽然破旧却很舒服，以前我总是怕火塘，被烟熏得早就忘了自己要干什么，可是这间屋子屋顶透着天光，窗户上也少块玻璃，空气畅通，倒是很舒服，尤其是大山夜晚温度低，这里却是暖融融的。我们记音的速度真不怎么样，早上吃完早饭都近 10 点了，而中午吃完饭都 14 点多了，阿佬说因为周六等我们来，他铺子里的啤酒和塑料袋没有了没来得及进货，这个周六一定得去补货。我们就跟着阿佬到下边村子里去借啤酒，也随便买点必须用的东西，回来的时候已经快 16 点了。只记到 19 点，阿佬说天黑了，只好停工，我想想，连续几个小时记音，阿佬也挺辛苦的，他一定不习惯。

图附 -4　玛萨人葬礼中焚烧的带香味的植物

2010 年 8 月 4 日

昨夜睡得很好，本来想多干一些，可是阿佬要去料理一下铺子里的事，我们吃完馒头、花菜就跟阿佬的小儿子聊天，外面一直在下雨，他的水泥生意这几天都不太好。他还告诉我们，玛萨人放牧时要把小牛犊赶上高山牧场，过几个月再去找回来，牛儿饿了自己吃草、困了躲在密林里睡觉。阿佬家的牛是 4 个月前送到牧场的，还有2个月才接回来。牛儿要放到海拔4000米以上的高山牧场才不会丢失，因为那里没有蚊虫叮咬。这里的原始森林也被盗伐得厉害，红豆杉等稀有木种基本已被砍光了。当地人们仍旧习惯烧木材。

上午记了2个多小时的音，到13点多了，阿佬的小儿媳妇叫吃午饭了。今天中午吃面条、鸡肉和酸白菜。吃完午饭我们回到阁楼，一会儿阿佬拿着一大枝青梅来了，我忍不住吃了很多颗，一休息就去吃，牙齿也吃酸了。这山里真好，有这么多好吃的东西，记音的间歇阿佬还兴高采烈地描述他进山打狗熊的事。阿佬还说过一段时间大概就可以采松茸了，谁先发现了，采过后要想法掩盖起来，有的就干脆围起篱笆，大山被分割成许多“领地”。今天下午干得不错，阿佬盘腿坐在床上有说有笑，在自己的屋子里我们也觉得比较自在。阿佬的小儿子去维西县城了，吃晚饭的时候还没有回来，饭桌上立刻没有了生气。吃完饭我们回到自己的房间，因为还差一个藏语发音人，就调出藏语班同学的号码打电话，没有找到合适的人。

2010年8月5日

天终于晴了。今天8点30就吃早饭，阿佬的小儿子骑着电车下山了。一连下了几天的雨，道路停工，今天路面抢修，水泥生意肯定好。阿佬的小儿子投资10多万元买了一部碎石头、造水泥的机器，才3个月就把本钱赚回来了。

早上9点就开始记音了。阿佬是个很不错的发音人，总能借材料发挥，讲述不少玛沙人的风俗。阿佬说得正热闹，有人打来电话，是收购松香的。阿佬雇了工人在山上割松香，来电话的人说收购价格要涨，原来给1.7元1市斤，现在给2块，1吨1000块。松香厂的人星期天来开会，阿佬叫他们在小卖部那儿开，可以多卖一些啤酒。他叫我们星期天随他到塔城镇去，可以去乡政府查一些资料。阿佬觉得我们的傈僳语、藏语发音人不能找没有文化的，他为我们物色的傈僳语发音人是一位当地的老师，藏语发音人是一位退休乡长。今天虽然工作时间比较长，但我们的速度仍然不快，因为阿佬引申的内容比较多，我们也就随手记下了一些短语，也能够看出一些语法方面的特征。晚上吃牛肉，是阿佬的小儿子昨天买的，他今天生意很好，回来时非常疲惫的样子。

2010 年 8 月 7 日

昨晚老早停电，什么事也干不成，我请阿黄帮忙联系乡政府工作人员去查资料。阿黄回复说，联系到文化站站长。吃完早饭我们就急匆匆地去马路上等车。到了 9 点 30 分，车子总算来了，是辆皮卡车，开车的小伙子也是阿佬的远房亲戚。车上已经坐了 1 个年轻女人和 1 个孩子。路上经过玛莎村庄时阿佬告诉我们，玛莎人的村庄基本上都在山坡上，腊普河边也有大片平地，但一般都是藏族村寨，但有一个玛莎人村庄例外。这个村子虽然也是在半山腰上，但半山上有一大片平地，而且村子农业发展很好。我们路过柯那村，那里有个汝柯自然村，据说有电视台在那里拍过节目。路上正在施工，车子走走停停，甚至有一回陷在泥坑里，大家下车推了老半天。20 多千米的路，走了将近 3 个小时，总算到乡政府所在地了，阿佬直接把我们领到文化站站长家里，原来他们是亲戚。站长是藏族人，汉语说得不太好，但是能听懂，阿佬跟他用藏语说了一阵，站长就领着我们去办公室，把他抽屉里的材料拿给我们看，还把他自己关于玛莎人的理解说给我们听：他说玛莎人头上装饰是彝族的，身上服饰是藏族的，腿上绑的是傈僳族的，只有草鞋和家织的布袜子是自己的，服饰文化跟语言真是一脉相承。今天是礼拜六，别人都没有上班，我们没法看到第二次人口普查资料以及详细的自然村地理分布图。中午在一家小饭店里吃了饭，菜是一碗黄瓜和一大盆的炸猪肉与猪排骨，很香，阿佬还叫来了开车的司机和另一位傈僳人，他们之间说傈僳语。吃饭时，我们遇见了前几天见过的塔城中学退休的和老师和我们准备找的藏族发音人——退休的老乡长。

吃完饭在饭店外面的菜摊买了很多菜，几乎样样都买了一些，然后阿佬就去忙着上货，我则买了些酒和茶叶、点心，准备送给傈僳语和藏语发音人。我还买了一盒笔和一面小镜子，我带的笔太难写了，记音的时候很费力。往回走的一路我可是吃尽了苦头，不停地有人挤上车来，我干脆躲出驾驶室，随小强挤到拉货的车斗里，可是我的坐向与车行驶的方向相反，不一会儿就开始晕了。车子不停地在坎坎坷坷的路上跳动，像拍球似的，我全身都麻了，后来车子又陷在泥里，我们只好下车。再上车的时候，把脸转向车开的方向，慢慢就不晕了。不久，松香厂的老板来了，阿佬叫我们下来坐老板的车。松香厂老板是浙江人，一说话就笑，现在要到阿佬的小卖部那里去开会。车子很快到了海尼村，我们下车在腊普河里洗了手，阿奶正和一个 30 多岁的女子各背一筐荞麦在河堤上休息，小强赶紧抢过来背着往坡上爬，他稳稳地把这大筐猪食背到了厨房里。仍然是停电。阿佬去开会，都吃过饭了还没回来，后来终于回来了，他说啤酒箱子全叫雨淋烂了，很是沮丧。

2010 年 8 月 8 日

吃过早饭后，我们仍去记音，我昨天买的笔很好写，阿佬今天兴致很高，一上午我们就记了 200 个词，于是决定下午去找那位傈僳族老师，阿佬说路很近，沿着小路 15 分钟就到了。

吃完午饭我们就出发了，去阿佬铺子里拿了昨天买的礼物，阿佬又从自己的铺子里抓了一大包各种各样的小零食，说是给傈僳族老师的两个孙子，还抓了两瓶啤酒，说是两人见面必喝酒。

我们要去的傈僳村叫大村，是傈僳语音译，这条通往大村的小路夹在田间或果木茂密的丛林间，真是美不胜收。小路延伸到山上，路上还印着动物的脚印，时而有潺潺的流水流过，很清。临下坡的时候，路边的植物几乎把小路都遮盖起来了，挤过草木丛，又跨过一条从山上欢腾而下的不太宽的小河，前面的路变得宽广起来。阿佬开始跟路旁的人打招呼——他当了30多年的村支书，到处都是熟人。大约走了45分钟，唐老师家到了。唐老师是海尼村小学的退休老师，他家的院子整齐而宽敞，他放下手中的活儿来招待我们，他的儿媳妇正在给2个小男孩儿洗澡，小的已经洗好了，满院子跑来跑去，阿佬把带来的零食给他，他就更加“忙活”了。那儿媳妇一直笑着，很温柔贤惠的样子。唐老师有3个儿子，大儿子在香格里拉工作，小儿子在西南林学院读书，二儿子在家陪着老人。我们把词汇手册交给他们一本，父子俩商量了一阵，儿子就来给我们读。他刚读了一两个词就说，他们的傈僳语太混杂，得到前边远一点的村子去记音——那里说的是地道的怒江傈僳语。我说我对地道的怒江傈僳语不感兴趣，于是他就专心地读了起来，每读一个就说写好了吗，再开始读下一个。父子俩的发音明显有些区别，父亲那里明明是浊音，儿子嘴里发出的却是清音。大概初次见面有点拘束，过了一会儿大家都变得自然了，儿子口里的浊音也明确了。后来唐老师自己接过来读，他把嘴使劲张大给我们看发音，不过总是发完了音再把嘴张得老大，很有趣，大家开心极了。他时间抓得很紧，又不需要我们多加解释，他很认真，就像他以前在课堂上授课一样，他不知疲倦地读了一页又一页，记音速度快得我们都不敢相信。高山峡谷中的这个季节一出太阳天气就变得非常热，因为精力太集中很少感到有哪里不舒服，不知什么时候暴雨倾盆而下，原来嗡嗡乱飞的苍蝇刹那间消失。已经19点多了，阿佬说唐老师要留我们吃饭，唐老师则乐呵呵地接过来说要我们住下来，吃完晚饭接着干。他儿子和儿媳很快就把饭菜摆好了，有火腿、莲花白炒肉、土豆、烤鸭等，很丰盛。他儿子用大勺子把肉舀到我们碗里，儿媳妇也不停地用温柔的声音说“吃呀，吃呀!”她的汉话说得很好。吃完饭阿佬说他一定得回去看他的商铺，我们也就跟着一路赶往海尼村的色里不拖，这个玛莎话意为“红脚鸡”的地方。唐老师拿了 2 个手电筒给我们，我们便借着手电的光亮，走上了架在波涛汹涌的腊普河上的木桥。修路工人还没有停工，阿佬不停地跟他们打招呼，时不时遇到一节一踩就陷下去的稀泥路，路边丛林里影影绰绰的，我们有些害怕。腊普河的水声很响，冲刷掉了黑夜里可怕的静谧。这一带的村庄都在腊普河边，公路也是，一直沿着河流延伸。走大路似乎比小路还近，也就 30 来分钟，阿佬就开始下坡了，我们也就看到了那座熟悉的木桥，桥不远处就是阿佬用木板搭建的小商店。依旧是停电，回到小阁楼，小强把唐老师借来的手电筒顺手往挂在门边的灯座上一插，我抓紧写起日记来。

2010 年 8 月 9 日

我们吃完早饭，去阿佬小商铺里拿了猪肉、米花糖、果冻等礼物就出发了。这回走的是大路，到唐老师家时已经 10 点。唐老师等我们老半天都不来，带着小孙子出去了，他的儿子迎接了我们。我们这才看清屋子里的摆设，沙发不是海绵的，很舒服。唐老师回来后，我还给他和两个小孙子拍了照。

今天记音没有太快，我害怕记快了不准确，就问得详细了些，加上他们一个人都会说几种语言，免不了混起来，所以时不时要商量一下。除了阿佬、唐老师和他儿子外，还有两个在路上架电线的工人也过来了，他们时不时因为把这种话混进那种话而哈哈大笑。中午依旧在唐老师家吃饭，吃完饭大家稍微休息一会儿。一直到 15 点我们才开工，这中间就坐在门外与唐老师的儿子聊天。他说这一带盛产兰花，兰花值钱的时候一丛几十万，现在不

图附 -5　雨后的腊普河

行了。松茸也是，以前卖到 1 公斤 1000 元，这两年松茸也卖不上价钱，在香格里拉乡下 1 斤也才 9 元钱。还说傈僳民间医生治骨折很厉害，当地草药治妇科炎症、疾疮也有奇效。今天我们 18 点就往回走了。今晚难得有电，阿佬的小儿媳这几天都在轮流帮各家打麦子，今天轮到他们自己家，所以家里做了很多菜都温在火塘边，别人都吃过去加班了，阿佬把饭菜端出来我们 3 人一起吃。阿佬的小儿子又去维西县城了，天黑了还没回来，他妈妈很担心。

2010 年 8 月 10 日

还是去唐老师家记音，刚下过大暴雨，一路的泥泞，这里的人平时都是穿拖鞋，踩了稀泥随时都可以在河里冲洗，到处都是水，连公路上都时不时有清清的水流。除了腊普河外，每个自然村都还有一条河从山上流下，这种河的水一般都是清的。唐老师家旁边的那条河格外美丽，河边盛开着橙黄色的兰花，河面虽然不宽但水流很大。我们走到唐老师家门口，他的小孙子正在门口玩耍，看见我们就尖叫着跑回去报告。我们走进院子，唐老师正在拖地，有些不好意思。刚坐下，唐老师一脸严肃地对我说，求我一件事答应不答应，我说只要能做到一定答应，唐老师就叫我给他的两个小孙子起学名，我立刻紧张起来，自己儿子的名字都起了半年，名字可是影响孩子一辈子的事儿，我只好答应，记音的时候都不专心了。中午依旧在唐老师家吃饭，饭前唐老师的儿子端上自家酿的蜂蜜。他家的蜜蜂放在海拔 3000 米以上的山上，随意采着各种植物的花粉，所以味道也很丰富，他们说吃了蜂蜜不想吃饭只想喝水。果真如此，我中午吃得很少，下午记音的时候却胃痛起来，反应自然迟钝了许多，只好不停地问，让人家不停地重复，唐老师依旧把嘴张得老大，脑袋摇来摇去，非常可爱。我们一直把傈僳语记完了才收工，临走，唐老师的儿子送给我们两瓶蜂蜜。

晚上依旧是停电。

2010 年 8 月 11 日

终于开始记藏语了，阿佬最后请他的远房侄子做我们的藏语发音人，这人是柯那村的，他们自然村原来临近海尼村，后来修水电站，他们就迁到了一个离塔城镇较近的地方，那里田地肥沃，粮食年年丰收。阿佬的这个表侄 1964 年生人，有着深色的皮肤、古羌后裔常见的人眼睛、高鼻梁，很壮实。他初中毕业，基本没有离开过本地。他本来在我们去大村的路上带两个徒弟给人家承包盖房子，阿佬看见了就把他请来了。他昨天回了趟家，将近 11 点了才来。开始记音的时候我很谨慎，因为可能玛莎话、傈僳语语言混合的根源就在这里。我先拿迪庆藏语的调查资料请发音人读了声母例字和韵母例字，果然有很大变动，我只好拿出词汇调查手册开始记音。一记音就发现，柯那村的藏语虽然有极少量相同的词汇，还有因居住区域相同而产生的一些相同的文化概念，其他却有自己独特的特色，但声母和韵母基本与迪庆藏语相似，还保留了一些古藏语成分。

发音人开始很拘束，因为我想记准确发音不停地盯着他的嘴唇，后来他就变得自然了，而且很卖力，尽量把词语背后的文化概念解释清楚，我则乐呵呵地跟他学舌边擦音，慢慢地，我的舌头开始会灵活转动了，学得很像。后来，发音人急着回去盖房子，吃完晚饭 21 点 30 分上楼来记了一页，便离开了。

2010 年 8 月 12 日

今天早上醒得很早，一点精神都没有，8 点不到阿佬就喊吃早饭。发音人出乎意料地早早开工了，原来他昨天晚上熬夜备了课！

记音开始了，有时候阿佬也上楼来，他们总是不停地商量，进度比较慢。后来阿佬走了，进度快了起来，发音人表现很好，发音很到位，他似乎多才多艺，谈藏族的乐器、舞蹈和宗教。今天他依旧在阿佬家吃住，晚上也依旧加班。我们的进度并不是很快：进行到动词部分时，要把那些他们平常很少说的动作立刻说出来不容易，阿佬一上来他们就不停地商量，而且，音同音近的字我总要跟前面核对一下，记到晚上快到 23 点了才结束，我都累得有些支持不住了。

2010 年 8 月 13 日

今天早上开工晚了一些，大家都很累，不过最后的 8 页还是在 17 点就结束了。吃完晚饭依旧与阿佬的小儿子阿龙聊天，阿龙说他玛莎话就不用提了，傈僳语比他的傈僳媳妇都强，藏语则比他的藏族妈妈强，我们就请他用三种语言各讲两个故事记下来，他爽快地答应了，说是凡是自己讲出来的话每个字都能解释。可是真到记音时还是遇到了困难。阿龙先用汉语讲了达摩祖师的石驴，一换傈僳语就不对了，换了一个妇女上山采松茸把孩子丢了的故事，又说不对，这个故事是藏族的，得用藏语说，最后有个唱段很凄切，得用藏语唱，他不会，倒是他妈妈能唱出来，她笑着唱，唱得婉转悠扬，但是一点也不凄切，她说她可以用藏语讲给我们听，但是阿龙已经开场了，她的故事只好留着第二天记。阿龙总算用玛莎话开讲了，拖腔拉调的，摆出说评书的架势，刚说几句又不对了，就打电话给同村的伙伴，说是请个最会讲的，这个人很快来了，他比阿龙大一辈却是同龄人，他怪不好意思的，说自己不会讲故事，直到听阿龙讲得太不像样子了，才说他来讲。就这样，一直奋斗到24点才收工，却发现声调记得忽高忽低一塌糊涂，非常郁闷。后来打电话请教盖兴之先生，老先生说记故事分析语法不是好办法，也就不再提这茬了。总之功夫不深，继续修炼!

2010年8月14日

今天早上5点，阿佬和他的儿媳妇、孙子去维西县城了，我和小强想早一点出发去下边的村子里找退休的中学校长和玉龙老师记语法，阿奶说路上没有吃的，还是要我们吃了早饭再走。

今天是星期六，是通车的日子，阿龙的铲沙车坏了，而整天在色里布拖村段的腊普河里铲沙的另一辆车坏得更严重，被扔在河边，没有人铲车在河里洗沙，河水变得清澈多了，加上已经连着两天没下雨，下山的小路难得没有了泥泞。去和老师家有4千米，沿着腊普河边的公路直直地走下去就到了。路上有人停下拖拉机问我们到哪里去，仔细一看才认清是阿佬的大儿子，于是我们跳上了拖拉机，刚走一阵又想起还没给和老师买礼物，阿佬的大儿子就把拖拉机停在一家商铺前，等我们跳下车他就自己走了。这段路一点都不难走，40多分钟就到了。和老师家的房子还没有盖好，他正在房后忙活着，等了一会儿就过来了。可能又要下雨了，空气不怎么流动。

我们从语法调查表里挑出些句子开始记，和老师很认真，他是云南师范大学79级的函授生，是这一带学历最高的老师。和老师的女儿也回来了，她刚参加医科专业的上岗考试，还不知结果。后来和老师的小儿子也回来了，他和女朋友去捡松茸了，拿包装回四五个小松茸，挑了个大点儿的拿给我看。松茸这两年卖不上价钱，即使这样，满山都是捡松茸的人，早上上山晚了就捡不到了。

在和老师家记音一直记到18点多，和老师努力地将每个音节都找到准确意思，是一位很敬业的老师。

2010年8月15日

今天又是去唐老师家，从昨夜雨就不停地下，唐老师说今天是舟曲特大泥石流死难者哀悼日，他的两个孙子老早就把电视打开了等在那里。唐老师依旧是他的老风格，速度很快，只是解释得不怎么细致。唐老师问我们，3个民族的语言，哪一种最简单？没有等我们回答，他就说藏语最简单，藏语不用量词。海尼村与柯那村的大部分藏族说的藏语不能与迪庆藏语通话，而且也有一些明显的与玛莎话、傈僳语不同的特征，不光是数量词的结构，文化概念也有显著的差异。

附录二：贡山丙中洛田野调查日记

2011年7月27日

25号20点30，我们在昆明西部客运站上车，客运站客流量很大，一片嘈杂。长途客车有3排座（床）位，上下2层，很挤，我们的床位在尾部，车一开就摆来摆去，我的胃很痛，一夜未睡。早晨6点多到了六库，车站就在怒江边，隔墙可以听到滔滔的水声，六库到丙中洛的车每天只有早上8点20分1班。我们不敢再耽搁，先去买了票，又到车站上的小吃店吃了点早点后抓紧上了车。车是一辆小巴，我们的座位上有一大摊水，先已坐在附近的女孩是来云南旅行的学生，她说这是雨水，并告诉我可以去驾驶室拿抹布来擦干。车子按时出发，一路都是在怒江边行驶。只见两边青山，中间浑浊的江水滔滔，走了一段时间我又开始胃痛晕车了，剩下的日子变得非常难挨。丙中洛好像在天的尽头，路上车子不停地停下来，中途载人、登记等，18点多总算看到了丙中洛的路牌。到丙中洛乡政府驻地，车上的女孩跟我们一起下了车，她不知去哪里，就打算跟我们一起去做田野调查。她告诉我们，她叫豆豆，是中国传媒大学的学生，家在甘肃。我们就近找到一家宾馆，在4楼开了2个房间，我和豆豆住一起。放好行李就到街上找吃的，刚到街上就遇到一对兄弟在卖雪莲花，花朵用纤维袋装着，小强跟他们聊了起来。我们要了弟弟的电话号码，说是等拜访时请他出来接。我头痛欲裂，赶紧回到住处洗澡睡觉，豆豆安静得像只小猫。

第二天，天蒙蒙亮就被公鸡吵醒了。昨夜似乎下了一夜雨，此时还未停，可以望见窗外不远处农舍人影晃动。农舍的屋顶多是页岩盖的，农舍周围是树木和田园，背后是青山，旅馆很干净，一点怪味都没有，屋对面是大晒台，晒衣服很方便。我们8点多就下楼了，先去乡政府，这里的工会蔡主席给我们介绍了一些贡山民族语言文化的情况，还帮我们联系发音人。后来我们又去派出所了解民族与宗教的现状。

13点我们出发去甲生村。沿着出丙中洛的唯一一条大马路一直往前走，沿途都是一片青翠：路两边是正在抽穗的稻田和玉米地，小溪从山崖上飞泻而下，一棵棵野草莓长得很高，我们使劲拉长身子摘了几朵草莓果，味道有点淡。甲生村离得并不远，路边有一个大石碑，记载着甲生村重丁组（也叫重丁村）某座教堂建立的过程。我们在村里的小卖部买了酒、茶叶和糖果后就给蔡主席推荐的人打电话。电话里他告诉我们，他姓古，在曲靖当过两年兵，现在村委会工作，才23岁，会说五六种民族语。他还给我们说了很多村里的情况以及他当兵的事。但他太年轻，我

图附 –6　甲申村形它组

拿出词表一问，好多词他都不知道，只好请他帮我们再找几位四五十岁的发音人，他说明天打电话给我们。我们沿着那条唯一的马路回来，雨时下时停，山色依然很美。

吃过晚饭回宾馆，我写日记，豆豆则在研究旅游路线，我也拿过那本《独龙江探秘》，发现有去德钦的旅行线，豆豆说那要步行，雇向导翻山过去，似乎要两天。我们就下楼找老板落实，因为德钦已经离维西很近了，我们想去维西塔城做下补充调查。老板正在隔壁招待客人，听说我们只是想去维西，就立刻说去维西塔城其实更近，去腊早那里翻过山就可以了，只要一天的路。老板正招待的客人是他哥哥，还有一个从浙江来做慈善事业的焦姓女子。老板哥哥说，他岳母年轻时在丽江读书，经常翻那座山，他回去跟岳母落实一下就打电话给他弟弟，再转告我们。老板用一个小茶壶煨了普洱茶，不停地给我们倒水，我兴奋地忘了自己不能喝茶。焦女士来此地是为了调查丙中洛贫困家庭儿童教育情况，以提供资助，一听说我们要翻山，也想加入我们。她和豆豆立刻决定结伴先走，给我们去探探路。

2011 年 7 月 28 日

今天小古有事来不了，他让他妈妈做我们的怒语发音人。到那里才发现，他们家人全在感冒，他妈妈的嗓子都哑了。他们端出自家种的煮玉米和自酿的玉米酒，我们开始熟悉怒语。贡山怒语和独龙语相似，比照《云南省志·少数民族语言志》贡山独龙语的调查资料，丙中洛怒语明显多出送气音，但前人的工作很严谨，有许多可以参考的地方，我们临时决定只调查形它组的 3 种语言，然后调查一下语言兼用的情况。中午，小古的妈妈到对面山上放牛，小古做饭，我们到江边捡鹅卵石。夏季的江水很浑，混了雨水冲积的泥沙，有很多漂亮的鹅卵石，我们拿起又放下，苦于携带不方便，恋恋不舍。小古做饭的手艺真好，他说他们家全是厨艺高手。他妈妈没有回来吃饭。他指着山对面说，那里有一排木房子，是到对面干活时用的，里面家具齐全，可以做饭。两山之间是怒江，本来的路是溜索，现在是漂亮的铁索桥。吃完饭小古带我们在小村周围走，先是穿过小村的球场再走上铁索桥。此桥是2008年才建的，原来的溜索还悬挂在桥旁，小古说他以前经常带人过溜索。形它原来在对面的高山上，经常有滚石，还发生过泥石流，后来政府组织大家搬下山，各家提供材料，政府统一盖房。屋舍是整齐的两排平房，页岩屋顶，非常漂亮，时常能看到孩子和猫狗一起玩耍，真正的“世外桃源”。小古指着远处的石门关和被云雾笼罩的卡瓦格博神山告诉我们，天晴的时候可以看到山峰。小古知道的很多，是一个很有灵性和爱心的年轻人。他是村里的环保员，自己种了很多核桃树，小树周围还种了很多红豆杉。他给我们介绍路边的植物：白杨、漆树、油桐以及可以长野果的种种树木。不想已经转到了17点，我告

图附-7　形它的铁索桥

诉小古可以用梨治咳嗽、用松毛治风湿，他很高兴说学到了东西。我们先去看教堂和安眠的神父，明天再开始记音。小古说教堂的钥匙在村公所对面的丁大妈家里。我们来到丁大妈家门口，但她家大门关着，从门外可以看到里面宽敞的大院子以及各种怒放的花朵。主人不在家，我们只好离开。

2011 年 7 月 29 日

今天 7 点就起床了。豆豆准备坐车先去腊早，看看能否翻山去维西。她离开后，其余人 8 点出发去形它，半个小时就到了。小古也就刚起床，他妈妈和舅奶奶还没吃早饭，小古今天有事，由他弟弟和其他两位女长辈陪我们记音。我们被怒语复杂的语音系统弄得有点晕，加上昨晚没睡好，有时直发愣。小古的弟弟很认真，但耐心不够，好在他妈妈和舅奶奶一直陪着，还拿出自家种的蔬果招待我们。贡山独龙语是孙宏开先生记的音，很准确，与贡山怒语基本一致，可以参考。从 9 点一直工作到 18 点，中途稍微休息了两三回，感到很累。多民族村落语言使用其实很随意，大家通常都会几种语言，见面随便说哪种都可以，一句话可以怒语、藏语、傈僳语掺着说，但是要为我们发音他们就很认真地区分开来，这样会很费劲，通常老人区分得清楚一些，年纪越轻，语言就越混杂。

晚上回到住处，跟小强处理录音又弄到很晚，洗完衣服已经 11 点半了。

2011 年 7 月 30 日

雨从昨晚就淅淅沥沥下着，早晨起来也没停，通往形它的路上几乎见不到人影。

小古还没有回来，他妈妈和舅奶奶陪我们记音。今天效果好多了，慢慢地，舌尖擦音 π 在声母、介音、韵尾的位置都变得敏感了，复辅音、塞音和鼻韵尾也显得清晰了，只是发音人从来没有出过远门，有些东西没接触过，用怒语不知该怎么说，还有一些词是藏语、汉语说惯了，怒语该怎么说反而不知道了，我们慢慢感受到弱势语言的退化。

雨停了，木屋里有些闷，还有些苍蝇飞来飞去。小古的舅奶奶嫌在屋子里头晕，于是我们搬到路对面小古家的新房子门口记音。一些妇女孩子围过来，我就给孩子发棒棒糖，他们很有礼貌，用两只小手接着，怯怯地说谢谢。孩子们年龄 3 ~ 8 岁，汉语说得很好。有一个年轻的妇女还跟她的孩子说流利的普通话，我以为她是这儿的小学教师，但她说自己只读过小学，看得出她对自己孩子的未来充满期望。我原以为这个小小的山村很多人都不通汉语，真正走到田野才发现并非如此。

图附 -8　怒族人家的厨房

今天进度还是不快，一个词两个发音人往往要讨论一番，常常不小心说成藏语或傈僳语，想一下又重新来，而我们也要辨别一番。后来，小古妈妈还有一大堆农活要干，我们只好作罢。回乡镇的路上小强开始窜小路，走在田埂上，有人远远地打招呼，原来是在三江源饭店干活的小姑娘，她正跟另一位年岁稍大的妇女结伴在菜地里玩。我顺着路往前看，发现饭店就在前头，大院后门开着，就一直走进去，来过三四次都熟了，几个女孩不吭声就做得很周到，觉得温馨极了。又有一大群游人涌进来，丙中洛真是个吸引人的地方。

2011 年 7 月 31 日

昨天把伞挂在小古家木板房的门外忘了带回来，好在早晨没下雨。小强拿着手机，我则拿着相机，我们一会儿对着云雾缭绕的青山、一会儿对着稻田拍照。

拍完照赶到形它，小古妈妈一见我们就在门外摆桌子、端茶，舅奶奶也坐过来，她真是太棒了！一个词两代人各读一次，语音演变的线索就出来了。在门外记音不错，好多人都来看热闹，虽然有些耽误时间，但也可以多获得一些信息。正如费孝通先生所说，藏彝走廊高山峡谷中有许多原始文化的遗留，怒族人的文化就是这样一件宝物。根据今天记录的词语可发现，怒族一年只分两个季节，春夏为一季，秋冬为一季；方向只有东西两个，即日出之处和日落之处；“桶”叫“u^{34}ndɔŋ^{53}”，即旧时背水用的木桶，是在一块大木头里头挖个洞制成，“ndɔŋ”也就是“洞”，疑即汉语“洞”的同源词。

有位傈僳族退休老师也过来了，他说话时手不停地抖，不过普通话说得很好，但他后天就要出门，没法担任我们的发音人。小古妈妈也很忙，可巧小古从县上回来了，立刻过来帮忙，舅奶奶也一直陪在那里。中间休息的时候，小古给我们看他从江边捡的石头，有一块石头深紫色与深绿色相间，非常漂亮。他还指给我们看摆在路边已经被他剖成两半的一块大石头，他用水在石面上一抹，立刻显出绿莹莹的颜色。他笑眯眯地把一盆石头端来端去，细致而充满爱心。他对一切都有好奇心，又吃苦耐劳，我想他将来一定能有所作为。

明天是八一建军节，小古不停地打电话通知明天开会的人，我注意到他通话时大多说当地汉语方言，只有一次半怒语半汉语。已经到了 18 点，我们起身告辞。

回乡镇的路上我们绕到坐落在甲生村重丁组的天主教堂，教堂的门锁着，我们便找到丁大妈家，她身穿鲜艳的藏族下装笑眯眯地来开门。我问她神父用何种语言传教，她说汉语、藏语、傈僳语、怒语都说。

我们往住处走，小古从后面骑着电动车赶过来，指给我们前面竹丛旁的小路。我们沿着石阶走上去，果然避开了一个大弯，很快回到了镇上。晚饭我们点了一种高山上生长的野菜，清水煮后配上蘸水味道还真不错，小强又要了一个水芹菜炒鸡蛋，我则为自己点了酸菜炒红豆。吃得太饱就沿着镇上唯一的一条街一直走到贡当神山脚下。回到宾馆，小强给我看北大古汉语教学的课件，接着又处理了白天的录音。

豆豆发来短信，叫我们别翻山了，山很高路又不好走，下山到维西那段还在修路，她自己走了两天，好不容易搭了一辆卡车到维西县城，到塔城还得六七个小时，而且过山的向导费要 400 块，还不如坐大巴，看来我们只好放弃翻山了。

2011 年 8 月 1 日

早晨起来计划先去村公所，往甲生村方向还没走几步，小古的电话就来了，他说舅奶奶可以发音，还有一个人可以翻译，今天可以继续记怒语了！小古说的翻译是年轻人拿着词表直接用怒语解释，这样比我们比比划划要准确得多，其实我们这几天都是两个发音人，老人说一遍，年轻人重复一遍，有时又相互更正，他们的认真配合使我们的工作进展得很顺利，从他们的不同发音我们还可以观察到两代人的语音变化。

我不知道还能见到老人，出门的时候也没带礼物，只好在村公所旁边的小卖部买了一点袋装的鱼片、鹌鹑蛋、点心等，心里觉得不妥，也只能硬着头皮往前走。没想到一走下坡，就在形它前排屋的间道上碰上老人，她很高兴地把小礼物收下了。一个小伙子走过来，他是老人的孙辈，也是从对面山上搬过来的怒族。男孩姓李，在六库念到高中就没有再读书了。

今天一老一少配合得非常默契，他们都很努力，中途老人有点咳嗽，我赶快把自己随身带的清热去火含片给她，她很高兴地接过去含在嘴里。唯一不满意的是砍柴伐木的声音不断。今天老人建议我们把小矮桌抬到后排一户人家的屋前，说那里安静，可没想到一个村民拉了一大车木头倒在紧邻我们的地方，抡着大斧头砍了一天，我们的录音里也就充斥着劈木头的声音，这是今天唯一的遗憾。劈木头的男性60岁左右，他跟我们说，自己父辈既有傈僳族，也有藏族。有村民来搭话时，他们说的是当地汉语，中间夹杂着一两句少数民族语。几个小孩跑过来，围着两个发音人转来转去，他们之间说话也是用汉语方言，我注意到老人说话用的还是怒语的声调。

今天的工作效率很高，中午的时候天气异常闷热，我吃了一片感冒药，直打瞌睡，小强也叫困，但还是坚持到18点。

2011年8月2日

今天仍然是舅奶奶和他的孙辈小李为我们发音。小李昨晚把我们的词汇表留下来备了课，所以今天发音又清晰又快，每个词他都重复好几遍，棒极了！舅奶奶在一旁指点着，我们记得很快，而且也不觉得累，上午开始的时候已经9点多，不到16点，剩下的将近500个词已经记完了。于是我们又去了丁大妈家，大妈和气地开了门，我们跟她聊了起来。

大妈经常接待客人，非常健谈，语速很快，我有些记不下来，好在小强很机灵地打开了录音笔。大妈说的是当地汉话，用的几乎是民族语的语序。将近半个小时，大妈给我们讲了家族的迁徙、当地的宗教信仰以及令她自豪的儿女们等。时间过得真快，我的问题还没有问完，大妈就急着要打理床铺，准备接待游客吃晚饭，我们便告辞了。

2011年8月3日

今天开始记傈僳语，小古的继父给我们找来了正在读高二的小姑娘，她是形它唯一一位在读的高中生。得知她奶奶在家中，我非常高兴，邀请她们一同做发音人，这样记音速度和准确率都大有提高，还可以观察两代人语音的变化。小姑娘姓余，18岁，她家门口还贴着老傈僳文写的对联。小余会读老傈僳文，却看不懂声调符号，不过仍然是一位非常好的发音人。祖孙二人的配合十分默契，从她们的发音中依然可以觉察到一些时代的变化。有几个背铺盖的人从近处走过，小余说他们去双拉的教堂学经，要学10天，都是自愿的，她自己也去学过，她们星期天要到双拉去做礼拜。

今天我们进度很快，只是近处又有人在用电刨刨木头，刺耳的声音持续响着。天气有些闷热，苍蝇也很多。

2011年8月4日

早晨起来，群山都被浓雾笼罩着，我们出发路过丙中洛中学旁的小卖部，买了一些鸡蛋带给小余的奶奶。

小余老早就坐在屋外的小板凳上等着，旁边供我们记音的小方桌收拾得很干净，因为苍蝇太多，小姑娘很细心地摆了两张粘蝇纸。她提前看了词表，不懂的字还查了字典，她奶奶仍然在旁边坐着指点。

不知小余是太紧张上火了，还是过敏了，脸越来越红，后来去吃了药，慢慢好了一点。她说没有事，仍然跟她奶奶一起耐心地为我们发音，每个音都发好几遍。奶奶鼻梁高挺，还有着大大的双眼皮，今天穿着漂亮的傈僳布衣，戴着解放帽，帽子边露出一圈整齐的卷发，非常好看。

到 17 点，我们已经记了整整 10 大页纸 600 多个词，真是战果辉煌！我打开相机给老人拍了好几张照片才离开。

到三江源农家乐吃饭，那个大眼睛的小姑娘见了我们仍然很热情，问工作进展如何，还有多久能完成。一对男女走进来，说话江浙口音，应该是游客，我们简单聊了几句。丙中洛还真吸引人，这几天不断见到各地游客，刚才在路上还遇见一个大步流星的外国人向我们点头问好。

2011 年 8 月 5 日

早晨在小吃店又遇到昨天那对游客，原来他们是上海来的，对什么都充满好奇。

今天是最后一天记傈僳语，不到中午，小余的同学就来了，她姓张，我们打算明天到她家里记藏语，她家离我们住的地方很近。今天记音发现一个问题：发音人尽量为我们寻找真正的傈僳语或怒语词，其实那并不是他们平时话语的常用词，他们平时说话很随意，只要对方能听懂，什么语都可以混着说，语言混合的程度因人而异，掌握的语言越多，运用得越麻利，语言混合得也就越厉害。

图附 -9　贡当神山

2011 年 8 月 6 日

昨天分别的时候，小张说她早晨会给我们打电话，可是都过了 8 点半了电话还没有打来，我们就沿着丙中洛那条唯一的街道往前走，没有几步就出了小镇。走到贡当山下沿着山边的土路往上走，发现村落很分散，不知该往哪里走，刚好有个路人也要去日当一组，而且知道小张家。路人是要到日当干活，专门去打制盖在屋顶上的页岩片，一页岩可以打 100 片，这可是手艺活儿。这师傅很厚道，他领我们走过观景台，沿着丛林中的一条小水泥道往下走，又把我们往上送了一段，指着石阶下的一处房子告诉我们那就是小张家。我们走过去一问，居然错了。于是我们打电话给小张，往正确方向走。小张已经从山上下来，在公路上远远等着，她领着我们沿着一条陡峭的水泥小路往山上走，小路两旁是两人难以合围的苍天古木，这就是真正的日当，藏语“狼迷路的地方”。日当真是个美丽的村落，小张奶奶家的房子是用原木盖的，里头非常干净，这是旧式的藏族房舍，下层是家畜们的居处。

小张奶奶曾经高血压昏迷，3 天才抢救过来，现在身体左侧偏瘫，走路要拄板凳，她读过高小，词表大多能看懂。这是我们来丙中洛最快乐的一天，日当的藏语有趣极了，它汇集了藏语和怒语最有特点的声母和韵母，有几个在迪庆藏语和丙中洛怒语里我们一直辨别不清的声、韵母全在这里弄懂了。最好玩儿的是它们只出现在奶奶的发音里，小张接过来一重复就全没有了。小张祖上是从中甸过来的，到小张奶奶已经 3 代了，算起来应该是 19 世纪末，比丁大妈家早来 60 年左右，估计刚来的时候没有多少人，所以受怒语影响很大。

小张不会说怒语，所以学不会那些发音，她会傈僳语。今天我们竟然记了 600 多个词，老人不时哈哈大笑，她很健谈，中午休息的时候还给我们聊 20 世纪五六十年代的事。小张的爷爷从小就在普化寺剃度了，前几个月还在庙里诵经，这几天刚好在家，他不时笑眯眯地进来看看。小张家里的亲戚很多，全在这个村子里，他们不时进来凑热闹，有时打开我身后朝着院子的那扇窗户，趴在窗外抢着说，有时不会的就高声叫着问爷爷。记完音，老人反复留我们吃饭，我们不太好意思，起身告辞了。

2011 年 8 月 7 日

早晨本来想先去边防派出所了解一下形它组和日当一组的人口与民族情况，却忘了今天是星期天，只好折回来，买了香蕉、西瓜等水果，来到小张奶奶家。

刚过 9 点，小张奶奶一家还没有开始一天的劳作。小张奶奶觉得发音这事很好玩儿，今早一见面她说昨晚一个人躺在床上还在不停地笑，她有时故意发错音，等着小张来更正，然后她自己就乐，后来小张很认真地翻译了一个词，重复了两遍，她又大笑，说是傈傈语。祖孙俩相互配合，有时奶奶说一遍，孙女重复一遍。奶奶说 tɕiam[53]，孙女说 tɕiaŋ[53]；奶奶说 tsem[53]，孙女说 tsəŋ[53]，这就体现出语音演变规律了。小张妈妈今天来探望了一下，她胖乎乎、笑盈盈的。小张今天穿了一件绿格子的衣服，里面套件黄 T 恤，很是可爱。天一直在下雨，越来越冷，后来小张的爷爷就请我们去厨房里烤火，他讲了一些寺庙里的事，说了一会儿，小张奶奶就叫赶快开工了。屋子里光线很好，读完第 9 页，小张又笑嘻嘻地翻了一页，直到两支录音笔的电全耗完了。手写得很痛，今天可真累。

图附 –10　日当一组的古树

2011 年 8 月 8 日

一大早我们先去边防派出所，请工作人员调出了形它组和日当一组的资料，然后又请他打印了一份总的统计数字。今天只留下 400 多个词的记音任务。

太阳出来了，山上一丝雾都没有，只是我昨天受了凉，不时地咳嗽。今天大家的心情都很轻松，小张到地里摘了一大堆玉米煮了，我很遗憾她没有叫我一块儿去。吃过玉米，小张又到地里摘了很多黄瓜给我们吃。开工了，小张的奶奶照例不停地大笑，剩下的活儿很快就干完了。我有一张表想请她们填一下，刚把内容说完，小张抢过去就写。日当一组大部分都是她家亲戚，哪家有几口人、会说几种语言、会哪种文字她们都清清楚楚。小张的奶奶守着小张填，后来她跟我们说起村里的事。小张很快全写好，差不多八九页，她很抱歉写得不整齐。明天就可以回昆明了，我们不舍地告别聪明可爱的小张姑娘和她慈祥的奶奶。

图附 –11 通往日当一组的小路

太阳还在天空中高悬着，我们沿着那条林木包围的水泥小路往下走，一路不停地拿相机拍那些古树和花草灌木，几条狗不时从旁边的人家冲出来狂吠，却并没有伤人的意思。我们从小路下来直接往观景台方向一路拍着过去。慢慢到观景台，发现群山全都脱去雾纱，露出了美丽的倩影，远处神山上的皑皑白雪清晰可见，神山全部现形了！我一下对丙中洛充满了迷恋，这里的语言与文化像这座神山一样神秘，这里的历史可以延伸到遥远的古代，巍巍神山的深处，也许埋藏着一把神秘的钥匙，我想找到它，我想我还会再来的。

图书在版编目（CIP）数据

云南村落的语言接触与文化交流 / 刘青著．-- 北京 ：民族出版社，2024．12．-- ISBN 978-7-105-17456-0

Ⅰ．H0-05

中国国家版本馆 CIP 数据核字第 20251S7K63 号

云南村落的语言接触与文化交流

策划编辑：欧光明
责任编辑：向　征
封面设计：金　晔
出版发行：民族出版社
地　　址：北京市东城区和平里北街 14 号
邮　　编：100013
电　　话：010—64228001（编辑室）
　　　　　010—64224782（发行部）
网　　址：http://www.mzpub.com
印　　刷：北京中石油彩色印刷有限责任公司
经　　销：各地新华书店
版　　次：2025 年 3 月第 1 版　2025 年 3 月北京第 1 次印刷
开　　本：787 × 1092 毫米　1/16
字　　数：220 千字
印　　张：16
定　　价：85.00 元
书　　号：ISBN 978-7-105-17456-0 /H·1279（汉 444）